級 數
漢 字

한자능력검정시험을 위한 8급부터 1급까지 매일 3페이지 끝내기 교재

단기완성 급수한자 813

정 윤 편저

예성출판사

일 러 두 기

1 이 책은 **한자검정능력시험**을 준비하는 모든 이들에게
한자의 익히기에 가장 기본이라 할 수 있는 쓰기 연습을
급수별(8급부터 1급까지)로 분류하여 단 한권에 담아
급수별 일련번호에 따라 쓰면서 익히도록 하였습니다.

2 이 책은 초급 · 중급 · 고급의 순으로
연습한 날짜를 각 페이지 상단 여백에 기록하면서
하루에 **3페이지**씩 꾸준히 공부하여
3개월 만에 완전히 습득할 수 있도록 꾸몄습니다.

3 이 책은 급수별 한자에 대한 필순(筆順) · 부수(部首) ·
부수 이외의 획수 · 총획수(總畫數) · 활용단어
(폭넓은 이해를 돕기 위해서 대표훈의 예외단어와
古典의 어휘도 수록)와 함께 대표훈의 영역에 이어
중국어 표기까지 곁들여 더욱 흥미로운 학습이 되게 하였습니다.

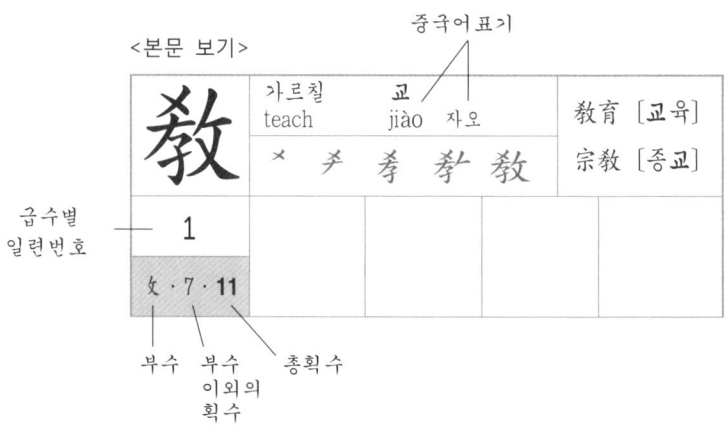

*중국어 4성
(ㅡ) : 높은음에서 같은 높이의 음으로 평행을 이루다 끝부분은 조금 힘을 가함.
(╱) : 중저음에서 높은음을 향해 순간적으로 숨을 끌어올림.
(∨) : 중저음에서 낮은음으로 떨어뜨렸다가 중저음으로 끌어올림.
(╲) : 높은음에서 제일 낮은음으로 한순간에 음을 떨어뜨리면서 짧게 마침.

2018. 1. 15.
편저자 씀

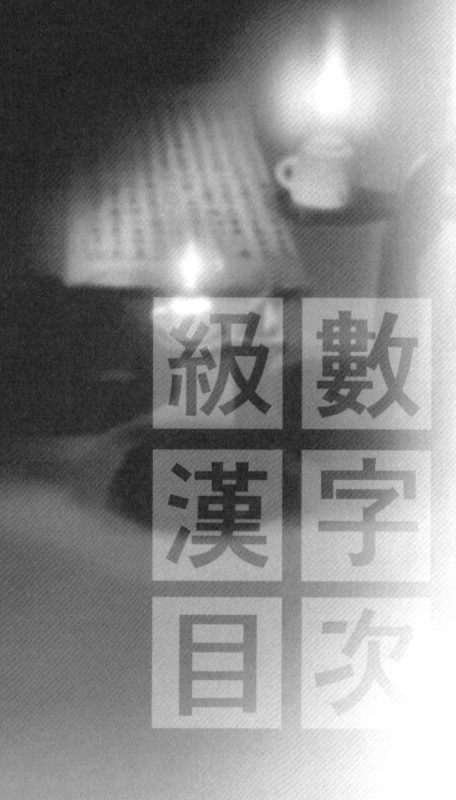

CONTENTS

- 일러두기   2
- 한자의 필순   4
- 주요 부수   5
- 8급 한자   6
- 7급 한자   10
- 6급 한자   17
- 5급 한자   28
- 4급Ⅱ 한자   43
- 4급 한자   61
- 3급Ⅱ 한자   79
- 3급 한자   108
- 2급 한자   138
- 1급 한자   177
- 부수 익히기   259

부록편

- 지방 쓰는 법   264
- 제수의 진설   265
- 제사 순서   266
- 메모란   267

급수한자813

한자의 필순(筆順)

한자의 필순이란 글자의 점과 획을 정해진 순서에 따라 바르게 쓰는 것을 말한다.

1	위에서 아래로 쓴다.	① 三 (삼) →	一 二 三
		② 言 (언) →	亠 言 言
2	왼쪽에서 오른쪽으로 쓴다.	① 川 (천) →	ノ 刂 川
		② 例 (예) →	亻 伢 例
3	가로획과 세로획이 교차할 때는 가로획을 먼저 쓴다.	① 土 (토) →	一 十 土
		② 十 (십) →	一 十
4	삐침과 파임이 만날때는 왼쪽 삐침을 먼저 쓴다.	① 文 (문) →	亠 ナ 文
		② 父 (부) →	丷 ク 父
5	좌우로 대칭되는 형태의 글자는 가운데를 먼저 쓴다.	① 小 (소) →	亅 小 小
		② 水 (수) →	亅 冫 水
6	안과 바깥쪽이 있을 때는 바깥쪽을 먼저 쓴다.	① 同 (동) →	丨 冂 同
		② 國 (국) →	丨 冂 國
7	글자 전체를 좌우로 꿰뚫은 획은 나중에 쓴다.	① 女 (여) →	く 夊 女
		② 母 (모) →	丹 毋 母
8	가로획이 길면 삐침을 먼저 쓴다.	① 右 (우) →	ノ ナ 右
		② 希 (희) →	ㄨ 产 希
9	가로획이 짧으면 가로획을 먼저 쓴다.	① 左 (좌) →	一 ナ 左
		② 在 (재) →	一 ナ 在
10	아래위로 꿰뚫은 획은 나중에 쓴다.	① 中 (중) →	冂 口 中
		② 事 (사) →	亖 写 事
11	오른쪽 위의 점은 맨 나중에 찍는다.	① 伐 (벌) →	代 伐 伐
		② 代 (대) →	亻 代 代
12	받침 글자중 '走'는 먼저 쓰고 받침 '辶'은 뒤에 쓴다.	① 起 (기) →	丰 走 起
		② 近 (근) →	厂 斤 近

주요 부수(部首)

부수란 변·방·머리·발·엄·받침·몸 등 일곱 종류의 형으로 자전에서 한자를 찾는 길잡이가 되는 글자의 한부분이다.

1 변(邊)   부수가 글자의 왼쪽이 있는 것
- 人(亻) 사람인(사람인변)   仁(인), 位(위), 信(신)
- 女   계집녀   姉(자), 妹(매), 好(호)

2 방(傍)   부수가 글자의 오른쪽에 있는 것
- 刀(刂) 칼도(선칼도방)   刊(간), 形(형), 別(별)
- 彡   터럭삼   形(형), 彫(조), 彬(빈)

3 머리   부수가 글자의 위에 있는 것
- 宀 갓머리   安(안), 家(가), 宮(궁)
- 竹(𥫗) 대죽(대죽머리)   筆(필), 算(산), 管(관)

4 발   부수가 글자의 아래에 있는 것
- 灬 연화발   無(무), 照(조), 熱(열)
- 皿 그릇명   益(익), 盛(성), 監(감)

5 엄   부수가 글자의 위와 왼쪽에 걸쳐있는 것
- 厂 민음호   厄(액), 厚(후), 原(원)
- 广 엄호   店(점), 度(도), 庭(정)

6 받침   부수가 글자의 왼쪽과 아래에 걸쳐있는 것
- 辶 책받침   近(근), 送(송), 進(진)
- 走 달릴주   起(기), 超(초), 趣(취)

7 몸   부수가 글자를 둘러싸고 있는 것
- 口 큰입구몸   回(회), 圖(도), 園(원)
- 門 문문   間(간), 開(개), 關(관)

8 제부수   한글자가 그대로 부수인 것
- 文(문), 見(견), 金(금), 馬(마)
- 首(수), 行(행), 辰(진), 齊(제)

8급 <50字> 쓰면서 익히기 〔가나다순〕

1. 敎
- 가르칠 교 / teach / jiào 쟈오
- 敎育 [교육], 宗敎 [종교]
- 攵·7·11

2. 校
- 학교 교 / school / xiào 샤오
- 校則 [교칙], 休校 [휴교]
- 木·6·10

3. 九
- 아홉 구 / nine / jiǔ 주
- 九重 [구중], 九泉 [구천]
- 乙·1·2

4. 國
- 나라 국 / nation / guó 궈
- 國家 [국가], 愛國 [애국]
- 口·8·11

5. 軍
- 군사 군 / military / jūn 쥔
- 軍隊 [군대], 從軍 [종군]
- 車·2·9

6. 金
- 쇠 금 / metal / jīn 진
- 金塊 [금괴], 料金 [요금]
- 金·0·8

7. 南
- 남녘 남 / south / nán 난
- 南極 [남극], 湖南 [호남]
- 十·7·9

8. 女
- 여자 녀 / female / nǚ 뉘
- 女息 [여식], 孝女 [효녀]
- 女·0·3

9. 年
- 해 년 / year / nián 녠
- 年金 [연금], 靑年 [청년]
- 干·3·6

10. 大
- 큰 대 / great / dà 다
- 大成 [대성], 肥大 [비대]
- 大·0·3

11. 東
- 동녘 동 / east / dōng 둥
- 東向 [동향], 極東 [극동]
- 木·4·8

12. 六
- 여섯 륙 / six / liù 류
- 六旬 [육순], 六親 [육친]
- 八·2·4

13. 萬
- 일만 만 / ten thousand / wàn 완
- 萬能 [만능], 數萬 [수만]
- 艹·9·13

14. 母
- 어미 모 / mother / mǔ 무
- 母親 [모친], 祖母 [조모]
- 母·1·5

* 8급 가나다순 쓰기 *

木	나무 목 tree　mù 무	木材 [목재] 苗木 [묘목]
15 木·0·4	一 十 才 木	

門	문 문 gate　mén 먼	門牌 [문패] 校門 [교문]
16 門·0·8	丿 冂 冂 門 門	

民	백성 민 people　mín 민	民心 [민심] 庶民 [서민]
17 氏·1·5	ㄱ ㄱ 尸 尸 民	

白	흰 백 white　bái 바이	白衣 [백의] 明白 [명백]
18 白·0·5	丿 亻 白 白 白	

父	아비 부 father　fǔ 푸	父母 [부모] 老父 [노부]
19 父·0·4	丿 丷 ゲ 父	

北	북녘 북·배 north　běi 베이	北極 [북극] 敗北 [패배]
20 匕·3·5	丨 ㅓ ㅓ 才 北	

四	넷 사 four　sì 쓰	四季 [사계] 四方 [사방]
21 口·2·5	丨 冂 㓁 四 四	

山	메 산 mountain　shān 산	山脈 [산맥] 江山 [강산]
22 山·0·3	丨 山 山	

三	셋 삼 three　sān 싼	三權 [삼권] 再三 [재삼]
23 一·2·3	一 二 三	

生	날 생 be born　shēng 성	生存 [생존] 出生 [출생]
24 生·0·5	丿 ㅏ ㅑ 牛 生	

西	서녘 서 west　xī 시	西風 [서풍] 嶺西 [영서]
25 西·0·6	一 厂 冂 冎 西	

先	먼저 선 first　xiān 셴	先祖 [선조] 于先 [우선]
26 儿·4·6	丿 ㅏ ㅑ 生 先	

小	작을 소 small　xiǎo 샤오	小生 [소생] 縮小 [축소]
27 小·0·3	亅 小 小	

水	물 수 water　shuǐ 수이	水路 [수로] 治水 [치수]
28 水·0·4	亅 亅 水 水	

* 8급 가나다순 쓰기 *

한자	훈음	획순	예시
室 29 宀·6·9	집 실 / room / shì 스	丶宀宂宰室	寢室 [침실] / 敎室 [교실]
十 30 十·0·2	열 십 / ten / shí 스	一十	十代 [십대] / 十分 [십분]
五 31 二·2·4	다섯 오 / five / wǔ 우	一 丁 五 五	五穀 [오곡] / 五福 [오복]
王 32 王·0·4	임금 왕 / king / wáng 왕	一 二 丅 王	王座 [왕좌] / 君王 [군왕]
外 33 夕·2·5	바깥 외 / outside / wài 와이	丿 夂 夕 夘 外	外面 [외면] / 場外 [장외]
月 34 月·0·4	달 월 / moon / yuè 웨	丿 月 月 月	月賦 [월부] / 歲月 [세월]
二 35 二·0·2	둘 이 / two / èr 얼	一 二	二次 [이차] / 二重 [이중]
人 36 人·0·2	사람 인 / man / rén 런	丿 人	人權 [인권] / 爲人 [위인]
一 37 一·0·1	한 일 / one / yī 이	一	一刻 [일각] / 唯一 [유일]
日 38 日·0·4	날 일 / day / rì 르	丨 冂 日 日	日課 [일과] / 休日 [휴일]
長 39 長·0·8	길 장 / long / cháng 창	丨 F 長 長 長	長短 [장단] / 身長 [신장]
弟 40 弓·4·7	아우 제 / younger brother / dì 디	丷 䒑 㗊 弟 弟	弟嫂 [제수] / 兄弟 [형제]
中 41 丨·3·4	가운데 중 / middle / zhōng 중	丨 口 口 中	中斷 [중단] / 的中 [적중]
青 42 青·0·8	푸를 청 / blue / qīng 칭	一 十 主 青 青	青年 [청년] / 深青 [심청]

* 8급 가나다순 쓰기 *

寸	마디 촌 inch　cùn 춘	寸刻 [촌각]	學	배울 학 learn　xué 쉐	學生 [학생]
一 寸 寸		四寸 [사촌]	臼 政 興 與 學		修學 [수학]
43 寸·0·3			47 子·13·16		
七	일곱 칠 seven　qī 치	七夕 [칠석]	韓	한국 한 korea　hán 한	韓國 [한국]
一 七		七旬 [칠순]	十 卓 卓 韓 韓		訪韓 [방한]
44 一·1·2			48 韋·8·17		
土	흙 토 soil　tǔ 투	土器 [토기]	兄	맏 형 elder brother　xiōng 슝	兄弟 [형제]
一 十 土		黃土 [황토]	丶 口 口 尸 兄		妹兄 [매형]
45 土·0·3			49 儿·3·5		
八	여덟 팔 eight　bā 바	八景 [팔경]	火	불 화 fire　huǒ 훠	火傷 [화상]
丿 八		八道 [팔도]	丶 丷 少 火		放火 [방화]
46 八·0·2			50 火·0·4		

계절을 초월한 산 계곡의 꽃 주위에 개미들이

일꾼 개미들을 향해 집짓는 방법을 가르치고(가르칠교 教) 있는데,

골초가 던진 담뱃불 (불화 火)에

혼비백산하여 달아나는군.

* 7급 100字 가나다순 쓰면서 익히기 *

#	漢字	訓音	획순	단어
1	家	집 가 / house / jiā 쟈	丶 宀 宀 家 家	家訓 [가훈] / 一家 [일가]
		宀·7·10		
2	歌	노래 가 / song / gē 거	哥 可 哥 哥 歌	歌曲 [가곡] / 校歌 [교가]
		欠·10·14		
3	間	사이 간 / gap / jiān 졘	丨 尸 門 門 間	間隔 [간격] / 近間 [근간]
		門·4·12		
4	江	강 강 / river / jiāng 쟝	丶 氵 氵 江 江	江山 [강산] / 渡江 [도강]
		氵·3·6		
5	車	수레 거·차 / cart / jū 쥐	一 厂 百 百 車	車馬 [거마] / 駐車 [주차]
		車·0·7		
6	工	장인 공 / artisan / gōng 궁	一 丅 工	工業 [공업] / 人工 [인공]
		工·0·3		
7	空	빌 공 / empty / kōng 쿵	丶 宀 穴 空 空	空間 [공간] / 蒼空 [창공]
		穴·3·8		
8	口	입 구 / mouth / kǒu 커우	丨 口 口	口頭 [구두] / 食口 [식구]
		口·0·3		
9	記	기록할 기 / record / jì 지	丶 言 言 記 記	記入 [기입] / 暗記 [암기]
		言·3·10		
10	氣	기운 기 / vigor / qì 치	丿 气 气 氣 氣	氣力 [기력] / 大氣 [대기]
		气·6·10		
11	旗	기 기 / flag / qí 치	亠 方 斻 旌 旗	旗手 [기수] / 白旗 [백기]
		方·10·14		
12	男	사내 남 / man / nán 난	丨 田 田 男 男	男女 [남녀] / 美男 [미남]
		田·2·7		
13	內	안 내 / inside / nèi 네이	丨 冂 內 內	內容 [내용] / 校內 [교내]
		入·2·4		
14	農	농사 농 / farming / nóng 눙	曰 曲 芦 農 農	農場 [농장] / 富農 [부농]
		辰·6·13		

* 7급 가나다순 쓰기 *

答	대답할 답 answer dá 다	答案 [답안]
15 竹·6·12	ノ ㅅ 答 笒 答	回答 [회답]

道	길 도 way dào 다오	道路 [도로]
16 辶·9·13	ㄨ ㅛ 首 道 道	步道 [보도]

冬	겨울 동 winter dōng 둥	冬眠 [동면]
17 冫·3·5	ノ ク 夂 冬	立冬 [입동]

同	한가지 동 same tóng 퉁	同感 [동감]
18 口·3·6	丨 冂 冂 同 同	混同 [혼동]

洞	골 동 cave dòng 둥	洞穴 [동혈]
19 氵·6·9	丶 氵 汈 洞 洞	近洞 [근동]

登	오를 등 climb dēng 덩	登頂 [등정]
20 癶·7·12	夕 癶 癶 登 登	先登 [선등]

動	움직일 동 move dòng 둥	動力 [동력]
21 力·9·11	듬 舌 重 動 動	活動 [활동]

來	올 래 come lái 라이	來往 [내왕]
22 人·6·8	ァ ㅉ 办 來 來	傳來 [전래]

力	힘 력 strength lì 리	力量 [역량]
23 力·0·2	ㄱ 力	能力 [능력]

老	늙을 로 old lǎo 라오	老婆 [노파]
24 耂·2·6	一 十 土 耂 老	養老 [양로]

里	마을 리 village lǐ 리	里數 [이수]
25 里·0·7	丶 口 日 甲 里	洞里 [동리]

林	수풀 림 forest lín 린	林野 [임야]
26 木·4·8	一 十 才 木 林	山林 [산림]

立	설 립 stand lì 리	立席 [입석]
27 立·0·5	丶 二 ㅗ 立	確立 [확립]

每	매양 매 every měi 메이	每樣 [매양]
28 母·3·7	ㅗ 仁 乍 每 每	每週 [매주]

* **7급 가나다순 쓰기** *

	낯 면 face miàn 몐	面目 [면목] 對面 [대면]		일백 백 hundred bǎi 바이	百世 [백세] 百倍 [백배]
面 29 面·0·9	一 丆 而 面 面		百 36 白·1·6	一 丆 百 百 百	
	이름 명 name míng 밍	名札 [명찰] 命名 [명명]		사내 부 man fū 푸	農夫 [농부] 丈夫 [장부]
名 30 口·3·6	ノ ク タ 名 名		夫 37 大·1·4	一 二 ‡ 夫	
	목숨 명 life mìng 밍	命脈 [명맥] 殞命 [운명]		아닐 불 not bú 부	不可 [불가] 不察 [불찰]
命 31 口·5·8	人 스 合 命 命		不 38 一·3·4	一 丆 不 不	
	글월 문 sentence wén 원	文書 [문서] 作文 [작문]		일 사 affair shì 스	事情 [사정] 慶事 [경사]
文 32 文·0·4	、 二 文		事 39 亅·7·8	一 写 写 写 事	
	물을 문 ask wèn 원	問答 [문답] 訪問 [방문]		셈할 산 count suàn 쏸	算定 [산정] 暗算 [암산]
問 33 口·8·11	丨 冂 冃 門 問		算 40 竹·8·14	㇒ 艹 竺 筲 算	
	만물 물 matter wù 우	物件 [물건] 事物 [사물]		위 상 top shàng 상	上書 [상서] 浮上 [부상]
物 34 牛·4·8	㇒ 牜 牛 牜 物		上 41 一·2·3	一 ト 上	
	모 방 square fāng 팡	方形 [방형] 四方 [사방]		빛 색 color sè 써	色調 [색조] 氣色 [기색]
方 35 方·0·4	、 二 亍 方		色 42 色·0·6	㇒ 夕 刍 各 色	

7급 가나다순 쓰기

43
夕 | 저녁 석 evening xī 시 | ノ ク 夕 | 夕陽 [석양] / 朝夕 [조석]
夕·0·3

44
姓 | 성씨 성 surname xìng 싱 | ㄴ ㄅ 女 女 姓 姓 | 姓名 [성명] / 百姓 [백성]
女·5·8

45
世 | 대 세 generation shì 스 | 一 卄 卅 世 | 世代 [세대] / 現世 [현세]
一·4·5

46
少 | 젊을 소 young shào 샤오 | ノ 小 小 少 | 少女 [소녀] / 年少 [연소]
小·1·4

47
所 | 바 소 thing suǒ 쒀 | ヽ 厂 戶 所 所 | 所感 [소감] / 住所 [주소]
戶·4·8

48
手 | 손 수 hand shǒu 서우 | 一 二 三 手 | 手足 [수족] / 着手 [착수]
手·0·4

49
數 | 셀 수 count shǔ 수 | 婁 婁 婁 數 數 | 數式 [수식] / 畫數 [획수]
攴·11·15

50
市 | 저자 시 market shì 스 | ヽ 亠 广 市 | 市場 [시장] / 都市 [도시]
巾·2·5

51
時 | 때 시 time shí 스 | 刀 日 日⁺ 日圭 時 | 時節 [시절] / 暫時 [잠시]
日·6·10

52
植 | 심을 식 plant zhí 즈 | 十 木 桁 植 植 | 植樹 [식수] / 移植 [이식]
木·8·12

53
食 | 밥 식 food shí 스 | 入 人 今 食 食 | 食代 [식대] / 飮食 [음식]
食·0·9

54
心 | 마음 심 mind xīn 신 | ノ 心 心 | 心身 [심신] / 銘心 [명심]
心·0·4

55
安 | 편안할 안 comfortable ān 안 | ヽ 宀 安 安 | 安樂 [안락] / 問安 [문안]
宀·3·6

56
語 | 말씀 어 words yǔ 위 | 二 言 訂 語 語 | 語感 [어감] / 俗語 [속어]
言·7·14

* 7급 가나다순 쓰기 *

然 57 灬·8·12	그러할 연 so rán 란 ク タ 外 外 然	然後 [연후] 自然 [자연]	子 64 子·0·3	아들 자 son zǐ 쯔 フ 了 子	子息 [자식] 男子 [남자]
午 58 十·2·4	낮 오 noon wǔ 우 ノ 一 二 午	午前 [오전] 正午 [정오]	字 65 子·3·6	글자 자 letter zì 쯔 丶 宀 宁 字	字典 [자전] 活字 [활자]
右 59 口·2·5	오른쪽 우 right yòu 유 ノ ナ 右	右側 [우측] 左右 [좌우]	自 66 自·0·6	스스로 자 self zì 쯔 丿 冂 自 自	自覺 [자각] 各自 [각자]
有 60 月·2·6	있을 유 exist yǒu 유 一 ナ 有 有	有能 [유능] 保有 [보유]	場 67 土·9·12	마당 장 place cháng 창 十 土 坍 場 場	場所 [장소] 登場 [등장]
育 61 肉·4·8	기를 육 bring up yù 위 丶 亠 云 育 育	育成 [육성] 發育 [발육]	全 68 人·4·6	온전할 전 perfect quán 취안 ノ 个 全 全	完全 [완전] 全部 [전부]
邑 62 邑·0·7	고을 읍 town yì 이 口 뭐 뮤 邑	邑內 [읍내] 都邑 [도읍]	前 69 刂·7·9	앞 전 front qián 첸 丷 丷 広 前 前	前提 [전제] 目前 [목전]
入 63 入·0·2	들 입 enter rù 루 ノ 入	入選 [입선] 記入 [기입]	電 70 雨·5·13	번개 전 lightning diàn 뎬 一 干 雨 雷 電	電擊 [전격] 停電 [정전]

* 7급 가나다순 쓰기 *

正 71 止·1·5	바를 정 right zhèng 정 一 丁 下 下 正 正	正直 [정직] 査正 [사정]	
祖 72 示·5·10	할아비 조 grandfather zǔ 쭈 亠 示 礻 衦 祖	祖考 [조고] 元祖 [원조]	
足 73 足·0·7	발 족 foot zú 쭈 口 尸 尸 足	足跡 [족적] 手足 [수족]	
左 74 工·2·5	왼쪽 좌 left zuǒ 쭤 一 ナ 左 左	左右 [좌우] 極左 [극좌]	
主 75 丶·4·5	주인 주 lord zhǔ 주 丶 亠 宀 主	主客 [주객] 地主 [지주]	
住 76 亻·5·7	살 주 dwell zhù 주 亻 亻 住 住	住居 [주거] 移住 [이주]	
重 77 里·2·9	무거울 중 heavy chóng 충 二 台 重 重 重	重壓 [중압] 體重 [체중]	
地 78 土·3·6	땅 지 earth dì 띠 一 十 圵 圵 地	地價 [지가] 宅地 [택지]	
紙 79 糸·4·10	종이 지 paper zhǐ 즈 幺 糸 紅 紙 紙	紙面 [지면] 破紙 [파지]	
直 80 目·3·8	곧을 직 straight zhí 즈 一 十 亩 直	直線 [직선] 正直 [정직]	
千 81 十·1·3	일천 천 thousand qiān 첸 ノ 二 千	千里 [천리] 千兩 [천량]	
川 82 巛·0·3	내 천 stream chuān 촨 ノ 刂 川	川邊 [천변] 山川 [산천]	
天 83 大·1·4	하늘 천 heaven tiān 톈 一 二 天	天罰 [천벌] 樂天 [낙천]	
草 84 艹·6·10	풀 초 grass cǎo 차오 一 十 艹 苩 草	草家 [초가] 伐草 [벌초]	

* 7급 가나다순 쓰기 *

村 (85) 木·3·7
마을 촌 / village / cūn 춘
一 十 木 村 村
村落 [촌락]
農村 [농촌]

秋 (86) 禾·4·9
가을 추 / autumn / qiū 츄
二 千 禾 秒 秋
秋收 [추수]
立秋 [입추]

春 (87) 日·5·9
봄 춘 / spring / chūn 춘
三 夫 春 春 春
春季 [춘계]
立春 [입춘]

出 (88) 凵·3·5
날 출 / come out / chū 추
l 卅 出 出
出産 [출산]
輸出 [수출]

便 (89) 亻·7·9
편할 편 / convenient / biàn 삔
亻 佢 便 便
便安 [편안]
簡便 [간편]

平 (90) 干·2·5
평평할 평 / even / píng 핑
一 ㄱ 六 五 平
平面 [평면]
泰平 [태평]

下 (91) 一·2·3
아래 하 / bottom / xià 샤
一 丁 下
下降 [하강]
眼下 [안하]

夏 (92) 夂·7·10
여름 하 / summer / xià 샤
一 百 頁 夏 夏
夏季 [하계]
盛夏 [성하]

漢 (93) 氵·11·14
한수 한 / great river / hàn 한
氵 汁 汁 漢 漢
漢水 [한수]
漢語 [한어]

海 (94) 氵·7·10
바다 해 / sea / hǎi 하이
氵 汇 海 海 海
海岸 [해안]
航海 [항해]

花 (95) 艹·4·8
꽃 화 / flower / huā 화
丨 十 卄 花 花
花園 [화원]
開花 [개화]

話 (96) 言·6·13
말할 화 / talk / huà 화
二 言 訂 訂 話
話頭 [화두]
對話 [대화]

活 (97) 氵·6·9
살 활 / live / huó 훠
氵 汇 汗 活
活力 [활력]
復活 [부활]

孝 (98) 子·4·7
효도 효 / filial piety / xiào 샤오
一 十 土 孝 孝
孝道 [효도]
忠孝 [충효]

後 (99) 彳·6·9
뒤 후 / later / hòu 허우
彳 伀 彶 後 後
後援 [후원]
落後 [낙후]

休 (100) 亻·4·6
쉴 휴 / rest / xiū 슈
亻 亻 什 休
休學 [휴학]
連休 [연휴]

* 6급 150字 가나다순 쓰면서 익히기 *

各	각각 each	각 gè 거	各界 [각계] 各各 [각각]
1 口·3·6		ノクタ各	

角	뿔 born	각 jiǎo 쟈오	角弓 [각궁] 鹿角 [녹각]
2 角·0·7		ノク角角角	

感	느낄 feel	감 gǎn 간	感覺 [감각] 共感 [공감]
3 心·9·13		ノ厂咸咸感	

強	강할 strong	강 qiáng 창	強力 [강력] 列強 [열강]
4 弓·9·12		フコ弭弱强	

開	열 open	개 kāi 카이	開放 [개방] 展開 [전개]
5 門·4·12		｜冂門門開	

京	서울 capital	경 jīng 징	京鄕 [경향] 上京 [상경]
6 亠·6·8		丶一亠亨京	

界	지경 boundary	계 jiè 졔	界標 [계표] 境界 [경계]
7 田·4·9		罒田田冊界	

計	셈할 count	계 jì 지	計數 [계수] 合計 [합계]
8 言·2·9		二言言計	

古	옛 old	고 gǔ 구	古今 [고금] 復古 [복고]
9 口·2·5		一十古	

苦	괴로울 bitter	고 kǔ 쿠	苦悶 [고민] 勞苦 [노고]
10 艹·5·9		丶一十艹苦	

高	높을 high	고 gāo 가오	高低 [고저] 波高 [파고]
11 高·0·10		丶一亠高高	

功	공 merits	공 gōng 궁	功過 [공과] 武功 [무공]
12 力·3·5		一丁工功功	

公	공변될 public	공 gōng 궁	公正 [공정] 公職 [공직]
13 八·2·4		ノ八公	

共	함께 together	공 gòng 궁	共存 [공존] 公共 [공공]
14 八·4·6		一十卄共共	

* 6급 가나다순 쓰기 *

15. 果
- 과실 과 / fruit / guǒ 궈
- 口 日 旦 甲 果
- 果樹 [과수]
- 靑果 [청과]
- 木·4·8

16. 科
- 과정 과 / course / kē 커
- 二 千 禾 科 科
- 科目 [과목]
- 敎科 [교과]
- 禾·4·9

17. 光
- 빛 광 / light / guāng 광
- 丨 丬 丬 半 光
- 光明 [광명]
- 榮光 [영광]
- 儿·4·6

18. 交
- 사귈 교 / associate / jiāo 자오
- 丶 亠 六 亣 交
- 交際 [교제]
- 絶交 [절교]
- 亠·4·6

19. 區
- 구역 구 / district / qū 취
- 一 冂 吕 品 區
- 區內 [구내]
- 地區 [지구]
- 匸·9·11

20. 球
- 구슬 구 / round gem / qiú 추
- 丅 干 玗 球 球
- 球形 [구형]
- 眼球 [안구]
- 王·7·11

21. 郡
- 고을 군 / county / jùn 쥔
- ㄱ ㅋ 尹 君⻏ 郡
- 郡民 [군민]
- 隣郡 [인군]
- 阝·7·10

22. 近
- 가까울 근 / near / jìn 진
- 厂 斤 沂 沂 近
- 近郊 [근교]
- 側近 [측근]
- 辶·4·8

23. 根
- 뿌리 근 / root / gēn 건
- 十 木 杓 根 根
- 根幹 [근간]
- 禍根 [화근]
- 木·6·10

24. 今
- 이제 금 / now / jīn 진
- 丿 人 亽 今
- 今方 [금방]
- 昨今 [작금]
- 人·2·4

25. 急
- 급할 급 / urgent / jí 지
- 丿 勹 刍 急 急
- 急迫 [급박]
- 至急 [지급]
- 心·5·9

26. 級
- 등급 급 / class / jí 지
- 幺 糸 紀 級 級
- 級數 [급수]
- 進級 [진급]
- 糸·4·10

27. 多
- 많을 다 / many / duō 둬
- 丿 ク 夕 多 多
- 多寡 [다과]
- 過多 [과다]
- 夕·3·6

28. 短
- 짧을 단 / short / duǎn 돤
- 亠 矢 矩 短 短
- 短身 [단신]
- 長短 [장단]
- 矢·7·12

* 6급 가나다순 쓰기 *

堂 29 土·8·11	집 당 hall táng 탕 丨 ⺌ 坣 堂 堂	堂宇 [당우] 殿堂 [전당]	童 36 立·7·12	아이 동 child tóng 퉁 宀 立 音 童 童	童心 [동심] 神童 [신동]
代 30 亻·3·5	대신할 대 substitute dài 다이 亻 仁 代 代	代案 [대안] 代行 [대행]	頭 37 頁·7·16	머리 두 head tóu 터우 豆 豆 頸 頭 頭	頭腦 [두뇌] 先頭 [선두]
待 31 彳·6·9	기다릴 대 wait dāi 다이 彳 什 社 待 待	待望 [대망] 苦待 [고대]	等 38 竹·6·12	무리 등 band děng 덩 ᅩ 𠆢 竺 等 等	吾等 [오등] 等類 [등류]
對 32 寸·11·14	대답할 대 reply duì 두이 丨 ⺌ 业 丵 對	對答 [대답] 應對 [응대]	樂 39 木·11·15	즐길 락 music lè 러 白 綷 樂 樂 樂	娛樂 [오락] 享樂 [향락]
度 33 广·6·9	법도 도 law dù 두 丶 广 庐 庐 度	制度 [제도] 法度 [법도]	例 40 亻·6·8	법식 례 example lì 리 亻 仁 佟 佟 例	例外 [예외] 慣例 [관례]
圖 34 口·11·14	그림 도 picture tú 투 冂 周 圕 圖 圖	圖表 [도표] 略圖 [약도]	禮 41 示·13·18	예도 례 etiquette lǐ 리 示 矛 袘 禮 禮	禮度 [예도] 缺禮 [결례]
讀 35 言·15·22	읽을 독 read dú 두 言 訁 讀 讀 讀	讀書 [독서] 購讀 [구독]	路 42 足·6·13	길 로 road lù 루 ⻊ 趴 趴 趵 路	路線 [노선] 岐路 [기로]

* 6급 가나다순 쓰기 *

綠 (43) 糸·8·14	초록빛 록 green lù 루 糸 糹 糹 綠 綠	綠地 [녹지] 草綠 [초록]
李 (44) 木·3·7	오얏 리 plum lǐ 리 十 木 杏 李 李	李花 [이화] 桃李 [도리]
利 (45) 刂·5·7	이로울 리 profit lì 리 二 千 禾 利	利益 [이익] 便利 [편리]
理 (46) 王·7·11	다스릴 리 regulate lǐ 리 千 王 珇 理 理	理事 [이사] 道理 [도리]
明 (47) 日·4·8	밝을 명 bright míng 밍 刀 月 日 明 明	明暗 [명암] 分明 [분명]
目 (48) 目·0·5	눈 목 eye mù 무 丨 冂 月 目	目禮 [목례] 項目 [항목]
聞 (49) 耳·8·14	들을 문 hear wén 원 冂 冂 門 聞 聞	見聞 [견문] 風聞 [풍문]
米 (50) 米·0·6	쌀 미 rice mǐ 미 丶 丷 半 米 米	米穀 [미곡] 玄米 [현미]
美 (51) 羊·3·9	아름다울 미 beautiful měi 메이 䒑 䒑 苎 美 美	美談 [미담] 讚美 [찬미]
朴 (52) 木·2·6	순박할 박 simple pǔ 푸 一 十 木 朴 朴	素朴 [소박] 淳朴 [순박]
反 (53) 又·2·4	돌이킬 반 react fǎn 판 一 厂 反 反	反擊 [반격] 反復 [반복]
半 (54) 十·3·5	반 반 half bàn 반 丷 ⺍ 半	半減 [반감] 折半 [절반]
班 (55) 王·6·10	나눌 반 share bān 반 千 王 玨 玨 班	班別 [반별] 分班 [분반]
發 (56) 癶·7·12	필 발 bloom fā 파 ㇳ ㇳ 癶 癶 發	發育 [발육] 滿發 [만발]

* 6급 가나다순 쓰기 *

한자	뜻·음	필순	단어
放 57 攵·4·8	놓을 방 release fàng 팡	丶 亠 方 방 放	放免 [방면] 解放 [해방]
番 58 田·7·12	차례 번 number fān 판	丶 二 平 番 番	番號 [번호] 輪番 [윤번]
別 59 刂·5·7	다를 별 different bié 볘	口 口 另 另 別	別稱 [별칭] 分別 [분별]
病 60 疒·5·10	병들 병 disease bìng 빙	亠 广 疒 病 病	病患 [병환] 持病 [지병]
服 61 月·4·8	옷 복 clothes fú 푸	刀 月 肌 肌 服	服裝 [복장] 喪服 [상복]
本 62 木·1·5	근본 본 origin běn 번	一 十 木 本	本能 [본능] 根本 [근본]
部 63 阝·8·11	떼 부 group bù 부	亠 立 音 部 部	部隊 [부대] 軍部 [군부]
分 64 刀·2·4	나눌 분 divide fēn 편	丿 八 分 分	分散 [분산] 配分 [배분]
死 65 歹·2·6	죽을 사 die sǐ 쓰	一 歹 歹 歹 死	死亡 [사망] 致死 [치사]
使 66 亻·6·8	부릴 사 employ shǐ 스	亻 亻 仨 使 使	使役 [사역] 特使 [특사]
社 67 示·3·8	모일 사 society shè 서	丁 示 礻 社 社	社交 [사교] 會社 [회사]
書 68 日·6·10	글 서 writing shū 수	一 ㅋ 쿨 畫 書	書庫 [서고] 良書 [양서]
石 69 石·0·5	돌 석 stone shí 스	一 ア 不 石 石	石塔 [석탑] 採石 [채석]
席 70 巾·7·10	자리 석 seat xí 시	广 广 庐 席 席	席捲 [석권] 着席 [착석]

* 6급 가나다순 쓰기 *

線	줄　　　선 line　　xiàn 셴	糸 紒 絈 線 線	線路 [선로] 幹線 [간선]
71 糸·9·15			

雪	눈　　　설 snow　　xuě 쉐	一 于 乘 雪 雪	雪景 [설경] 積雪 [적설]
72 雨·3·11			

成	이룰　　성 accomplish chéng 청	丿 厂 厈 成 成	成功 [성공] 完成 [완성]
73 戈·3·7			

省	살필　　성 watch　　xǐng 싱	丨 小 少 省 省	省察 [성찰] 自省 [자성]
74 目·4·9			

消	꺼질　　소 extinguish xiāo 셴	氵 沪 沪 消 消	消燈 [소등] 抹消 [말소]
75 氵·7·10			

速	빠를　　속 quick　　sù 쑤	曰 申 束 涑 速	速成 [속성] 快速 [쾌속]
76 辶·7·11			

孫	손자　　손 grandson sūn 쑨	了 子 孑 孫 孫	孫子 [손자] 宗孫 [종손]
77 子·7·10			

樹	나무　　수 tree　　shù 수	木 杧 桔 樹 樹	樹林 [수림] 果樹 [과수]
78 木·12·16			

術	재주　　술 artifice shù 수	彳 祈 祉 術 術	技術 [기술] 術策 [술책]
79 行·5·11			

習	익힐　　습 study　　xí 시	𠃌 习 羽 習 習	習作 [습작] 豫習 [예습]
80 羽·5·11			

勝	이길　　승 win　　shèng 성	月 𦙵 朕 胅 勝	勝訴 [승소] 壓勝 [압승]
81 力·10·12			

始	비로소　시 begin　　shǐ 스	𡿨 タ 女 如 始	始末 [시말] 開始 [개시]
82 女·5·8			

式	법　　　식 rule　　shì 스	一 弍 弌 式 式	法式 [법식] 儀式 [의식]
83 弋·3·6			

身	몸　　　신 body　　shēn 선	丿 勹 自 身 身	身命 [신명] 單身 [단신]
84 身·0·7			

* 6급 가나다순 쓰기 *

信	믿을　　　신 trust　　xìn 신	信賴 [신뢰] 迷信 [미신]	弱	약할　　　약 weak　　ruò 뤄	弱勢 [약세] 軟弱 [연약]
85 亻·7·9	亻 亻 信 信		92 弓·7·10	ㄱ ㄹ 弓 弓 弱	
神	귀신　　　신 god　　shén	神靈 [신령] 鬼神 [귀신]	藥	약　　　약 drugs　　yào 야오	藥局 [약국] 投藥 [투약]
86 示·5·10	宀 示 和 和 神		93 艹·15·19	艹 艹 苩 蕟 藥	
新	새로울　　신 new　　xīn 신	新設 [신설] 革新 [혁신]	洋	큰바다　　양 ocean　　yáng 양	大洋 [대양] 遠洋 [원양]
87 斤·9·13	辛 亲 亲 新 新		94 氵·6·9	氵 氵 汁 洋 洋	
失	잃을　　　실 lose　　shī 스	失格 [실격] 紛失 [분실]	陽	볕　　　양 sun　　yáng 양	陽地 [양지] 夕陽 [석양]
88 大·2·5	ノ 一 二 失 失		95 阝·9·12	阝 阝 阝 陽 陽	
愛	사랑　　　애 love　　ài 아이	愛情 [애정] 熱愛 [열애]	言	말씀　　　언 words　　yán 옌	言及 [언급] 甘言 [감언]
89 心·9·13	爫 爫 悉 愛 愛		96 言·0·7	丶 亠 言 言	
夜	밤　　　야 night　　yè 예	夜景 [야경] 徹夜 [철야]	業	업　　　업 business　　yè 예	業務 [업무] 營業 [영업]
90 夕·5·8	亠 疒 夜 夜 夜		97 木·9·13	业 业 类 業	
野	들　　　야 field　　yě 예	野遊 [야유] 平野 [평야]	永	길　　　영 eternal　　yǒng 융	永久 [영구] 永住 [영주]
91 里·4·11	曰 日 甲 野 野		98 木·1·5	丶 亅 永 永 永	

* 6급 가나다순 쓰기 *

英	꽃부리 영 / corolla / yīng 잉	群英 [군영] / 英才 [영재]
99 ㅛ·5·9		
溫	따뜻할 온 / warm / wēn 원	溫暖 [온난] / 保溫 [보온]
100 氵·10·13		
用	쓸 용 / use / yòng 융	用途 [용도] / 採用 [채용]
101 用·0·5		
勇	날랠 용 / brave / yǒng 융	勇敢 [용감] / 武勇 [무용]
102 力·7·9		
運	옮길 운 / move / yùn 윈	運搬 [운반] / 命運 [명운]
103 辶·9·13		
園	동산 원 / garden / yuán 위안	田園 [전원] / 庭園 [정원]
104 口·10·13		
遠	멀 원 / far / yuǎn 위안	遠近 [원근] / 永遠 [영원]
105 辶·10·14		
由	말미암을 유 / cause / yóu 유	由來 [유래] / 自由 [자유]
106 田·0·5		
油	기름 유 / oil / yóu 유	油類 [유류] / 原油 [원유]
107 氵·5·8		
銀	은 은 / silver / yín 인	銀貨 [은화] / 純銀 [순은]
108 金·6·14		
音	소리 음 / sound / yīn 인	音聲 [음성] / 五音 [오음]
109 音·0·9		
飲	마실 음 / drink / yǐn 인	飮料 [음료] / 試飮 [시음]
110 食·4·13		
衣	옷 의 / clothes / yī 이	衣服 [의복] / 白衣 [백의]
111 衣·0·6		
意	뜻 의 / meaning / yì 이	意義 [의의] / 自意 [자의]
112 心·9·13		

* 6급 가나다순 쓰기 *

113. 醫
- 의원 의 / doctor / yī 이
- 醫療 [의료]
- 名醫 [명의]
- 酉 · 11 · 18

114. 者
- 놈 자 / person / zhě 저
- 筆者 [필자]
- 後者 [후자]
- 耂 · 5 · 9

115. 作
- 지을 작 / make / zuò 쭤
- 作名 [작명]
- 力作 [역작]
- 亻 · 5 · 7

116. 昨
- 어제 작 / yesterday / zuó 쭤
- 昨今 [작금]
- 昨日 [작일]
- 日 · 5 · 9

117. 章
- 글 장 / sentence / zhāng 장
- 章句 [장구]
- 文章 [문장]
- 立 · 6 · 11

118. 才
- 재주 재 / talent / cái 차이
- 才能 [재능]
- 秀才 [수재]
- 扌 · 0 · 3

119. 在
- 있을 재 / exit / zài 짜이
- 在來 [재래]
- 存在 [존재]
- 土 · 3 · 6

120. 戰
- 싸울 전 / fight / zhàn 잔
- 戰死 [전사]
- 接戰 [접전]
- 戈 · 12 · 16

121. 定
- 정할 정 / set / dìng 딩
- 定期 [정기]
- 限定 [한정]
- 宀 · 5 · 8

122. 庭
- 뜰 정 / garden / tíng 팅
- 庭園 [정원]
- 校庭 [교정]
- 广 · 7 · 10

123. 第
- 차례 제 / order / dì 디
- 第一 [제일]
- 次第 [차제]
- 竹 · 5 · 11

124. 題
- 제목 제 / subject / tí 티
- 題目 [제목]
- 命題 [명제]
- 頁 · 9 · 18

125. 朝
- 아침 조 / morning / zhāo 자오
- 朝飯 [조반]
- 早朝 [조조]
- 月 · 8 · 12

126. 族
- 겨레 족 / tribe / zú 쭈
- 民族 [민족]
- 族閥 [족벌]
- 方 · 7 · 11

* 6급 가나다순 쓰기 *

한자	훈·음	필순	단어
注 127 氵·5·8	물댈 주 / irrigate / zhù 주	氵 氵 汀 汢 注	注入 [주입] / 注射 [주사]
晝 128 日·7·11	낮 주 / daytime / zhòu 저우	⁊ ⁊ 丰 晝 晝	晝間 [주간] / 白晝 [백주]
集 129 隹·4·12	모을 집 / gather / jí 지	亻 忄 佳 隼 集	集結 [집결] / 雲集 [운집]
窓 130 穴·6·11	창문 창 / window / chuāng 촹	宀 宂 空 窓 窓	窓口 [창구] / 車窓 [차창]
淸 131 氵·8·11	맑을 청 / clear / qīng 칭	氵 汁 洴 淸 淸	淸明 [청명] / 淸凉 [청량]
體 132 骨·13·23	몸 체 / body / tǐ 티	冎 骨 骨 骨 體	體軀 [체구] / 肉體 [육체]
親 133 見·9·16	친할 친 / intimate / qīn 친	立 亲 辛 親 親	親密 [친밀] / 切親 [절친]
太 134 大·1·4	클 태 / big / tài 타이	一 ナ 大 太	太平 [태평] / 太甚 [태심]
通 135 辶·7·11	통할 통 / pass through / tōng 퉁	冂 甬 甬 诵 通	通風 [통풍] / 疏通 [소통]
特 136 牛·6·10	특별할 특 / special / tè 터	一 ヒ 牛 牜 特	特技 [특기] / 英特 [영특]
表 137 衣·3·9	겉 표 / surface / biǎo 뱌오	一 十 主 表 表	表面 [표면] / 地表 [지표]
風 138 風·0·9	바람 풍 / wind / fēng 펑	丿 几 同 風 風	風浪 [풍랑] / 突風 [돌풍]
合 139 口·3·6	합할 합 / unite / hé 허	丿 人 스 合	合計 [합계] / 保合 [보합]
行 140 行·0·6	다닐 행 / go / xíng 싱	丿 彳 行 行	行軍 [행군] / 旅行 [여행]

* 6급 가나다순 쓰기 *

幸	다행 행 fortunate xìng 싱	幸運 [행운]
	一 十 土 幸 幸	多幸 [다행]
141		
干·5·8		

向	향할 향 face xiàng 샹	向方 [향방]
	ノ 勹 向	趣向 [취향]
142		
口·3·6		

現	나타날 현 appear xiàn 셴	具現 [구현]
	一 Т 王 珇 現	出現 [출현]
143		
王·7·11		

形	형상 형 form xíng 싱	形體 [형체]
	二 开 形	外形 [외형]
144		
彡·4·7		

號	부르짖을 호 shout háo 하오	號令 [호령]
	号 号 號 號 號	稱號 [칭호]
145		
虍·7·13		

和	화목할 화 peaceful hé 허	和解 [화해]
	二 千 禾 和	融和 [융화]
146		
口·5·8		

畵	그림 화 draw huà 화	畵家 [화가]
	一 ㄱ 글 畵 畵	揷畵 [삽화]
147		
田·7·12		

黃	누를 황 yellow huáng 황	黃土 [황토]
	一 卄 苎 苗 黃	朱黃 [주황]
148		
黃·0·12		

會	모일 회 meet huì 후이	會談 [회담]
	人 合 合 侖 會	再會 [재회]
149		
曰·9·13		

訓	가르칠 훈 instruct xùn 쉰	訓育 [훈육]
	二 言 言 訓 訓	敎訓 [교훈]
150		
言·3·10		

5급 200字 가나다순 쓰면서 익히기

1. 加
- 더할 가 / add / jiā 쟈
- ㄱ 力 加 加
- 加減 [가감]
- 倍加 [배가]
- 力·3·5

2. 可
- 옳을 가 / right / kě 커
- 一 ㄱ ㄲ ㅁ 可
- 可否 [가부]
- 不可 [불가]
- 口·2·5

3. 價
- 값 가 / value / jià 쟈
- 亻 價 價 價 價
- 價値 [가치]
- 定價 [정가]
- 亻·13·15

4. 改
- 고칠 개 / improve / gǎi 가이
- ㄱ ㄱ 己 改 改
- 改善 [개선]
- 變改 [변개]
- 攵·3·7

5. 客
- 손님 객 / guest / kè 커
- 丶 宀 宀 穴 客
- 客席 [객석]
- 賀客 [하객]
- 宀·6·9

6. 去
- 갈 거 / leave / qù 취
- 一 十 土 去
- 去就 [거취]
- 收去 [수거]
- ㄥ·3·5

7. 擧
- 들 거 / lift / jǔ 쥐
- ㅏ 的 朋 擧 擧
- 擧手 [거수]
- 列擧 [열거]
- 手·14·18

8. 件
- 사건 건 / article / jiàn 찐
- 亻 亻 仁 件
- 事件 [사건]
- 件數 [건수]
- 亻·4·6

9. 建
- 세울 건 / build / jiàn 찐
- ㄱ ㄱ 클 聿 建
- 建國 [건국]
- 再建 [재건]
- 廴·6·9

10. 健
- 굳셀 건 / strong / jiàn 찐
- 亻 亻 侓 健 健
- 健康 [건강]
- 剛健 [강건]
- 亻·9·11

11. 格
- 격식 격 / form / gé 거
- 一 十 木 格 格
- 格式 [격식]
- 規格 [규격]
- 木·6·10

12. 見
- 볼 견 / see / jiàn 찐
- ㄇ 目 目 見
- 見聞 [견문]
- 目見 [목견]
- 見·0·7

13. 決
- 결정할 결 / decide / jué 줴
- 丶 氵 江 泱 決
- 決定 [결정]
- 判決 [판결]
- 氵·4·7

14. 結
- 맺을 결 / join / jié 졔
- 幺 糸 紅 紝 結
- 結緣 [결연]
- 締結 [체결]
- 糸·6·12

5급 가나다순 쓰기

#	한자	훈 / 뜻	음 / 병음	필순	부수·획	예시
15	景	볕 / sunshine	경 / jǐng 징	丶 口 旦 뮤 景	日·8·12	景致 [경치] / 絶景 [절경]
16	敬	공경할 / respect	경 / jìng 징	丶 宀 苟 苟 敬	攵·9·13	敬意 [경의] / 尊敬 [존경]
17	輕	가벼울 / light	경 / qīng 칭	亘 車 輕 輕 輕	車·7·14	輕重 [경중] / 輕微 [경미]
18	競	다툴 / compete	경 / jìng 징	효 音 竞 竞 競	立·15·20	競技 [경기] / 競走 [경주]
19	固	굳을 / firm	고 / gù 구	冂 冂 円 固 固	口·5·8	固守 [고수] / 頑固 [완고]
20	考	상고할 / think	고 / kǎo 카오	一 十 土 耂 考	耂·2·6	考察 [고찰] / 詳考 [상고]
21	告	고할 / tell	고 / gào 가오	ノ 午 生 告	口·4·7	告示 [고시] / 布告 [포고]
22	曲	굽을 / bent	곡 / qū 취	冂 曲 曲 曲	日·2·6	曲線 [곡선] / 屈曲 [굴곡]
23	課	매길 / impose	과 / kè 커	言 訂 評 評 課	言·8·15	課稅 [과세] / 賦課 [부과]
24	過	지날 / excess	과 / guō 궈	冂 冎 咼 過 過	辶·9·13	過敏 [과민] / 經過 [경과]
25	關	빗장 / bolt	관 / guān 관	厂 門 閂 關 關	門·11·19	關鍵 [관건] / 聯關 [연관]
26	觀	볼 / look	관 / guān 관	丶 宀 萉 雚 觀	見·18·25	觀察 [관찰] / 參觀 [참관]
27	廣	넓을 / broad	광 / guǎng 광	广 广 庐 廣 廣	广·12·15	廣大 [광대] / 廣域 [광역]
28	橋	다리 / bridge	교 / qiáo 차오	木 杉 桥 橋 橋	木·12·16	橋脚 [교각] / 架橋 [가교]

* 5급 가나다순 쓰기 *

한자	훈음	획순	예시
具 (29) 八·6·8	갖출 구 / equip / jù 쥐	冂 目 且 具	具備 [구비] / 具體 [구체]
救 (30) 攵·7·11	구원할 구 / save / jiù 주	十 寻 求 求 救	救援 [구원] / 自救 [자구]
舊 (31) 臼·12·18	옛 구 / old / jiù 주	丶 艹 萑 舊 舊	舊式 [구식] / 復舊 [복구]
局 (32) 尸·4·7	판 국 / board / jú 쥐	㇇ ㇆ 尸 艮 局	對局 [대국] / 局面 [국면]
貴 (33) 貝·5·12	귀할 귀 / noble / guì 구이	口 虫 貴 貴 貴	貴重 [귀중] / 高貴 [고귀]
規 (34) 見·4·11	법 규 / rule / guī 구이	二 扌 夫 規 規	規範 [규범] / 法規 [법규]
給 (35) 糸·6·12	줄 급 / give / gěi 게이	幺 糸 紒 給 給	給食 [급식] / 配給 [배급]
己 (36) 己·0·3	몸 기 / self / jǐ 지	㇇ ㇆ 己	自己 [자기] / 克己 [극기]
技 (37) 扌·4·7	재주 기 / skill / jī 지	一 十 扌 扩 技	技巧 [기교] / 妙技 [묘기]
汽 (38) 氵·4·7	김 기 / steam / qì 치	氵 汽 汽 汽	汽笛 [기적] / 汽車 [기차]
基 (39) 土·8·11	터 기 / base / jī 지	一 十 甘 其 基	基盤 [기반] / 基礎 [기초]
期 (40) 月·8·12	기약할 기 / expect / qī 치	一 十 廿 其 期	期約 [기약] / 滿期 [만기]
吉 (41) 口·3·6	길할 길 / lucky / jí 지	一 十 士 吉	吉夢 [길몽] / 大吉 [대길]
念 (42) 心·4·8	생각할 념 / thought / niàn 녠	人 今 念 念	念願 [염원] / 執念 [집념]

5급 가나다순 쓰기

能 43 肉·6·10	능할 능 able néng 넝	ム 台 肖 能 能	能通 [능통] 才能 [재능]
團 44 口·11·14	둥글 단 round tuán 퇀	门 团 圃 團 團	團扇 [단선] 集團 [집단]
壇 45 土·13·16	제터 단 altar tán 탄	十 土 壇 壇 壇	祭壇 [제단] 畫壇 [화단]
談 46 言·8·15	말씀 담 talk tán 탄	言 言 訂 談 談	談話 [담화] 面談 [면담]
當 47 田·8·13	마땅할 당 suitable dàng 당	丨 ㄔ 尚 常 當	當然 [당연] 應當 [응당]
德 48 彳·12·15	덕 덕 virtue dé 더	彳 彳 德 德 德	德望 [덕망] 美德 [미덕]
到 49 刂·6·8	이를 도 reach dào 다오	互 즈 至 至 到	到處 [도처] 周到 [주도]
島 50 山·7·10	섬 도 island dǎo 다오	亻 户 臼 島 島	島嶼 [도서] 列島 [열도]
都 51 阝·9·12	도읍 도 capital dōu 더우	十 耂 者 都 都	都邑 [도읍] 首都 [수도]
獨 52 犭·13·16	홀로 독 alone dú 두	丿 亻 犵 獨 獨	獨創 [독창] 單獨 [단독]
落 53 艹·9·13	떨어질 락 fall luò 러우	丶 十 艹 茖 落	落第 [낙제] 當落 [당락]
朗 54 月·7·11	밝을 랑 bright lǎng 랑	亠 ㅋ 良 良 朗	朗報 [낭보] 明朗 [명랑]
冷 55 冫·5·7	찰 랭 cold lěng 렁	丶 冫 冷 冷	冷却 [냉각] 寒冷 [한냉]
良 56 艮·1·7	어질 량 good liáng 량	亠 ㄱ ㅋ 良 良	良人 [양인] 善良 [선량]

5급 가나다순 쓰기

量	헤아릴 량 measure liáng	口旦昌昌量量	量刑 [양형] 裁量 [재량]
57 里·5·12			

旅	나그네 려 traveler lǚ	亠方方゛方[^]旅旅	旅愁 [여수] 旅人 [여인]
58 方·6·10			

歷	지낼 력 pass through lì	一厂厤厤歷	歷史 [역사] 來歷 [내력]
59 止·12·16			

練	익힐 련 drill liàn	糸綀綀練練	練磨 [연마] 訓練 [훈련]
60 糸·9·15			

令	명령할 령 order lìng	人 亽 今 令	令狀 [영장] 法令 [법령]
61 人·3·5			

領	거느릴 령 command lǐng	今 令 領 領 領	領導 [영도] 占領 [점령]
62 頁·5·14			

勞	수고로울 로 toil láo	丷 ⺍ 炊 勞 勞	勞苦 [노고] 慰勞 [위로]
63 力·10·12			

料	헤아릴 료 estimate liào	亠 斗 米 料 料	料量 [요량] 思料 [사료]
64 斗·6·10			

流	흐를 류 flow liú	㇐ 氵 汸 浐 流	流出 [유출] 合流 [합류]
65 氵·6·9			

類	무리 류 class lèi	亠 半 类 類 類	類別 [유별] 種類 [종류]
66 頁·10·19			

陸	뭍 륙 land lù	阝 阝 阝 陸 陸	陸地 [육지] 離陸 [이륙]
67 阝·8·11			

馬	말 마 horse mǎ	丨 厂 厂 馬 馬	騎馬 [기마] 駿馬 [준마]
68 馬·0·10			

末	끝 말 end mò	一 十 末	末年 [말년] 始末 [시말]
69 木·1·5			

亡	망할 망 ruin wáng	丶 亠 亡	亡國 [망국] 滅亡 [멸망]
70 亠·1·3			

※ 5급 가나다순 쓰기 ※

No.	漢字	訓	音(韓)	音(中)	部首·劃·總	例
71	望	바랄	망	wàng 왕	月·7·11	所望 [소망] / 希望 [희망] 丶 亡 切 坧 望
72	買	살	매	mǎi 마이	貝·5·12	買上 [매상] / 購買 [구매] 罒 皿 뽀 胃 買
73	賣	팔	매	mài 마이	貝·8·15	賣盡 [매진] / 發賣 [발매] 十 声 志 賣 賣
74	無	없을	무	wú 우	灬·8·12	無窮 [무궁] / 有無 [유무] 𠂉 𠂈 無 無 無
75	倍	곱	배	bèi 베이	亻·8·10	倍加 [배가] / 倍前 [배전] 亻 亻 位 倍
76	法	법도	법	fǎ 파	氵·5·8	法律 [법률] / 方法 [방법] 氵 氵 汁 注 法
77	變	변할	변	biàn 볜	言·16·23	變化 [변화] / 事變 [사변] 言 結 綜 變 變
78	兵	군사	병	bīng 빙	八·5·7	兵丁 [병정] / 出兵 [출병] 一 厂 厂 丘 兵
79	福	복	복	fú 푸	示·9·14	福祉 [복지] / 祝福 [축복] 礻 示 福 福 福
80	奉	받들	봉	fèng 펑	大·5·8	奉仕 [봉사] / 信奉 [신봉] 一 三 夫 表 奉
81	比	견줄	비	bǐ 비	比·0·4	比較 [비교] / 對比 [대비] 一 上 ヒ 比
82	費	쓸	비	fèi 페이	貝·5·12	消費 [소비] / 虛費 [허비] 一 ⼓ 弗 弗 費
83	鼻	코	비	bí 비	鼻·0·14	鼻笑 [비소] / 鼻音 [비음] 自 㚇 畠 鼻 鼻
84	氷	얼음	빙	bīng 빙	水·1·5	氷山 [빙산] / 結氷 [결빙] 丿 刁 汈 氷 氷

5급 가나다순 쓰기

士 (85) 士·0·3	선비 사 scholar shì 스 一 十 士	士禍 [사화] 名士 [명사]
仕 (86) 亻·3·5	벼슬할 사 official post shì 스 亻 亻 仁 什 仕	仕途 [사도] 出仕 [출사]
史 (87) 口·2·5	역사 사 history shǐ 스 丶 口 口 史 史	史料 [사료] 歷史 [역사]
査 (88) 木·5·9	사실할 사 investigate chá 차 一 十 木 杳 査	査察 [사찰] 檢査 [검사]
思 (89) 心·5·9	생각할 사 think sī 쓰 口 田 田 思 思	思考 [사고] 意思 [의사]
寫 (90) 宀·12·15	베낄 사 copy xiě 셰 宀 宀 宀 寫 寫	寫本 [사본] 複寫 [복사]
産 (91) 生·6·11	낳을 산 offspring chǎn 찬 亠 立 产 产 産	産苦 [산고] 出産 [출산]
相 (92) 目·4·9	서로 상 mutual xiāng 샹 一 十 木 相 相	相對 [상대] 相互 [상호]
商 (93) 口·8·11	장사 상 trade shāng 샹 亠 宀 斉 商 商	商術 [상술] 通商 [통상]
賞 (94) 貝·8·15	상줄 상 reward shǎng 샹 丶 丷 尚 賞 賞	賞金 [상금] 懸賞 [현상]
序 (95) 广·4·7	차례 서 order xù 쉬 亠 广 庐 序 序	序列 [서열] 秩序 [질서]
仙 (96) 亻·3·5	신선 선 hermit xiān 셴 亻 亻 仙 仙	仙境 [선경] 神仙 [신선]
船 (97) 舟·5·11	배 선 ship chuán 촨 月 舟 舟 舩 船	船舶 [선박] 造船 [조선]
善 (98) 口·9·12	착할 선 good shàn 산 丷 羊 羊 善 善	善行 [선행] 僞善 [위선]

* 5급 가나다순 쓰기 *

選	뽑을 선 elect xuǎn 쉬안	ㄱ 먼 罪 巽 選	選舉 [선거] 人選 [인선]
99 辶·12·16			

首	머리 수 head shǒu 서우	ㅛ ㅛ 首 首	首肯 [수긍] 元首 [원수]
106 首·0·9			

鮮	고울 선 fresh xiān 셴	夕 ج 角 鮮 鮮	鮮明 [선명] 新鮮 [신선]
100 魚·6·17			

宿	잠잘 숙 lodge sù 쑤	宀 宀 宀 宿 宿	宿所 [숙소] 投宿 [투숙]
107 宀·8·11			

說	말씀 설 speak shuō 숴	二 言 訁 誩 說	說破 [설파] 解說 [해설]
101 言·7·14			

順	순할 순 obey shùn 순	丿 川 順 順 順	順風 [순풍] 溫順 [온순]
108 頁·3·12			

性	성품 성 nature xìng 싱	忄 忄 忄 忄 性	性味 [성미] 敵性 [적성]
102 忄·5·8			

示	보일 시 exhibit shì 스	一 ㅜ 示 示	示範 [시범] 表示 [표시]
109 示·0·5			

洗	씻을 세 wash xǐ 시	氵 氵 汁 汁 洗	洗面 [세면] 洗濯 [세탁]
103 氵·6·9			

識	알 식 recognize shí 스	言 訁 諳 識 識	識見 [식견] 博識 [박식]
110 言·12·19			

歲	해 세 year suì 쑤이	卜 芦 歲 歲 歲	歲拜 [세배] 年歲 [연세]
104 止·9·13			

臣	신하 신 subject chén 천	丅 モ モ 쿠 臣	忠臣 [충신] 臣服 [신복]
111 臣·0·6			

束	묶을 속 bind shù 수	一 口 束 束	束縛 [속박] 拘束 [구속]
105 木·3·7			

實	열매 실 fruit shí 스	宀 宀 宙 實 實	實果 [실과] 結實 [결실]
112 宀·11·14			

5급 가나다순 쓰기

兒 113 (儿·6·8)	아이 아 / child / ér 얼 / ノ ド 白 臼 兒	兒童 [아동] / 嬰兒 [영아]
惡 114 (心·8·12)	악할 악 / bad / è 어 / 一 亞 惡 惡	惡毒 [악독] / 凶惡 [흉악]
案 115 (木·6·10)	책상 안 / desk / àn 안 / 宀 安 安 窦 案	案机 [안궤] / 書案 [서안]
約 116 (糸·3·9)	맺을 약 / about / yuē 웨 / 幺 糸 糹 約 約	制約 [제약] / 約定 [약정]
養 117 (食·6·15)	기를 양 / nourish / yǎng 양 / 丷 羊 养 養 養	養成 [양성] / 扶養 [부양]
魚 118 (魚·0·11)	물고기 어 / fish / yú 위 / ノ 各 备 角 魚	魚網 [어망] / 稚魚 [치어]
漁 119 (氵·11·14)	고기잡을 어 / fishing / yú 위 / 氵 沖 渔 渔 漁	漁民 [어민] / 出漁 [출어]
億 120 (亻·13·15)	억 억 / hundred million / yì 이 / 亻 伫 倍 億 億	億臺 [억대] / 數億 [수억]
熱 121 (灬·11·15)	더울 열 / hot / rè 러 / 圡 幸 対 執 熱	熱砂 [열사] / 解熱 [해열]
葉 122 (艹·9·13)	잎 엽 / leaf / yè 예 / 一 艹 芣 苹 葉	葉草 [엽초] / 枝葉 [지엽]
屋 123 (尸·6·9)	집 옥 / house / wū 우 / 一 コ 尸 居 屋 屋	屋外 [옥외] / 韓屋 [한옥]
完 124 (宀·4·7)	완전할 완 / complete / wán 완 / 丶 宀 宁 完	完結 [완결] / 補完 [보완]
要 125 (襾·3·9)	중요할 요 / important / yào 야오 / 一 覀 西 要 要	要職 [요직] / 重要 [중요]
曜 126 (日·14·18)	빛날 요 / dazzling / yào 야오 / 刂 日 睅 瞱 曜	曜曜 [요요] / 曜日 [요일]

5급 가나다순 쓰기

번호	한자	훈	음 (병음)	단어
127 (氵·7·10)	浴	목욕할	욕 / yù 위	浴室 [욕실] / 沐浴 [목욕]
128 (牛·0·4)	牛	소	우 / niú 뉴	牛步 [우보] / 鬪牛 [투우]
129 (又·2·4)	友	벗	우 / yǒu 유	友誼 [우의] / 朋友 [붕우]
130 (雨·0·8)	雨	비	우 / yǔ 위	雨傘 [우산] / 暴雨 [폭우]
131 (雨·4·12)	雲	구름	운 / yún 윈	雲霧 [운무] / 浮雲 [부운]
132 (隹·4·12)	雄	수컷	웅 / xióng 슝	雌雄 [자웅] / 雄蜂 [웅봉]
133 (儿·2·4)	元	으뜸	원 / yuán 위안	元首 [원수] / 壯元 [장원]
134 (阝·7·10)	院	집	원 / yuàn 위안	院內 [원내] / 病院 [병원]
135 (厂·8·10)	原	근원	원 / yuán 위안	原則 [원칙] / 復原 [복원]
136 (頁·10·19)	願	바랄	원 / yuàn 위안	願望 [원망] / 念願 [염원]
137 (亻·5·7)	位	자리	위 / wèi 웨이	位置 [위치] / 方位 [방위]
138 (亻·9·11)	偉	훌륭할	위 / wěi 웨이	偉業 [위업] / 偉人 [위인]
139 (人·3·5)	以	써	이 / yǐ 이	以來 [이래] / 所以 [소이]
140 (耳·0·6)	耳	귀	이 / ěr 얼	耳目 [이목] / 牛耳 [우이]

5급 가나다순 쓰기

한자	훈음	병음	필순	예어
因	인할 인 / cause	yīn 인	冂 冃 因 因	因習 [인습] / 起因 [기인]
141 口·3·6				
任	맡길 임 / charge	rèn 런	亻 仁 仟 任	任務 [임무] / 委任 [위임]
142 亻·4·6				
材	재목 재 / timber	cái 차이	一 十 木 村 材	材質 [재질] / 資材 [자재]
143 木·3·7				
財	재물 재 / wealth	cái 차이	冂 月 財 財	財物 [재물] / 橫財 [횡재]
144 貝·3·10				
再	두 재 / again	zài 짜이	一 冂 而 两 再	再三 [재삼] / 再會 [재회]
145 冂·4·6				
災	재앙 재 / calamity	zāi 짜이	巛 巛 災	災殃 [재앙] / 天災 [천재]
146 火·3·7				
爭	다툴 쟁 / quarrel	zhēng 정	丿 ハ 쇠 爭 爭	爭點 [쟁점] / 抗爭 [항쟁]
147 爪·4·8				
貯	쌓을 저 / save	zhù 주	冂 月 貯 貯	貯金 [저금] / 貯水 [저수]
148 貝·5·12				
赤	붉을 적 / red	chì 츠	一 十 亦 赤	赤旗 [적기] / 赤化 [적화]
149 赤·0·7				
的	과녁 적 / target	dì 디	亻 白 白 的 的	的中 [적중] / 標的 [표적]
150 白·3·8				
典	법 전 / law	diǎn 덴	冂 曲 曲 典 典	典範 [전범] / 祭典 [제전]
151 八·6·8				
展	펼 전 / spread	zhǎn 잔	㇇ 尸 屏 展 展	展開 [전개] / 進展 [진전]
152 尸·7·10				
傳	전할 전 / transmit	chuán 촨	亻 俥 俥 傳 傳	傳來 [전래] / 宣傳 [선전]
153 亻·11·13				
切	끊을 절 / cut	qiē 쳬	一 七 切 切	切開 [절개] / 品切 [품절]
154 刀·2·4				

5급 가나다순 쓰기

155. 節 (竹·9·15)
- 마디 절 / joint / jié 제
- 筆順: 𥫗 竹 笃 節 節
- 節目 [절목]
- 句節 [구절]

156. 店 (广·5·8)
- 가게 점 / shop / diàn 뎬
- 筆順: 亠 广 广 庐 店
- 店頭 [점두]
- 支店 [지점]

157. 停 (亻·9·11)
- 머무를 정 / stay / tíng 팅
- 筆順: 亻 但 俜 停
- 停車 [정거]
- 調停 [조정]

158. 情 (忄·8·11)
- 뜻 정 / sentiment / qíng 칭
- 筆順: 丶 忄 忄 情 情
- 情熱 [정열]
- 表情 [표정]

159. 調 (言·8·15)
- 고를 조 / adjust / tiáo 탸오
- 筆順: 言 訂 訶 調 調
- 調和 [조화]
- 曲調 [곡조]

160. 操 (扌·13·16)
- 잡을 조 / grasp / cāo 차오
- 筆順: 一 扌 拱 揬 操
- 操心 [조심]
- 體操 [체조]

161. 卒 (十·6·8)
- 군사 졸 / soldier / zú 쭈
- 筆順: 亠 夾 卒 卒
- 卒兵 [졸병]
- 卒逝 [졸서]

162. 終 (糸·5·11)
- 마칠 종 / end / zhōng 중
- 筆順: 幺 糸 紉 終 終
- 終戰 [종전]
- 始終 [시종]

163. 種 (禾·9·14)
- 씨 종 / seed / zhǒng 중
- 筆順: 二 千 稻 稙 種
- 種子 [종자]
- 播種 [파종]

164. 罪 (网·8·13)
- 죄 죄 / sin / zuì 쭈이
- 筆順: 罒 四 罒 罪 罪
- 罪悚 [죄송]
- 犯罪 [범죄]

165. 州 (巛·3·6)
- 고을 주 / region / zhōu 저우
- 筆順: 丶 丿 州 州
- 州縣 [주현]
- 州境 [주경]

166. 週 (辶·8·12)
- 돌 주 / week / zhōu 저우
- 筆順: 冂 月 用 周 週
- 週期 [주기]
- 每週 [매주]

167. 止 (止·0·4)
- 그칠 지 / stop / zhǐ 즈
- 筆順: 丨 卜 止 止
- 止血 [지혈]
- 中止 [중지]

168. 知 (矢·3·8)
- 알 지 / know / zhī 즈
- 筆順: 丿 匕 乍 矢 知
- 知覺 [지각]
- 熟知 [숙지]

5급 가나다순 쓰기

質 169 貝·8·15	바탕 질 substance zhì 즈	素質 [소질]
	厂 斤 所 質 質	資質 [자질]

着 170 目·7·12	붙을 착 attach zháo 자오	着想 [착상]
	丷 䒑 羊 着 着	附着 [부착]

參 171 厶·9·11	참여할 참 participate in cān 찬	參席 [참석]
	厶 血 矣 參	持參 [지참]

唱 172 口·8·11	노래부를 창 sing chàng 창	唱劇 [창극]
	口 吅 唱	愛唱 [애창]

責 173 貝·4·11	꾸짖을 책 reprove zé 쩌	責望 [책망]
	一 十 主 青 責	叱責 [질책]

鐵 174 金·13·21	쇠 철 iron tiě 톄	鐵石 [철석]
	牟 金 鋅 鐵 鐵	製鐵 [제철]

初 175 刀·5·7	처음 초 beginning chū 추	初面 [초면]
	㇇ ㇇ 衤 初 初	最初 [최초]

最 176 日·8·12	가장 최 most zuì 쭈이	最强 [최강]
	口 日 昌 最 最	最終 [최종]

祝 177 示·5·10	빌 축 celebrate zhù 주	祝願 [축원]
	千 禾 和 祝	慶祝 [경축]

充 178 儿·4·6	가득할 충 full chōng 총	充滿 [충만]
	亠 云 充	補充 [보충]

致 179 至·4·10	이를 치 reach zhì 즈	致死 [치사]
	乙 乙 至 致 致	送致 [송치]

則 180 刂·7·9	법 칙 rule zé 쩌	法則 [법칙]
	目 貝 則	原則 [원칙]

他 181 亻·3·5	다를 타 other tā 타	他意 [타의]
	丿 亻 仁 仙 他	排他 [배타]

打 182 扌·2·5	칠 타 strike dǎ 다	打破 [타파]
	一 十 扌 打	强打 [강타]

* 5급 가나다순 쓰기 *

卓	높을 탁 lofty zhuó 줘	卓越 [탁월]
183 ⼗·6·8	⼀ ⼘ 卣 卓	圓卓 [원탁]

炭	숯 탄 charcoal tàn 탄	氷炭 [빙탄]
184 火·5·9	⼁ 屮 岂 炭 炭	木炭 [목탄]

宅	집 택·댁 house zhái 자이	宅地 [댁지]
185 宀·3·6	丶 宀 宀 宅	住宅 [주택]

板	널빤지 판 board bǎn 반	板刻 [판각]
186 ⽊·4·8	一 十 朾 板 板	懸板 [현판]

敗	패할 패 be defeated bài 바이	敗北 [패배]
187 攵·7·11	冂 目 貝 貯 敗	惜敗 [석패]

品	물건 품 goods pǐn 핀	品種 [품종]
188 口·6·9	口 口 品 品	物品 [물품]

必	반드시 필 surely bì 비	必是 [필시]
189 心·1·5	丶 丿 必 必 必	必然 [필연]

筆	붓 필 writing brush bǐ 비	筆寫 [필사]
190 ⽵·6·12	⺮ 笁 笁 筆 筆	絶筆 [절필]

河	강물 하 river hé 허	河口 [하구]
191 氵·5·8	氵 沪 河 河	氷河 [빙하]

寒	찰 한 cold hán 한	寒氣 [한기]
192 宀·9·12	宀 宀 寍 寒 寒	酷寒 [혹한]

害	해칠 해 harm hài 해	害惡 [해악]
193 宀·7·10	丶 宀 宊 害	弑害 [시해]

許	허락할 허 allow xǔ 쉬	許容 [허용]
194 言·4·11	言 許 許	特許 [특허]

湖	호수 호 lake hú 후	湖畔 [호반]
195 氵·9·12	氵 汁 泔 湖	江湖 [강호]

化	될 화 change huà 화	化石 [화석]
196 匕·2·4	亻 化 化	敎化 [교화]

* 5급 가나다순 쓰기 *

患	근심 anxiety	환 huàn 환	患難 [환난]
	口 吕 串 患 患		後患 [후환]
197 心·7·11			

效	본받을 imitate	효 xiào 샤오	效嚬 [효빈]
	亠 六 交 效 效		特效 [특효]
198 攵·6·10			

凶	흉할 wicked	흉 xiōng 슝	凶夢 [흉몽]
	ノ メ 凶 凶		吉凶 [길흉]
199 凵·2·4			

黑	검을 black	흑 hēi 헤이	黑白 [흑백]
	口 罒 罒 里 黑		暗黑 [암흑]
200 黑·0·12			

윙윙윙, 꿀벌들의 만찬 앞에 여왕벌이 나타나

무리 중에서 애꾸눈꿀벌이 가감이라고하자. 애꾸눈의 노력에 대한 감동을 본받아 (본받을효效)

빼기야! 더하기야!
더하기(더할가 加) 빼기를 아울러 이르는 말을 묻자

헤헤, 요건 몰랐지!

사팔눈도 깊은 계곡의 검은(검을흑 黑) 바위에 앉아 글읽는 소리에 해지는 줄 모르네.

* 4급 II 250字 가나다순 쓰면서 익히기 *

假	거짓 가 pretense jiǎ 자	假飾 [가식] 假裝 [가장]
1 亻·9·11	亻 亻 亻 但 假	

街	거리 가 street jiē 제	街頭 [가두] 市街 [시가]
2 行·6·12	彳 彳 彳 待 街	

減	덜 감 decrease jiǎn 젠	減縮 [감축] 輕減 [경감]
3 氵·9·12	氵 氵 沪 減 減	

監	볼 감 oversee jiān 젠	監督 [감독] 舍監 [사감]
4 皿·9·14	一 T 卫 臣ト 監	

康	편안할 강 peaceful kāng 캉	康寧 [강녕] 健康 [건강]
5 广·8·11	亠 广 庐 庐 康	

講	익힐 강 exercise jiǎng 장	講習 [강습] 受講 [수강]
6 言·10·17	言 言 計 講 講	

個	낱 개 piece gè 거	個別 [개별] 各個 [각개]
7 亻·8·10	亻 亻 伊 個 個	

檢	검사할 검 examine jiǎn 젠	檢索 [검색] 點檢 [점검]
8 木·13·17	十 朴 检 檢 檢	

缺	이지러질 결 deficient quē 췌	缺格 [결격] 缺陷 [결함]
9 缶·4·10	丿 午 缶 缸 缺	

潔	깨끗할 결 clean jié 제	潔白 [결백] 純潔 [순결]
10 氵·12·15	氵 氵 津 潔 潔	

經	경서할 경 confucian classics jīng 징	經典 [경전] 佛經 [불경]
11 糸·7·13	幺 糸 經 經 經	

警	경계할 경 be cautious jǐng 징	警戒 [경계] 警護 [경호]
12 言·13·20	` ⺿ 苟 敬 警	

境	지경 경 boundary jìng 징	境界 [경계] 地境 [지경]
13 土·11·14	一 十 圫 垮 境	

慶	경사 경 happy event qìng 칭	慶事 [경사] 慶弔 [경조]
14 心·11·15	亠 广 庐 庐 慶	

4급 II 가나다순 쓰기

漢字	訓音	筆順	用例
係 15 (亻·7·9)	맬 계 relate xì 시	亻 亻 伫 伅 係	係累 [계루] 關係 [관계]
故 16 (攵·5·9)	연고 고 reason gù 구	一 十 古 古 故	無故 [무고] 緣故 [연고]
官 17 (宀·5·8)	벼슬 관 official guān 관	宀 宀 宁 官	官吏 [관리] 官職 [관직]
究 18 (穴·2·7)	궁구할 구 examine into jiū 주	宀 宀 宀 究 究	究明 [구명] 窮究 [궁구]
句 19 (口·2·5)	구절 구 phrase jù 쥐	丿 勹 句	句節 [구절] 詩句 [시구]
求 20 (水·2·7)	구할 구 seek after qiú 추	一 寸 寸 求 求	求職 [구직] 追求 [추구]
宮 21 (宀·7·10)	집 궁 palace gōng 궁	丶 宀 宁 宮	宮女 [궁녀] 宮殿 [궁전]
權 22 (木·18·22)	권세 권 power quán 취안	木 术 栌 樛 權	權勢 [권세] 執權 [집권]
極 23 (木·9·13)	다할 극 utmost jí 지	木 朽 柯 極 極	極力 [극력] 窮極 [궁극]
禁 24 (示·8·13)	금할 금 forbid jìn 진	一 十 林 禁 禁	禁煙 [금연] 禁止 [금지]
起 25 (走·3·10)	일어날 기 rise qǐ 치	一 十 圭 起 起	起牀 [기상] 隆起 [융기]
器 26 (口·13·16)	그릇 기 vessel qì 치	口 哭 哭 器	器具 [기구] 祭器 [제기]
暖 27 (日·9·13)	따뜻할 난 warm nuǎn 난	日 旷 昈 暖 暖	暖冬 [난동] 溫暖 [온난]
難 28 (隹·11·19)	어려울 난 difficult nán 난	一 卄 堇 斳 難	難色 [난색] 難解 [난해]

4급 II 가나다순 쓰기

努	힘쓸 endeavor	노 nǔ 누	努力 [노력]
29 力·5·7	〈 纟 奴 奴 努		努目 [노목]

怒	성낼 angry	노 nù 누	激怒 [격노]
30 心·5·9	女 女 奴 怒 怒		憤怒 [분노]

單	홀 single	단 dān 단	單獨 [단독]
31 口·9·12	口 吅 單 單 單		單一 [단일]

端	끝 end	단 duān 돤	極端 [극단]
32 立·9·14	立 立 为 端 端		末端 [말단]

檀	박달나무 birch	단 tán 탄	檀君 [단군]
33 木·13·17	木 木 栌 檀 檀		檀木 [단목]

斷	끊을 cut off	단 duàn 돤	斷切 [단절]
34 斤·14·18	丝 铲 斷 斷 斷		決斷 [결단]

達	통달할 reach to	달 dá 다	達人 [달인]
35 辶·9·13	一 十 幸 達 達		通達 [통달]

擔	멜 bear	담 dān 단	負擔 [부담]
36 扌·13·16	扌 扩 扩 擔 擔		分擔 [분담]

黨	무리 party	당 dǎng 당	朋黨 [붕당]
37 黑·8·20	丿 丷 當 當 黨		黨派 [당파]

帶	띠 belt	대 dài 다이	眼帶 [안대]
38 巾·8·11	一 卅 丗 帶 帶		革帶 [혁대]

隊	떼 band	대 duì 두이	軍隊 [군대]
39 阝·9·12	3 阝 阡 隊 隊		隊列 [대열]

導	이끌 guide	도 dǎo 다오	導入 [도입]
40 寸·13·16	亠 首 道 導 導		指導 [지도]

毒	독 poison	독 dú 두	消毒 [소독]
41 毋·4·8	一 十 圭 青 毒		害毒 [해독]

督	감독할 supervise	독 dū 두	督勵 [독려]
42 目·8·13	丨 卜 才 督 督		監督 [감독]

4급II 가나다순 쓰기

한자	훈음	필순	예
銅	구리 동 / copper / tóng 퉁	ノ 　亼 　牟 　釗 　銅	銅像 [동상] / 靑銅 [청동]
43 金·6·14			
斗	말 두 / measure / dǒu 더우	丶 　二 　斗	斗斛 [두곡] / 泰斗 [태두]
44 斗·0·4			
豆	콩 두 / bean / dòu 더우	一 　戸 　豆	豆油 [두유] / 豆太 [두태]
45 豆·0·7			
得	얻을 득 / get / dé 더	彳 　伊 　得 　得	得失 [득실] / 利得 [이득]
46 彳·8·11			
燈	등잔 등 / lamp / dēng 덩	丶 　火 　灯 　炌 　燈	燈盞 [등잔] / 電燈 [전등]
47 火·12·16			
羅	벌일 라 / spread / luó 뤄	冂 　四 　羅 　絽 　羅	羅列 [나열] / 森羅 [삼라]
48 网·14·19			
兩	두 량 / both / liǎng 량	冂 　币 　兩 　兩	兩立 [양립] / 兩親 [양친]
49 入·6·8			
麗	고울 려 / beautiful / lí 리	冖 　严 　严 　麗 　麗	美麗 [미려] / 華麗 [화려]
50 鹿·8·19			
連	연할 련 / connect / lián 롄	百 　亘 　車 　連	連打 [연타] / 關連 [관련]
51 辶·7·11			
列	벌일 렬 / arrange / liè 례	一 　歹 　歹 　列	列擧 [열거] / 陳列 [진열]
52 刂·4·6			
錄	기록할 록 / record / lù 루	人 　余 　金 　錚 　錄	錄音 [녹음] / 語錄 [어록]
53 金·8·16			
論	논의할 론 / discuss / lùn 룬	言 　訡 　訡 　論 　論	論議 [논의] / 持論 [지론]
54 言·8·15			
留	머무를 류 / stay / liú 류	匚 　夘 　留 　留 　留	留宿 [유숙] / 滯留 [체류]
55 田·5·10			
律	법 률 / law / lǜ 뤼	彳 　伊 　律 　律	律令 [율령] / 規律 [규율]
56 彳·6·9			

※ 4급 II 가나다순 쓰기 ※

滿	찰 만 / full / mǎn 만	氵氵氵滿滿滿	滿員 [만원] / 充滿 [충만]
57 / 氵·11·14			

脈	맥 맥 / pulse / mài 마이	月 肌 肵 脈 脈	脈絡 [맥락] / 血脈 [혈맥]
58 / 肉·6·10			

毛	털 모 / hair / máo 마오	二 三 毛	毛髮 [모발] / 脫毛 [탈모]
59 / 毛·0·4			

牧	칠 목 / shepherd / mù 무	ノ 牛 牪 牧	牧童 [목동] / 放牧 [방목]
60 / 牛·4·8			

武	호반 무 / military / wǔ 우	二 亍 武 武	武士 [무사] / 文武 [문무]
61 / 止·4·8			

務	힘쓸 무 / endeavor / wù 우	予 矛 矜 務 務	務望 [무망] / 職務 [직무]
62 / 力·9·11			

未	아닐 미 / not yet / wèi 웨이	二 十 未	未達 [미달] / 未洽 [미흡]
63 / 木·1·5			

味	맛 미 / taste / wèi 웨이	口 口 먀 咪 味	味覺 [미각] / 眞味 [진미]
64 / 口·5·8			

密	빽빽할 밀 / dense / mì 미	宀 宀 宓 宓 密	密林 [밀림] / 綿密 [면밀]
65 / 宀·8·11			

博	넓을 박 / extensive / bó 보	一 十 博 博 博	博識 [박식] / 博愛 [박애]
66 / 十·10·12			

防	막을 방 / protect / fáng 팡	了 阝 阞 防	防衛 [방위] / 豫防 [예방]
67 / 阝·4·7			

房	방 방 / room / fáng 팡	广 戶 戶 房 房	房貰 [방세] / 獨房 [독방]
68 / 戶·4·8			

訪	찾을 방 / visit / fǎng 팡	言 言 訪 訪	訪問 [방문] / 探訪 [탐방]
69 / 言·4·11			

背	등 배 / back / bèi 베이	丨 ㅓ 北 北 背	背囊 [배낭] / 背後 [배후]
70 / 肉·5·9			

4급 II 가나다순 쓰기

拜 (71) 手·5·9	절 배 / bow / bài 바이 / 三 手 扌 拜 拜	拜禮 [배례] / 參拜 [참배]
配 (72) 酉·3·10	짝 배 / couple / pèi 페이 / 丁 酉 酉 配	配匹 [배필] / 配合 [배합]
伐 (73) 亻·4·6	칠 벌 / attack / fá 파 / 亻 亻 代 伐 伐	征伐 [정벌] / 討伐 [토벌]
罰 (74) 网·9·14	벌줄 벌 / punish / fá 파 / 罒 罒 罰 罰	罰金 [벌금] / 刑罰 [형벌]
壁 (75) 土·13·16	벽 벽 / wall / bì 비 / 𠃌 尸 辟 壁 壁	壁報 [벽보] / 障壁 [장벽]
邊 (76) 辶·15·19	가 변 / border / biān 볜 / 自 臬 臱 臱 邊	江邊 [강변] / 底邊 [저변]
步 (77) 止·3·7	걸음 보 / walk / bù 부 / 丨 卜 止 步 步	步兵 [보병] / 踏步 [답보]
保 (78) 亻·7·9	지킬 보 / keep / bǎo 바오 / 亻 佀 佀 保	保全 [보전] / 保守 [보수]
報 (79) 土·9·12	갚을 보 / reward / bào 바오 / 一 十 幸 幸 報	報復 [보복] / 報恩 [보은]
寶 (80) 宀·17·20	보배 보 / treasure / bǎo 바오 / 宀 宀 寍 寶 寶	寶石 [보석] / 財寶 [재보]
復 (81) 彳·9·12	회복할 복 / recover / fù 푸 / 彳 彳 復 復 復	復舊 [복구] / 回復 [회복]
府 (82) 广·5·8	마을 부 / village / fǔ 푸 / 亠 广 庁 府 府	官府 [관부] / 政府 [정부]
婦 (83) 女·8·11	며느리 부 / daughter-in-law / fù 푸 / 𡿨 女 女 婦 婦	姑婦 [고부] / 子婦 [자부]
副 (84) 刂·9·11	버금 부 / second / fù 푸 / 咅 咅 咅 畐 副	副食 [부식] / 正副 [정부]

4급 II 가나다순 쓰기

한자	뜻·음	획순	단어
富	부유할 부 / rich / fù 푸	宀 宣 宣 宣 富 富	富裕 [부유] / 致富 [치부]
85 宀·9·12			
佛	부처 불 / Buddha / fó 포	亻 仁 佛 佛	佛經 [불경] / 念佛 [염불]
86 亻·5·7			
非	아닐 비 / not / fēi 페이	丿 ㅋ ㅋ 非	非凡 [비범] / 是非 [시비]
87 非·0·8			
悲	슬플 비 / sad / bēi 베이	丿 ㅋ ㅋ 悲 悲	悲觀 [비관] / 喜悲 [희비]
88 心·8·12			
飛	날 비 / fly / fēi 페이	飞 飞 飞 飛 飛	飛翔 [비상] / 雄飛 [웅비]
89 飛·0·9			
備	갖출 비 / prepare / bèi 베이	亻 伊 件 備 備	備考 [비고] / 裝備 [장비]
90 亻·10·12			
貧	가난할 빈 / poor / pín 핀	八 分 贫 貧	貧富 [빈부] / 淸貧 [청빈]
91 貝·4·11			
寺	절 사 / temple / sì 쓰	一 十 土 寺 寺	寺院 [사원] / 山寺 [산사]
92 寸·3·6			
舍	집 사 / house / shè 서	人 合 全 舍	校舍 [교사] / 驛舍 [역사]
93 舌·2·8			
師	스승 사 / teacher / shī 스	亻 亻 白 師 師	師傅 [사부] / 師弟 [사제]
94 巾·7·10			
謝	사례할 사 / thank / xiè 셰	言 訓 訓 謝 謝	謝恩 [사은] / 厚謝 [후사]
95 言·10·17			
殺	죽일 살 / kill / shā 사	乂 杀 杀 殺 殺	殺人 [살인] / 自殺 [자살]
96 殳·7·11			
床	평상 상 / couch / chuáng 촹	亠 广 庄 床	床石 [상석] / 平床 [평상]
97 广·4·7			
狀	형상 상 / form / zhuàng 좡	丨 丬 爿 狀 狀	狀況 [상황] / 形狀 [형상]
98 犬·4·8			

4급 II 가나다순 쓰기

常	항상 상 ordinary　cháng 창 丶 ㅛ 尚 常 常	常備 [상비] 恒常 [항상]
99 巾·8·11		

想	생각 상 imagine　xiǎng 샹 十 木 相 想 想	想起 [상기] 回想 [회상]
100 心·9·13		

設	베풀 설 establish　shè 서 言 訁 設	設立 [설립] 建設 [건설]
101 言·4·11		

城	재 성 castle　chéng 청 十 圫 圻 城 城	城郭 [성곽] 築城 [축성]
102 土·7·10		

盛	성할 성 thriving　shèng 성 丿 厂 成 盛 盛	盛況 [성황] 繁盛 [번성]
103 皿·7·12		

誠	정성 성 sincerity　chéng 청 言 訁 訪 誠 誠	誠金 [성금] 至誠 [지성]
104 言·7·14		

星	별 성 star　xīng 싱 口 日 旦 早 星	星座 [성좌] 彗星 [혜성]
105 日·5·9		

聖	성인 성 saint　shèng 성 丆 王 耵 聖 聖	聖賢 [성현] 神聖 [신성]
106 耳·7·13		

聲	소리 성 voice　shēng 성 十 吉 殸 聲 聲	聲樂 [성악] 肉聲 [육성]
107 耳·11·17		

細	가늘 세 thin　xì 시 糸 細 細 細	細菌 [세균] 細胞 [세포]
108 糸·5·11		

稅	세금 세 tax　shuì 수이 二 千 禾 秎 稅	稅金 [세금] 脫稅 [탈세]
109 禾·7·12		

勢	기세 세 force　shì 스 一 十 刲 執 勢	氣勢 [기세] 形勢 [형세]
110 力·11·13		

素	흴 소 white　sù 쑤 一 十 耒 耒 素	素服 [소복] 素扇 [소선]
111 糸·4·10		

笑	웃을 소 laugh　xiào 샤오 𥫗 竺 笑	談笑 [담소] 爆笑 [폭소]
112 竹·4·10		

* 4급 II 가나다순 쓰기 *

掃 113 扌·8·11	쓸 sweep 소 sǎo 싸오 ㅣ 扌 扩 掃 掃	掃滅 [소멸] 一掃 [일소]	
俗 114 亻·7·9	풍속 custom 속 sú 쑤 亻 伀 俗	俗談 [속담] 世俗 [세속]	
續 115 糸·15·21	이을 continue 속 xù 쉬 糸 糹 繪 繪 續	續開 [속개] 連續 [연속]	
送 116 辶·6·10	보낼 send 송 sòng 쑹 八 ᅶ 关 送	送金 [송금] 輸送 [수송]	
守 117 宀·3·6	지킬 keep 수 shǒu 서우 宀 宁 守	守節 [수절] 保守 [보수]	
收 118 攵·2·6	거둘 gather 수 shōu 서우 ㅣ ㅓ 屮 收	收集 [수집] 徵收 [징수]	
受 119 又·6·8	받을 receive 수 shòu 서우 一 ⺤ 爫 受 受	受講 [수강] 授受 [수수]	
授 120 扌·8·11	줄 give 수 shòu 서우 扌 扩 拧 授	授受 [수수] 傳授 [전수]	
修 121 亻·8·10	닦을 cultivate 수 xiū 슈 亻 亻 仁 攸 修	修道 [수도] 履修 [이수]	
純 122 糸·4·10	순수할 pure 순 chún 춘 糸 糸 紅 純	純眞 [순진] 淸純 [청순]	
承 123 手·4·8	받들 inherit 승 chéng 청 了 孑 承 承 承	繼承 [계승] 傳承 [전승]	
是 124 日·5·9	옳을 this 시 shuì ㅅ 旦 早 昰 是	是日 [시일] 如是 [여시]	
施 125 方·5·9	베풀 perform 시 shī ㅅ 亠 方 扩 施 施	施惠 [시혜] 施設 [시설]	
視 126 見·5·12	볼 look at 시 shì ㅅ 干 示 祖 視	視角 [시각] 注視 [주시]	

51

4급 II 가나다순 쓰기

127. 詩
- 시 verse / shī 스
- 言 言 計 詩 詩
- 詩歌 [시가]
- 詩語 [시어]
- 言·6·13

128. 試
- 시험할 시 / test / shì 스
- 言 訁 試 試 試
- 試鍊 [시련]
- 入試 [입시]
- 言·6·13

129. 息
- 숨쉴 식 / breathe / xī 시
- 亻 白 自 息 息
- 歎息 [탄식]
- 休息 [휴식]
- 心·6·10

130. 申
- 펼 신 / report / shēn 선
- 冂 日 申
- 上申 [상신]
- 申請 [신청]
- 田·0·5

131. 深
- 깊을 심 / deep / shēn 선
- 氵 氿 泙 深
- 深遠 [심원]
- 夜深 [야심]
- 氵·8·11

132. 眼
- 눈 안 / eye / yǎn 옌
- 刖 目 眼 眼 眼
- 眼疾 [안질]
- 血眼 [혈안]
- 目·6·11

133. 暗
- 어두울 암 / dark / àn 안
- 刖 日 暗 暗
- 暗黑 [암흑]
- 明暗 [명암]
- 日·9·13

134. 壓
- 누를 압 / press / yā 야
- 丿 厂 厭 厭 壓
- 壓倒 [압도]
- 鎭壓 [진압]
- 土·14·17

135. 液
- 진 액 / extract / yè 예
- 氵 汀 汸 液 液
- 液汁 [액즙]
- 溶液 [용액]
- 氵·8·11

136. 羊
- 양 양 / sheep / yáng 양
- 丷 兰 羊
- 羊腸 [양장]
- 牧羊 [목양]
- 羊·0·6

137. 如
- 같을 여 / like / rú 루
- 夊 女 如
- 如意 [여의]
- 如前 [여전]
- 女·3·6

138. 餘
- 남을 여 / remain / yú 위
- 今 會 會 餘 餘
- 餘分 [여분]
- 殘餘 [잔여]
- 食·7·16

139. 逆
- 거스를 역 / oppose / nì 니
- 丷 䒑 屰 䢰 逆
- 逆行 [역행]
- 拒逆 [거역]
- 辶·6·10

140. 研
- 갈 연 / polish / yán 옌
- 厂 石 石二 研
- 研磨 [연마]
- 研武 [연무]
- 石·4·9

4급 II 가나다순 쓰기

141
煙 — 연기 smoke / yān 옌
획순: 丶 火 炉 炳 煙
火·9·13
煙幕 [연막]
煙霧 [연무]

142
演 — 펼 spread / yǎn 옌
획순: 氵 氵 沴 沴 演
氵·11·14
演繹 [연역]
競演 [경연]

143
榮 — 영화 glorious / róng 릉
획순: 丶 火 炏 𤇾 榮
木·10·14
榮辱 [영욕]
虛榮 [허영]

144
藝 — 재주 art / yì 이
획순: 丶 艹 蓻 蓺 藝
艹·15·19
藝能 [예능]
曲藝 [곡예]

145
誤 — 그르칠 mistake / wù 우
획순: 言 訂 誤 誤 誤
言·7·14
誤算 [오산]
過誤 [과오]

146
玉 — 구슬 gem / yù 위
획순: 丁 王 玉
玉·0·5
玉石 [옥석]
玉碎 [옥쇄]

147
往 — 갈 go / wǎng 왕
획순: 彳 行 往 往
彳·5·8
往復 [왕복]
旣往 [기왕]

148
謠 — 노래 ballad / yáo 야오
획순: 言 診 診 諮 謠
言·10·17
歌謠 [가요]
民謠 [민요]

149
容 — 얼굴 face / róng 룽
획순: 宀 突 容
宀·7·10
容貌 [용모]
美容 [미용]

150
員 — 관원 official / yuán 위안
획순: 口 員 員
口·7·10
官員 [관원]
定員 [정원]

151
圓 — 둥글 round / yuán 위안
획순: 冂 円 圓 圓
口·10·13
圓卓 [원탁]
圓形 [원형]

152
爲 — 할 do / wéi 웨이
획순: 丶 𠂇 𢦏 爲 爲
爪·8·12
爲政 [위정]
行爲 [행위]

153
衛 — 지킬 guard / wèi 웨이
획순: 彳 行 衛 衛 衛
行·10·16
防衛 [방위]
護衛 [호위]

154
肉 — 고기 meat / ròu 러우
획순: 丨 冂 内 肉
肉·0·6
肉味 [육미]
肉質 [육질]

4급 II 가나다순 쓰기

恩	은혜 은 favor ēn 언	恩典 [은전] 報恩 [보은]
155 心·6·10	冂 冃 因 恩 恩	

陰	그늘 음 shade yīn 인	陰地 [음지] 綠陰 [녹음]
156 阝·8·11	阝 阝 陰 陰	

應	응할 응 respond yìng 잉	應答 [응답] 應試 [응시]
157 心·13·17	亠 广 府 雁 應	

義	옳을 의 righteous yì 이	義理 [의리] 信義 [신의]
158 羊·7·13	丷 羊 羑 義 義	

議	의논할 의 discuss yì 이	議題 [의제] 物議 [물의]
159 言·13·20	計 詳 詳 議 議	

移	옮길 이 remove yí 이	移管 [이관] 移轉 [이전]
160 禾·6·11	二 千 禾 移 移	

益	더할 익 increase yì 이	有益 [유익] 增益 [증익]
161 皿·5·10	公 分 益 益	

引	끌 인 pull yǐn 인	引力 [인력] 引用 [인용]
162 弓·1·4	一 コ 弓 引	

印	도장 인 seal yìn 인	印章 [인장] 捺印 [날인]
163 卩·4·6	厂 匚 臣 臼 印	

認	알 인 recognize rèn 런	認識 [인식] 認知 [인지]
164 言·7·14	言 訂 訒 認 認	

將	장수 장 general jiàng 장	將相 [장상] 勇將 [용장]
165 寸·8·11	丨 丬 爿 將 將	

障	막힐 장 obstruct zhàng 장	障壁 [장벽] 支障 [지장]
166 阝·11·14	阝 阝 阡 隨 障	

低	낮을 저 low dī 디	低俗 [저속] 高低 [고저]
167 亻·5·7	亻 亻 仁 低 低	

敵	대적할 적 oppose dí 디	敵手 [적수] 匹敵 [필적]
168 攵·11·15	产 商 商 敵 敵	

4급 II 가나다순 쓰기

한자	훈음	필순	예
田 (169) 田·0·5	밭 전 / field / tián / 톈	丨 冂 冂 田 田	田畓 [전답] / 田園 [전원]
絕 (170) 糸·6·12	끊을 절 / cut off / jué / 줴	纟 糸 紵 絕 絕	絕交 [절교] / 斷絕 [단절]
接 (171) 扌·8·11	댈 접 / join / jiē / 제	一 扌 护 接 接	接觸 [접촉] / 直接 [직접]
政 (172) 攵·5·9	정사 정 / politics / zhèng / 정	丁 下 正 政 政	政事 [정사] / 國政 [국정]
程 (173) 禾·7·12	법 정 / law / chéng / 청	千 禾 秆 秆 程	規程 [규정] / 日程 [일정]
精 (174) 米·8·14	자세할 정 / detailed / jīng / 징	丷 半 籿 精 精	精密 [정밀] / 精通 [정통]
制 (175) 刂·6·8	억제할 제 / restrain / zhì / 즈	一 牛 告 制	制壓 [제압] / 抑制 [억제]
製 (176) 衣·8·14	지을 제 / make / zhì / 즈	告 制 刬 製 製	製圖 [제도] / 手製 [수제]
除 (177) 阝·7·10	덜 제 / lessen / chú / 추	了 阝 阾 除 除	除隊 [제대] / 解除 [해제]
祭 (178) 示·6·11	제사 제 / sacrifice / jì / 지	ク タ 夕 祭 祭	祭物 [제물] / 墓祭 [묘제]
際 (179) 阝·11·14	사이 제 / brink / jì / 지	了 阝 陜 際 際	國際 [국제] / 交際 [교제]
提 (180) 扌·9·12	끌 제 / drag / tí / 티	一 扌 捍 捍 提	提携 [제휴] / 前提 [전제]
濟 (181) 氵·14·17	건널 제 / cross / jì / 지	氵 泞 浐 濟 濟	濟度 [제도] / 救濟 [구제]
早 (182) 日·2·6	일찍 조 / early / zǎo / 짜오	日 旦 早	早熟 [조숙] / 早婚 [조혼]

4급 II 가나다순 쓰기

助 (183) 力·5·7	도울 조 help zhù 주 日 目 助 助	助言 [조언] 協助 [협조]
造 (184) 辶·7·11	지을 조 make zào 짜오 丷 生 告 浩 造	造成 [조성] 改造 [개조]
鳥 (185) 鳥·0·11	새 조 bird niǎo 냐오 厂 广 户 鳥 鳥	鳥獸 [조수] 吉鳥 [길조]
尊 (186) 寸·9·12	높을 존 honorable zūn 쭌 酋 酋 尊 尊	尊嚴 [존엄] 推尊 [추존]
宗 (187) 宀·5·8	마루 종 ancestral zōng 쭝 宀 宀 宗	宗旨 [종지] 改宗 [개종]
走 (188) 走·0·7	달릴 주 run zǒu 쩌우 一 十 キ キ 走	走力 [주력] 暴走 [폭주]
竹 (189) 竹·0·6	대 죽 bamboo zhú 주 丿 丿 竹 竹	竹杖 [죽장] 松竹 [송죽]
準 (190) 氵·10·13	법도 준 rule zhǔn 쥰 氵 氵 汁 淮 準	基準 [기준] 標準 [표준]
衆 (191) 血·6·12	무리 중 crowd zhòng 중 血 血 眔 衆 衆	群衆 [군중] 聽衆 [청중]
增 (192) 土·12·15	더할 증 increase zēng 쩡 十 土 圤 圤 增	增減 [증감] 割增 [할증]
支 (193) 支·0·4	지탱할 지 support zhī 즈 一 十 ナ 支	支持 [지지] 依支 [의지]
至 (194) 至·0·6	이를 지 reach zhì 즈 ス 云 至 至	至今 [지금] 遝至 [답지]
志 (195) 心·3·7	뜻 지 intent zhì 즈 一 十 志 志	志望 [지망] 雄志 [웅지]
指 (196) 扌·6·9	손가락 지 finger zhǐ 즈 一 寸 扩 指 指	指紋 [지문] 屈指 [굴지]

4급 II 가나다순 쓰기

번호	漢字	訓	音 (병음)	필순	용례
197	職 (耳·12·18)	직책	직 / zhí 즈	一 T 耳 聍 職 職	兼職 [겸직], 求職 [구직]
198	眞 (目·5·10)	참	진 / zhēn 전	一 匕 旨 眞 眞	眞僞 [진위], 純眞 [순진]
199	進 (辶·8·12)	나아갈	진 / jìn 진	亻 仆 隹 谁 進	進出 [진출], 促進 [촉진]
200	次 (欠·2·6)	버금	차 / cì 츠	丶 冫 次	次席 [차석], 順次 [순차]
201	察 (宀·11·14)	살필	찰 / chá 차	宀 㝮 㗧 察 察	察知 [찰지], 診察 [진찰]
202	創 (刂·10·12)	비롯할	창 / chuàng 촹	今 今 含 倉 創	創刊 [창간], 草創 [초창]
203	處 (虍·5·11)	곳	처 / chǔ 추	丨 上 广 虍 處 處	居處 [거처], 傷處 [상처]
204	請 (言·8·15)	청할	청 / qǐng 칭	言 計 請 請 請	請願 [청원], 要請 [요청]
205	銃 (金·6·14)	총	총 / chòng 총	牟 金 釷 銃	銃劍 [총검], 拳銃 [권총]
206	總 (糸·11·17)	거느릴	총 / zǒng 쭝	幺 糸 紷 緫 總	總帥 [총수], 總裁 [총재]
207	蓄 (艹·10·14)	모을	축 / xù 쉬	丶 艹 䔍 蓄 蓄	蓄財 [축재], 蓄積 [축적]
208	築 (竹·10·16)	쌓을	축 / zhù 주	𥫗 竺 筑 築	築臺 [축대], 增築 [증축]
209	忠 (心·4·8)	충성	충 / zhōng 중	口 中 忠 忠	忠烈 [충렬], 忠孝 [충효]
210	蟲 (虫·12·18)	벌레	충 / chóng 총	口 中 虫 蛅 蟲	蟲齒 [충치], 害蟲 [해충]

4급 II 가나다순 쓰기

한자	훈음	필순	단어
取 211 (又·6·8)	취할 취 / take / qǔ 취	一 丅 丆 耳 耳 取	取得 [취득] / 奪取 [탈취]
測 212 (氵·9·12)	잴 측 / measure / cè 처	氵 沪 洟 測	測量 [측량] / 推測 [추측]
治 213 (氵·5·8)	다스릴 치 / govern / zhì 즈	丶 氵 沿 治	治安 [치안] / 政治 [정치]
置 214 (网·8·13)	둘 치 / place / zhì 즈	冖 罒 罒 置 置	置重 [치중] / 備置 [비치]
齒 215 (齒·0·15)	이 치 / tooth / chǐ 츠	丨 卜 屮 裝 齒	齒藥 [치약] / 義齒 [의치]
侵 216 (亻·7·9)	침노할 침 / invade / qīn 친	亻 伊 侵 侵	侵犯 [침범] / 外侵 [외침]
快 217 (忄·4·7)	즐거울 쾌 / refreshed / kuài 콰이	忄 忄 忄 快	快擧 [쾌거] / 痛快 [통쾌]
態 218 (心·10·14)	모양 태 / attitude / tài 타이	台 育 能 能 態	態勢 [태세] / 狀態 [상태]
統 219 (糸·6·12)	거느릴 통 / govern / tǒng 퉁	纟 糸 糽 紌 統	統治 [통치] / 血統 [혈통]
退 220 (辶·6·10)	물러날 퇴 / retreat / tuì 투이	ㄱ ヨ 艮 艮 退	退却 [퇴각] / 後退 [후퇴]
波 221 (氵·5·8)	물결 파 / wave / bō 보	氵 氵 沪 沪 波	波濤 [파도] / 風波 [풍파]
破 222 (石·5·10)	깨뜨릴 파 / break / pò 포	丆 石 石 矿 破	破損 [파손] / 凍破 [동파]
布 223 (巾·2·5)	베 포 / cloth / bù 부	丿 ナ 右 布	布木 [포목] / 毛布 [모포]
包 224 (勹·3·5)	쌀 포 / pack / bāo 바오	丿 ク 勹 勺 包	包括 [포괄] / 小包 [소포]

4급 II 가나다순 쓰기

№	漢字	訓	音	획순	예시
225	砲	대포	포 pào 파오	一 ノ 石 矿 砲 砲	砲擊 [포격] / 發砲 [발포]
		石·5·10			
226	暴	사나울	폭·포 bào 빠오	旦 昇 昇 暴 暴 暴	暴惡 [포악] / 亂暴 [난폭]
		日·11·15			
227	票	쪽지	표 piào 퍄오	一 西 票 票	票決 [표결] / 投票 [투표]
		示·6·11			
228	豊	풍성할	풍 fēng 펑	丨 비 豊 豊 豊	豊作 [풍작] / 大豊 [대풍]
		豆·11·18			
229	限	한정	한 xiàn 셴	了 阝 阝 限 限	限界 [한계] / 制限 [제한]
		阝·6·9			
230	航	배	항 háng 항	冂 月 舟 舟 航	航路 [항로] / 就航 [취항]
		舟·4·10			
231	港	항구	항 gǎng 강	氵 氵 汁 洪 港	港口 [항구] / 入港 [입항]
		氵·9·12			
232	解	풀	해 xiè 셰	⺈ 角 角? 解 解	解釋 [해석] / 和解 [화해]
		角·6·13			
233	香	향기	향 xiāng 샹	一 千 禾 香	香氣 [향기] / 芳香 [방향]
		香·0·9			
234	鄕	시골	향 xiāng 샹	乡 纟 纟 鄕 鄕	鄕村 [향촌] / 京鄕 [경향]
		阝·10·13			
235	虛	빌	허 xū 쉬	丨 ⼂ 卢 虛 虛	虛言 [허언] / 空虛 [공허]
		虍·6·12			
236	驗	시험	험 yàn 옌	丅 馬 駁 驗 驗	驗知 [험지] / 受驗 [수험]
		馬·13·23			
237	賢	어질	현 xián 셴	⺕ 开 臣 臤 賢	賢良 [현량] / 賢人 [현인]
		貝·8·15			
238	血	피	혈 xiě 셰	丿 白 血 血	血管 [혈관] / 出血 [출혈]
		血·0·6			

4급 II 가나다순 쓰기

協	화합할 협 / harmonize / xié 셰	協和 [협화]
239 十·6·8	一 十 十 坊 協	妥協 [타협]

惠	은혜 혜 / favor / huì 후이	惠澤 [혜택]
240 心·8·12	甲 車 車 惠 惠	恩惠 [은혜]

戶	지게 호 / door / hù 후	門戶 [문호]
241 戶·0·4	厂 戶 戶	戶別 [호별]

好	좋을 호 / good / hǎo 하오	好調 [호조]
242 女·3·6	乂 女 好 好	愛好 [애호]

呼	부를 호 / call / hū 후	呼價 [호가]
243 口·5·8	口 呼 呼 呼	歡呼 [환호]

護	지킬 호 / guard / hù 후	護國 [호국]
244 言·14·21	言 言 言 謹 護	守護 [수호]

貨	재화 화 / goods / huò 훠	貨幣 [화폐]
245 貝·4·11	亻 化 貨 貨	外貨 [외화]

確	확실할 확 / certain / què 췌	確認 [확인]
246 石·10·15	一 丆 矴 碔 確	明確 [명확]

回	돌아올 회 / return / huí 후이	回轉 [회전]
247 口·3·6	冂 回 回	撤回 [철회]

吸	숨들이쉴 흡 / inhale / xī 시	吸煙 [흡연]
248 口·4·7	口 吖 吸 吸	呼吸 [호흡]

興	일어날 흥 / rise / xīng 싱	興起 [흥기]
249 臼·9·16	ㅑ 胴 胭 胭 興	振興 [진흥]

希	바랄 희 / hope / xī 시	希求 [희구]
250 巾·4·7	乂 ※ 希 希	希望 [희망]

* 4급 250字 가나다순 쓰면서 익히기 *

#	한자	훈	음	병음	획순	단어
1	暇 (日·9·13)	겨를 leisure	가	xiá 샤	日 日' 旷 岈 暇	暇日 [가일] / 休暇 [휴가]
2	刻 (刂·6·8)	새길 crave	각	kè 커	亠 亥 亥 刻	刻印 [각인] / 木刻 [목각]
3	覺 (見·13·20)	깨달을 awake	각	jué 줴	ᄼ ᄻ 臼 昂 覺	覺醒 [각성] / 先覺 [선각]
4	干 (干·0·3)	방패 shield	간	gān 간	二 干	干戈 [간과] / 干城 [간성]
5	看 (目·4·9)	볼 see	간	kàn 칸	三 手 看 看	看過 [간과] / 看做 [간주]
6	簡 (竹·12·18)	편지 letter	간	jiǎn 졘	⺮ 笳 笳 簡 簡	內簡 [내간] / 書簡 [서간]
7	甘 (甘·0·5)	달 sweet	감	gān 간	一 廿 甘 甘	甘味 [감미] / 甘酒 [감주]
8	敢 (攵·8·12)	감히 daringly	감	gǎn 간	工 千 耳 耳 敢	敢行 [감행] / 焉敢 [언감]
9	甲 (田·0·5)	갑옷 armor	갑	jiǎ 쟈	冂 日 日 甲	甲冑 [갑주] / 鐵甲 [철갑]
10	降 (阝·6·9)	내릴 descend	강	jiàng 쟝	阝 阝 降 降 降	降雨 [강우] / 下降 [하강]
11	更 (曰·3·7)	다시 change	갱·경	gēng 겅	一 百 更 更	更生 [갱생] / 變更 [변경]
12	巨 (工·2·5)	클 great	거	jù 쥐	一 厂 厅 巨 巨	巨軀 [거구] / 巨匠 [거장]
13	拒 (扌·5·8)	막을 oppose	거	jù 쥐	一 丨 扌 扩 拒	拒逆 [거역] / 抗拒 [항거]
14	居 (尸·5·8)	살 dwell	거	jū 쥐	丁 コ 尸 尸 居	居處 [거처] / 寄居 [기거]

* 4급 가나다순 쓰기 *

據	의지할 거 depend jù 쮜	據點 [거점] 雄據 [웅거]
15 扌·13·16	丨 扌 扩 掳 據	

傑	뛰어날 걸 distinguished jié 제	傑作 [걸작] 俊傑 [준걸]
16 亻·10·12	亻 亻 俨 佛 傑	

儉	검소할 검 frugal jiǎn 쩬	儉約 [검약] 勤儉 [근검]
17 亻·13·15	亻 伶 伶 儉	

激	과격할 격 violent jī 지	激動 [격동] 急激 [급격]
18 氵·13·16	氵 泊 浿 激 激	

擊	칠 격 attack jī 지	擊退 [격퇴] 攻擊 [공격]
19 手·13·17	車 軎 軗 毄 擊	

犬	개 견 dog quǎn 취안	忠犬 [충견] 鬪犬 [투견]
20 犬·0·4	一 大 犬	

堅	굳을 견 hard jiān 쩬	堅固 [견고] 堅持 [견지]
21 土·8·11	丆 玉 臤 臤 堅	

傾	기울 경 incline qīng 칭	傾斜 [경사] 傾向 [경향]
22 亻·11·13	亻 化 価 傾 傾	

驚	놀랄 경 frighten jīng 징	驚異 [경이] 驚歎 [경탄]
23 馬·13·23	丶 艹 敬 敬 驚	

鏡	거울 경 mirror jìng 징	鏡臺 [경대] 眼鏡 [안경]
24 金·11·19	牛 余 金 鏡 鏡	

戒	경계할 계 warn jiè 제	戒嚴 [계엄] 警戒 [경계]
25 戈·3·7	二 开 戒 戒 戒	

系	이을 계 connect xì 시	系念 [계념] 直系 [직계]
26 糸·1·7	一 糸 系	

季	계절 계 season jì 지	季節 [계절] 四季 [사계]
27 子·5·8	二 千 禾 季 季	

階	섬돌 계 stairs jiē 제	階段 [계단] 階梯 [계제]
28 阝·9·12	阝 阝 阶 階 階	

* 4급 가나다순 쓰기 *

鷄	닭 계 cock jī 지 玄 奚 鮗 鷄 鷄	鷄冠 [계관] 養鷄 [양계]	孔	구멍 공 hole kǒng 쿵 乛 了 孑 孔	孔穴 [공혈] 氣孔 [기공]
29 鳥·10·21			36 子·1·4		
繼	이을 계 succeed jì 지 幺 糸 絲 縱 繼	繼續 [계속] 引繼 [인계]	攻	칠 공 attack gōng 궁 丁 工 功 攻	攻擊 [공격] 侵攻 [침공]
30 糸·14·20			37 攵·3·7		
孤	외로울 고 lonely gū 구 了 孑 孑 孤 孤	孤獨 [고독] 孤立 [고립]	管	대롱 관 pipe guǎn 관 ⺮ 笁 竺 筦 管	管見 [관견] 血管 [혈관]
31 子·5·8			38 竹·8·14		
庫	곳집 고 warehouse kù 쿠 亠 广 庐 庫	金庫 [금고] 倉庫 [창고]	鑛	쇳돌 광 ore kuàng 쾅 钅 金 鉯 鑛 鑛	鑛脈 [광맥] 採鑛 [채광]
32 广·7·10			39 金·15·23		
穀	곡식 곡 grain gǔ 구 十 壴 幸 穀 穀	穀類 [곡류] 糧穀 [양곡]	構	얽을 구 frame gòu 거우 木 栌 構 構 構	構成 [구성] 構造 [구조]
33 禾·10·15			40 木·10·14		
困	곤할 곤 distress kùn 쿤 冂 𠘨 困 困	春困 [춘곤] 疲困 [피곤]	君	임금 군 king jūn 쥔 ⺕ ⺕ 尹 君	君主 [군주] 暴君 [폭군]
34 口·4·7			41 口·4·7		
骨	뼈 골 bone gǔ 구 冂 冎 冎 骨 骨	骨格 [골격] 遺骨 [유골]	群	무리 군 flock qún 췬 フ ㅋ ㅋ 君 群	群島 [군도] 魚群 [어군]
35 骨·0·10			42 羊·7·13		

4급 가나다순 쓰기

43. 屈
- 굽을 굴 / bend / qū 취
- 一 尸 尸 屈 屈
- 屈曲 [굴곡]
- 屈折 [굴절]
- 尸·5·8

44. 窮
- 다할 궁 / exhausted / qióng 충
- 宀 宵 宵 窮 窮
- 窮地 [궁지]
- 困窮 [곤궁]
- 穴·10·15

45. 券
- 문서 권 / bond / quàn 취안
- 丷 𭕄 关 券 券
- 旅券 [여권]
- 證券 [증권]
- 刀·6·8

46. 卷
- 책 권 / volume / juǎn 쥐안
- 丷 𭕄 关 卷 卷
- 卷頭 [권두]
- 卷帙 [권질]
- 卩·6·8

47. 勸
- 권할 권 / advise / quàn 취안
- 艹 堇 勸 勸
- 勸告 [권고]
- 強勸 [강권]
- 力·18·20

48. 歸
- 돌아올 귀 / return / guī 구이
- 𠂤 𠂤 𠂤 歸
- 歸鄕 [귀향]
- 復歸 [복귀]
- 止·14·18

49. 均
- 고를 균 / even / jūn 쥔
- 一 十 均 均 均
- 均等 [균등]
- 平均 [평균]
- 土·4·7

50. 劇
- 심할 극 / violent / jù 쥐
- 卜 庐 虎 豦 劇
- 劇烈 [극렬]
- 劇甚 [극심]
- 刂·13·15

51. 筋
- 힘줄 근 / muscle / jīn 진
- 𠂉 竹 竹 筋 筋
- 筋骨 [근골]
- 筋肉 [근육]
- 竹·6·12

52. 勤
- 부지런할 근 / diligent / qín 친
- 一 卄 茬 堇 勤
- 勤勉 [근면]
- 缺勤 [결근]
- 力·11·13

53. 紀
- 벼리 기 / principle / jì 지
- 幺 糸 紀 紀 紀
- 紀綱 [기강]
- 紀念 [기념]
- 糸·3·9

54. 奇
- 기이할 기 / strange / jī 지
- 一 大 𠆢 吞 奇
- 奇怪 [기괴]
- 珍奇 [진기]
- 大·5·8

55. 寄
- 부칠 기 / send / jì 지
- 宀 宀 宁 宨 寄
- 寄與 [기여]
- 寄贈 [기증]
- 宀·8·11

56. 機
- 베틀 기 / loom / jī 지
- 栐 楤 機 機 機
- 機業 [기업]
- 機關 [기관]
- 木·12·16

4급 가나다순 쓰기

納 57 糸·4·10	들일 납 receive nà 나 糸 糸 糽 納	納得 [납득] 出納 [출납]	覽 64 見·14·21	볼 람 inspect lǎn 란 ㅋ 臣ㄷ 臨 臨 覽	觀覽 [관람] 回覽 [회람]
段 58 殳·5·9	조각 단 stair duàn 똰 ㄏ 彳 𠂇 段	段落 [단락] 階段 [계단]	略 65 田·6·11	간략할 략 brief lüè 뤠 田 田 畋 畋 略	略圖 [약도] 省略 [생략]
徒 59 彳·7·10	무리 도 crowd tú 투 彳 彳 什 徏 徒	徒黨 [도당] 暴徒 [폭도]	糧 66 米·12·18	양식 량 food liáng 량 ㄧ 斗 粐 糧 糧	糧穀 [양곡] 軍糧 [군량]
逃 60 辶·6·10	달아날 도 escape táo 타오 丿 丿 丬 兆 逃	逃亡 [도망] 逃避 [도피]	慮 67 心·11·15	생각할 려 consider lǜ 뤼 ㄏ 虍 虑 虐 慮	考慮 [고려] 思慮 [사려]
盜 61 皿·7·12	도둑 도 thief dào 다오 冫 氵 次 盜 盜	盜難 [도난] 強盜 [강도]	烈 68 灬·6·10	매울 렬 fierce liè 례 ㄏ 歹 歹 列 烈	烈火 [열화] 猛烈 [맹렬]
卵 62 卩·5·7	알 란 egg luǎn 롼 𠃍 𠂆 白 卵 卵	卵生 [난생] 産卵 [산란]	龍 69 龍·0·16	용 룡 dragon lóng 룽 育 育 竜 龍 龍	龍馬 [용마] 臥龍 [와룡]
亂 63 乙·12·13	어지러울 란 disorderly luàn 롼 � 乴 乴 亂 亂	亂世 [난세] 戰亂 [전란]	柳 70 木·5·9	버들 류 willow liǔ 류 一 十 木 柳 柳	楊柳 [양류] 花柳 [화류]

65

* 4급 가나다순 쓰기 *

輪	바퀴 륜 / wheel / lún 룬	亘車軡輪輪	輪禍 [윤화] / 車輪 [차륜]

71 — 車·8·15

| 離 | 떠날 리 / leave / lí 리 | 卤 卤 离 斋 離 | 離散 [이산] / 分離 [분리] |

72 — 隹·11·19

| 妹 | 손아래누이 매 / younger sister / mèi 메이 | 女 女 奸 奸 妹 | 妹弟 [매제] / 男妹 [남매] |

73 — 女·5·8

| 勉 | 힘쓸 면 / strive / miǎn 몐 | 勹 产 免 免 勉 | 勉學 [면학] / 勤勉 [근면] |

74 — 力·7·9

| 鳴 | 울 명 / chirp / míng 밍 | 口 吖 咱 鳴 鳴 | 鳴禽 [명금] / 鳴鏑 [명적] |

75 — 鳥·3·14

| 模 | 법 모 / pattern / mó 모 | 十 木 ボ ボ 模 | 模範 [모범] / 規模 [규모] |

76 — 木·11·15

| 妙 | 묘할 묘 / exquisite / miào 먀오 | 女 女 如 妙 妙 | 妙策 [묘책] / 絶妙 [절묘] |

77 — 女·4·7

| 墓 | 무덤 묘 / grave / mù 무 | 丶 亠 艹 墓 墓 | 墓碑 [묘비] / 省墓 [성묘] |

78 — 土·11·14

| 舞 | 춤출 무 / dance / wǔ 우 | 二 無 無 無 舞 | 舞曲 [무곡] / 群舞 [군무] |

79 — 舛·8·14

| 拍 | 손뼉칠 박 / clap / pāi 파이 | 一 扌 扌 拍 拍 | 拍手 [박수] / 拍掌 [박장] |

80 — 扌·5·8

| 髮 | 터럭 발 / hair / fà 파 | ㅣ 臣 髟 髮 髮 | 髮膚 [발부] / 頭髮 [두발] |

81 — 髟·5·15

| 妨 | 방해할 방 / hinder / fáng 팡 | く 女 女 妨 妨 | 妨害 [방해] / 無妨 [무방] |

82 — 女·4·7

| 犯 | 범할 범 / offend / fàn 판 | ノ 犭 犭 犭 犯 | 犯法 [범법] / 侵犯 [침범] |

83 — 犭·2·5

| 範 | 법 범 / law / fàn 판 | ⺮ 筲 筲 範 範 | 模範 [모범] / 敎範 [교범] |

84 — 竹·9·15

* 4급 가나다순 쓰기 *

한자	훈	음	병음	필순	단어
辯 85 辛·14·21	말잘할 eloquent	변 biàn 볜		一 辛 辛 辯 辯	達辯 [달변] 抗辯 [항변]
普 86 日·8·12	넓을 universal	보 pǔ 푸		一 亠 亦 普	普告 [보고] 普遍 [보편]
伏 87 亻·4·6	엎드릴 prostrate	복 fú 푸		亻 伏 伏	伏拜 [복배] 屈伏 [굴복]
複 88 衤·9·14	겹칠 double	복 fù 푸		衤 衤 衤 複	複雜 [복잡] 重複 [중복]
否 89 口·4·7	아닐 not	부 fǒu 퍼우		一 丆 不 否	否認 [부인] 安否 [안부]
負 90 貝·2·9	질 bear	부 fù 푸		丿 ク 負 負	負荷 [부하] 勝負 [승부]
粉 91 米·4·10	가루 powder	분 fěn 펀		丶 丷 粉 粉 粉	粉末 [분말] 粉食 [분식]
憤 92 忄·12·15	분할 indignant	분 fèn 펀		丶 忄 忄 忄 憤	憤痛 [분통] 悲憤 [비분]
批 93 扌·4·7	비평할 criticize	비 pī 피		一 十 扌 扩 批	批判 [비판] 批評 [비평]
祕 94 示·5·10	숨길 conceal	비 mì 미		示 礻 祀 祕 祕	祕密 [비밀] 極祕 [극비]
碑 95 石·8·13	비석 monument	비 bēi 베이		丆 石 砧 碑 碑	碑銘 [비명] 碑石 [비석]
私 96 禾·2·7	사사로울 private	사 sī 쓰		二 千 禾 私	私心 [사심] 公私 [공사]
射 97 寸·7·10	쏠 shoot	사 shè 서		丿 勹 身 射 射	射擊 [사격] 亂射 [난사]
絲 98 糸·6·12	실 thread	사 sī 쓰		幺 糹 糸 絲	絲笠 [사립] 鐵絲 [철사]

4급 가나다순 쓰기

辭	말 speech / 사 cí / ㅊ	受 肴 肴 辭 辭	辭說 [사설] / 修辭 [수사]

99 辛·12·19

| 散 | 흩어질 disperse / 산 sǎn / 싼 | 一 艹 甘 甘 散 | 散漫 [산만] / 分散 [분산] |

100 攵·8·12

| 象 | 코끼리 elephant / 상 xiàng / 샹 | ㄅ 缶 乌 象 象 | 象牙 [상아] / 象膽 [상담] |

101 豕·5·12

| 傷 | 상처 injure / 상 shāng / 샹 | 亻 伯 傷 傷 | 傷處 [상처] / 重傷 [중상] |

102 亻·11·13

| 宣 | 베풀 proclaim / 선 xuān / 쉬안 | 宀 宣 宣 | 宣揚 [선양] / 宣布 [선포] |

103 宀·6·9

| 舌 | 혀 tongue / 설 shé / 서 | 二 千 舌 | 舌端 [설단] / 毒舌 [독설] |

104 舌·0·6

| 屬 | 무리 belong to / 속 zhǔ / 주 | 一 尸 屠 屬 屬 | 吏屬 [이속] / 從屬 [종속] |

105 尸·18·21

| 損 | 덜 diminish / 손 sǔn / 쑨 | 一 扌 扩 損 | 損傷 [손상] / 毁損 [훼손] |

106 扌·10·13

| 松 | 소나무 pine tree / 송 sōng / 쏭 | 一 十 木 朴 松 | 松林 [송림] / 老松 [노송] |

107 木·4·8

| 頌 | 칭송할 praise / 송 sòng / 쏭 | 八 公 公 頌 頌 | 頌德 [송덕] / 稱頌 [칭송] |

108 頁·4·13

| 秀 | 빼어날 surpass / 수 xiù / 슈 | 二 千 禾 秀 秀 | 秀麗 [수려] / 俊秀 [준수] |

109 禾·2·7

| 叔 | 아재비 uncle / 숙 shū / 수 | 一 卜 ㅓ 尗 叔 | 叔母 [숙모] / 堂叔 [당숙] |

110 又·6·8

| 肅 | 엄숙할 respectful / 숙 sù / 쑤 | 彐 肀 肀 肅 肅 | 肅正 [숙정] / 嚴肅 [엄숙] |

111 聿·7·13

| 崇 | 높을 venerate / 숭 chóng / 총 | 丿 山 屮 崇 崇 | 崇拜 [숭배] / 崇仰 [숭앙] |

112 山·8·11

* 4급 가나다순 쓰기 *

氏	성·각시 씨 family name shì 스	一 厂 氏 氏	氏族 [씨족] 姓氏 [성씨]
113 氏·0·4			
額	이마 액 forehead é 어	宀 客 客 額 額	額面 [액면] 總額 [총액]
114 頁·9·18			
樣	모양 양 style yàng 양	木 栏 样 樣 樣	樣相 [양상] 貌樣 [모양]
115 木·11·15			
嚴	엄할 엄 solemn yán 옌	严 严 严 嚴 嚴	嚴正 [엄정] 謹嚴 [근엄]
116 口·17·20			
與	줄 여 give yǔ 위	个 斤 臼 舆 與	與奪 [여탈] 授與 [수여]
117 臼·7·14			
易	바꿀 역 exchange yì 이	口 日 昜 易	貿易 [무역] 交易 [교역]
118 日·4·8			
域	지경 역 boundary yù 위	一 十 圻 域 域	域內 [역내] 地域 [지역]
119 土·8·11			

延	끌 연 delay yán 옌	丿 ノ 下 正 延 延	延期 [연기] 遲延 [지연]
120 廴·4·7			
鉛	납 연 lead qiān 첸	亠 牟 余 釒 鉛	亞鉛 [아연] 鉛粉 [연분]
121 金·5·13			
緣	인연 연 affinity yuán 위안	幺 糸 糹 終 緣	緣分 [연분] 血緣 [혈연]
122 糸·9·15			
燃	불탈 연 burn rán 란	丶 炒 炊 燃 燃	燃料 [연료] 燃燒 [연소]
123 火·12·16			
迎	맞이할 영 welcome yíng 잉	丶 匚 白 卬 迎	迎賓 [영빈] 歡迎 [환영]
124 辶·4·8			
映	비칠 영 reflect yìng 잉	冂 日 旪 映	映像 [영상] 反映 [반영]
125 日·5·9			
營	경영할 영 manage yíng 잉	丶 𣳵 營 營 營	營業 [영업] 自營 [자영]
126 火·13·17			

* 4급 가나다순 쓰기 *

豫 127 豕·9·16	미리 예 beforehand yù 위	豫感 [예감]
	マ 予 豫 豫 豫	豫言 [예언]

郵 128 阝·8·11	우편 우 mail yóu 유	郵送 [우송]
	三 senior senior senior senior 郵	郵票 [우표]

遇 129 辶·9·13	만날 우 meet yù 위	遇害 [우해]
	吊 禺 禺 過 遇	不遇 [불우]

優 130 亻·15·17	넉넉할 우 ample yōu 유	優待 [우대]
	亻 侢 優 優 優	優越 [우월]

怨 131 心·5·9	원망할 원 grudge yuàn 위안	怨望 [원망]
	ク 夕 夗 怨 怨	怨聲 [원성]

源 132 氵·10·13	근원 원 source yuán 위안	源流 [원류]
	氵 氵 沪 源 源	字源 [자원]

援 133 扌·9·12	도울 원 aid yuán 위안	應援 [응원]
	一 扌 扩 拌 援	後援 [후원]

危 134 㔾·4·6	위태할 위 dangerous wēi 웨이	危急 [위급]
	丿 ケ 产 冇 危	安危 [안위]

委 135 女·5·8	맡길 위 entrust wěi 웨이	委任 [위임]
	二 千 禾 季 委	委託 [위탁]

威 136 女·6·9	위엄 위 dignity wēi 웨이	威勢 [위세]
	丿 厂 厃 威 威	威容 [위용]

圍 137 囗·9·12	둘레 위 surround wéi 웨이	圍繞 [위요]
	冂 門 周 團 圍	周圍 [주위]

慰 138 心·11·15	위로할 위 comfort wèi 웨이	慰勞 [위로]
	㇇ 尸 昃 尉 慰	慰安 [위안]

乳 139 乙·7·8	젖 유 milk rǔ 루	乳母 [유모]
	爫 𠬪 孚 孚 乳	牛乳 [우유]

遊 140 辶·9·13	놀 유 play yóu 유	遊興 [유흥]
	亠 方 方 斿 遊	交遊 [교유]

* 4급 가나다순 쓰기 *

	남길 유 leave behind yí 이	遺言 [유언] 遺訓 [유훈]		어질 인 benevolent rén 런	仁慈 [인자] 仁兄 [인형]
遺 141 辶·12·16	口 中 贵 遗 遗		仁 148 亻·2·4	亻 仁	

	선비 유 scholar rú 루	儒生 [유생] 巨儒 [거유]		누이 자 elder sister zǐ 쯔	姉妹 [자매] 姉兄 [자형]
儒 142 亻·14·16	亻 仲 儒 儒 儒		姉 149 女·5·8	女 女 妒 姉	

	숨을 은 hide yǐn 인	隱居 [은거] 隱蔽 [은폐]		맵시 자 figure zī 쯔	姿勢 [자세] 姿態 [자태]
隱 143 阝·14·17	了 阝 隱 隱 隱		姿 150 女·6·9	丶 冫 次 姿 姿	

	의지할 의 depend yī 이	依存 [의존] 依支 [의지]		재물 자 property zī 쯔	資金 [자금] 物資 [물자]
依 144 亻·6·8	亻 忄 忄 依 依		資 151 貝·6·13	丶 冫 次 資 資	

	거동 의 manners yí 이	儀禮 [의례] 威儀 [위의]		남을 잔 remain cán 찬	殘餘 [잔여] 殘骸 [잔해]
儀 145 亻·13·15	亻 亻 儀 儀 儀		殘 152 歹·8·12	歹 歹 殘 殘 殘	

	의심할 의 doubt yí 이	疑心 [의심] 質疑 [질의]		섞일 잡 mixed zá 짜	雜種 [잡종] 錯雜 [착잡]
疑 146 疋·9·14	丶 匕 矣 疑 疑		雜 153 隹·10·18	亠 卒 新 新 雜	

	다를 이 different yì 이	異見 [이견] 特異 [특이]		씩씩할 장 brave zhuàng 좡	壯烈 [장렬] 健壯 [건장]
異 147 田·6·11	田 用 毘 畀 異		壯 154 士·4·7	丨 丬 丬 壯 壯	

71

* 4급 가나다순 쓰기 *

裝 155 衣·7·13	꾸밀 장 / decorate / zhuāng 좡 / ㅣㄴ ㅛㅛ 裝 裝	裝飾 [장식] / 假裝 [가장]
帳 156 巾·8·11	휘장 장 / curtain / zhàng 장 / ㅁ ㅏㅏ 帕 帳 帳	帳幕 [장막] / 揮帳 [휘장]
張 157 弓·8·11	베풀 장 / extend / zhāng 장 / ㄱ ㄱ 引 張 張	伸張 [신장] / 擴張 [확장]
獎 158 大·11·14	권면할 장 / exhort / jiǎng 쟝 / ㅣㄴ ㅛㅛ 將 獎	獎勵 [장려] / 勸獎 [권장]
腸 159 肉·9·13	창자 장 / intestines / cháng 창 / 刖 胆 腸 腸	腸壁 [장벽] / 斷腸 [단장]
底 160 广·5·8	밑 저 / bottom / dǐ 디 / 亠 广 庁 底 底	基底 [기저] / 海底 [해저]
賊 161 貝·6·13	도둑 적 / thief / zéi 쩨이 / 貝 貝 賊 賊	盜賊 [도적] / 馬賊 [마적]
適 162 辶·11·15	갈 적 / suit / shì 스 / 啇 啇 商 適 適	適歸 [적귀] / 適用 [적용]
積 163 禾·11·16	쌓을 적 / heap up / jī 지 / 千 禾 秆 積 積	積雪 [적설] / 山積 [산적]
績 164 糸·11·17	길쌈할 적 / spin thread / jī 지 / 糹 糸 紝 績 績	績女 [적녀] / 紡績 [방적]
籍 165 竹·14·20	문서 적 / register / jí 지 / ⺮ 筥 筥 籍 籍	籍記 [적기] / 戶籍 [호적]
專 166 寸·8·11	오로지 전 / only / zhuān 좐 / 一 車 亩 專 專	專念 [전념] / 專擔 [전담]
轉 167 車·11·18	구를 전 / roll / zhuǎn 좐 / 一 車 軻 轉 轉	轉落 [전락] / 回轉 [회전]
錢 168 金·8·16	돈 전 / money / qián 첸 / 牟 金 錢 錢 錢	錢主 [전주] / 本錢 [본전]

* 4급 가나다순 쓰기 *

折 169 扌·4·7	꺾을 절 break shé 서 一 j 扩 折 折	屈折 [굴절] 挫折 [좌절]	組 176 糸·5·11	짤 조 make up zǔ 쭈 幺 糸 組 組	組織 [조직] 改組 [개조]
占 170 卜·3·5	차지할 점 possession zhàn 잔 卜 占 占	占有 [점유] 獨占 [독점]	條 177 木·7·11	가지 조 branch tiáo 탸오 亻 亻 攸 俗 條	枝條 [지조] 玉條 [옥조]
點 171 黑·5·17	점 점 dot diǎn 뎐 甲 田 里 黑 點	點線 [점선] 缺點 [결점]	潮 178 氵·12·15	조수 조 tide cháo 챠오 氵 汁 泊 潮 潮	潮流 [조류] 潮水 [조수]
丁 172 一·1·2	넷째천간 정 dīng 딩 一 丁	丁年 [정년] 丁時 [정시]	存 179 子·3·6	있을 존 exist cún 춘 一 ナ オ 存 存	存在 [존재] 現存 [현존]
整 173 攵·12·16	가지런할 정 even zhěng 정 一 束 敕 敕 整	整頓 [정돈] 端整 [단정]	從 180 彳·8·11	좇을 종 obey cóng 충 彳 彷 衍 徉 從	從屬 [종속] 順從 [순종]
靜 174 青·8·16	고요할 정 quiet jìng 징 十 青 靑 靜 靜	靜觀 [정관] 靜寂 [정적]	鍾 181 金·9·17	술잔 종 goblet zhōng 중 牟 余 鉑 鍾 鍾	鍾鉢 [종발] 鍾愛 [종애]
帝 175 巾·6·9	임금 제 emperor dì 디 产 帝 帝	帝王 [제왕] 皇帝 [황제]	座 182 广·7·10	자리 좌 seat zuò 쭤 亠 广 庄 座 座	座談 [좌담] 星座 [성좌]

* 4급 가나다순 쓰기 *

朱	붉을 주 vermilion zhū 주	朱紅 [주홍] 印朱 [인주]	織	짤 직 weave zhī 즈	織物 [직물] 紡織 [방직]
183 木·2·6	ㅗ ㅗ 牛 朱		190 糸·12·18	糸 紅 織 織 織	
周	두루 주 around zhōu 저우	周旋 [주선] 周知 [주지]	珍	보배 진 precious zhēn 전	珍貴 [진귀] 珍珠 [진주]
184 口·5·8	丿 冂 月 用 周		191 玉·5·9	丁 チ 王 玔 珍	
酒	술 주 liquor jiǔ 주	酒量 [주량] 飮酒 [음주]	陣	진칠 진 encamp zhèn 전	陣容 [진용] 布陣 [포진]
185 酉·3·10	丶 氵 沂 洒 酒		192 阝·7·10	彡 阝 阡 陣	
證	증거 증 evidence zhèng 정	證憑 [증빙] 考證 [고증]	盡	다할 진 exhaust jìn 진	盡力 [진력] 脫盡 [탈진]
186 言·12·19	言 訁 訁 訁 證		193 皿·9·14	⺺ ⺻ 肀 盡 盡	
持	가질 지 carry chí 츠	持病 [지병] 持分 [지분]	差	어긋날 차 differ chà 차	差別 [차별] 隔差 [격차]
187 扌·6·9	扌 扌 扫 持 持		194 工·7·10	丷 羊 差 差 差	
智	지혜 지 wisdom zhì 즈	智慧 [지혜] 才智 [재지]	讚	기릴 찬 praise zàn 짠	讚美 [찬미] 稱讚 [칭찬]
188 日·8·12	ㅗ 矢 知 智		195 言·19·26	言 訁 諺 謙 讚	
誌	기록할 지 record zhì 즈	誌面 [지면] 日誌 [일지]	採	캘 채 pick cǎi 차이	採掘 [채굴] 伐採 [벌채]
189 言·7·14	言 計 計 誌 誌		196 扌·8·11	一 扌 扩 採 採	

* **4급** 가나다순 쓰기 *

册 197 冂·3·5	책 book / 책 cè 처 / 丿 冂 册	册子 [책자] 分册 [분책]	趣 204 走·8·15	뜻 interest / 취 qù 취 / 十 耂 走 走 趣	趣味 [취미] 興趣 [흥취]
泉 198 水·5·9	샘 spring / 천 quán 취안 / 白 自 身 泉 泉	溫泉 [온천] 源泉 [원천]	就 205 尢·9·12	나아갈 enter / 취 jiù 주 / 亠 京 京 就 就	就職 [취직] 去就 [거취]
聽 199 耳·16·22	들을 listen / 청 tīng 팅 / 厂 耳 耳 聽 聽	聽覺 [청각] 盜聽 [도청]	層 206 尸·12·15	층 story / 층 céng 청 / 冖 尸 屄 屄 層	層階 [층계] 地層 [지층]
廳 200 广·22·25	관청 government office / 청 tīng 팅 / 广 庁 廎 廳 廳	廳舍 [청사] 官廳 [관청]	寢 207 宀·11·14	잠잘 sleep / 침 qǐn 친 / 宀 宀 宎 寑 寢	寢具 [침구] 就寢 [취침]
招 201 扌·5·8	부를 call / 초 zhāo 자오 / 一 十 扌 扫 招	招待 [초대] 招請 [초청]	針 208 金·2·10	바늘 needle / 침 zhēn 전 / 亼 全 金 金 針	針線 [침선] 毒針 [독침]
推 202 扌·8·11	천거할 recommend / 추 tuī 투이 / 扌 扛 扩 推 推	推薦 [추천] 推仰 [추앙]	稱 209 禾·9·14	일컬을 call / 칭 chēng 청 / 二 千 秥 秥 稱	稱號 [칭호] 尊稱 [존칭]
縮 203 糹·11·17	오그라들 shrink / 축 suō 쒀 / 糸 糸 紵 縮 縮	縮小 [축소] 伸縮 [신축]	彈 210 弓·12·15	탄알 bullet / 탄 dàn 단 / 弓 弓 彈 彈 彈	彈丸 [탄환] 砲彈 [포탄]

* 4급 가나다순 쓰기 *

No.	漢字	訓	音 (한글)	音 (병음)	한글	筆順	예시1	예시2
211	歎	탄식할	탄	tàn	탄	一 艹 荁 歎 歎	痛歎 [통탄]	恨歎 [한탄]
	欠·11·15	lament						
212	脫	벗을	탈	tuō	퉈	刀 月 胫 脫	脫帽 [탈모]	脫皮 [탈피]
	肉·7·11	take off						
213	探	찾을	탐	tàn	탄	一 扌 扩 挥 探	探究 [탐구]	探知 [탐지]
	扌·8·11	search						
214	擇	가릴	택	zé	쩌	扌 扩 押 擇 擇	擇一 [택일]	選擇 [선택]
	扌·13·16	select						
215	討	칠	토	tǎo	타오	言 討 討	討伐 [토벌]	聲討 [성토]
	言·3·10	suppress						
216	痛	아플	통	tòng	퉁	亠 广 疒 疖 痛	悲痛 [비통]	陣痛 [진통]
	疒·7·12	pain						
217	投	던질	투	tóu	터우	一 寸 扌 护 投	投網 [투망]	投擲 [투척]
	扌·4·7	throw						
218	鬪	싸움	투	dòu	더우	丨 厂 門 鬥 鬪	鬪病 [투병]	死鬪 [사투]
	鬥·10·20	fight						
219	派	물갈래	파	pài	파이	丶 氵 汀 泝 派	黨派 [당파]	分派 [분파]
	氵·6·9	branch						
220	判	판가름할	판	pàn	판	丷 丷 半 判	判決 [판결]	裁判 [재판]
	刂·5·7	judge						
221	篇	책	편	piān	펜	𥫗 竻 竻 篤 篇	玉篇 [옥편]	全篇 [전편]
	竹·9·15	book						
222	評	평론할	평	píng	핑	言 訂 訐 評	評論 [평론]	品評 [품평]
	言·5·12	comment on						
223	閉	닫을	폐	bì	비	丨 𠃌 門 閇 閉	閉門 [폐문]	閉業 [폐업]
	門·3·11	shut						
224	胞	태보	포	bāo	바오	刀 月 肞 胞 胞	胞宮 [포궁]	胞子 [포자]
	肉·5·9	amnion						

4급 가나다순 쓰기

爆 225 火·15·19	터질 폭 explode bào 바오	丷 灯 焊 爆 爆	爆擊 [폭격] 爆彈 [폭탄]	核 232 木·6·10	씨 핵 core hé 허	十 木 朽 核 核	核果 [핵과] 核心 [핵심]
標 226 木·11·15	표 표 mark biāo 뱌오	一 十 朽 標 標	商標 [상표] 指標 [지표]	憲 233 心·12·16	법 헌 constitution xiàn 셴	宀 宔 寓 憲 憲	憲法 [헌법] 違憲 [위헌]
疲 227 疒·5·10	지칠 피 tired pí 피	亠 广 疒 疒 疲	疲困 [피곤] 疲勞 [피로]	險 234 阝·13·16	험할 험 steep xiǎn 셴	阝 阝 阶 險 險	險難 [험난] 險峻 [험준]
避 228 辶·13·17	피할 피 avoid bì 비	㇇ 尸 辟 避 避	避難 [피난] 回避 [회피]	革 235 革·0·9	가죽 혁 leather gé 거	一 艹 苗 革	革帶 [혁대] 皮革 [피혁]
恨 229 忄·6·9	한할 한 deplore hèn 헌	丷 忄 忄 恨 恨	恨歎 [한탄] 悔恨 [회한]	顯 236 頁·14·23	나타날 현 appear xiǎn 셴	昆 㬎 㬎 顯 顯	顯達 [현달] 顯示 [현시]
閑 230 門·4·12	한가할 한 leisure xián 셴	丨 冂 門 閈 閑	閑暇 [한가] 閑散 [한산]	刑 237 刂·4·6	형벌 형 punishment xíng 싱	二 开 刑	刑罰 [형벌] 極刑 [극형]
抗 231 扌·4·7	겨룰 항 compete kàng 캉	一 十 扌 扩 抗	抗拒 [항거] 對抗 [대항]	或 238 戈·4·8	혹 혹 maybe huò 훠	戸 或 或 或	或是 [혹시] 設或 [설혹]

* 4급 가나다순 쓰기 *

婚	혼인할 혼 marry hūn 훈	女 妡 妡 婚 婚	婚姻 [혼인] 再婚 [재혼]
239 女·8·11			

混	쉬을 혼 mix hùn 훈	氵 汨 汨 混 混	混同 [혼동] 混合 [혼합]
240 氵·8·11			

紅	붉을 홍 red hóng 훙	纟 糸 紅 紅	紅顔 [홍안] 朱紅 [주홍]
241 糸·3·9			

華	빛날 화 shine huá 화	丶 卄 艹 荁 華	華麗 [화려] 豪華 [호화]
242 艹·8·12			

環	고리 환 ring huán 환	丅 王 珥 環 環	花環 [화환] 指環 [지환]
243 玉·13·17			

歡	기뻐할 환 rejoice huān 환	丶 卄 蓳 蓳 歡	歡待 [환대] 歡呼 [환호]
244 欠·18·22			

況	하물며 황 much more kuàng 쾅	丶 氵 汨 況	況且 [황차] 現況 [현황]
245 氵·5·8			

灰	재 회 ash huī 후이	一 ナ 灰 灰	灰色 [회색] 石灰 [석회]
246 火·2·6			

厚	두터울 후 thick hòu 허우	一 厂 厄 厚 厚	厚德 [후덕] 厚意 [후의]
247 厂·7·9			

候	절기 후 season hòu 허우	亻 伫 伫 候	氣候 [기후] 節候 [절후]
248 亻·8·10			

揮	휘두를 휘 wield huī 후이	一 十 扌 揎 揮	揮毫 [휘호] 指揮 [지휘]
249 扌·9·12			

喜	기쁠 희 pleasure xǐ 시	一 十 吉 壴 喜	喜劇 [희극] 歡喜 [환희]
250 口·9·12			

창공을 맴도는 솔개의 배회에 깜짝놀란 암탉이…

자신의 위협을 돌볼 겨를(겨를가 暇) 도 없이 새끼 곁을 지키고 있네.

* 3급 II 400字 가나다순 쓰면서 익히기 *

佳 1 亻·6·8	아름다울 가 beautiful jiā 자	亻 亻 仁 什 佳	佳景 [가경] 佳節 [가절]
閣 2 門·6·14	누각 각 tower gé 거	丨 厂 門 門 閣	樓閣 [누각] 殿閣 [전각]
脚 3 肉·7·11	다리 각 leg jiǎo 쟈오	月 肚 胠 胠 脚	健脚 [건각] 橋脚 [교각]
刊 4 刂·3·5	책펴낼 간 publish kān 칸	二 干 刊	季刊 [계간] 新刊 [신간]
肝 5 肉·3·7	간 간 liver gān 간	丿 刀 月 肝 肝	肝膽 [간담] 肝腸 [간장]
幹 6 干·10·13	줄기 간 trunk gàn 간	一 十 直 幹 幹	幹線 [간선] 根幹 [근간]
懇 7 心·13·17	간절할 간 sincere kěn 컨	豸 豸 豸 豸 懇	懇曲 [간곡] 懇切 [간절]

鑑 8 金·14·22	거울 감 mirror jiàn 젠	金 釤 鈩 鑑 鑑	鏡鑑 [경감] 寶鑑 [보감]
剛 9 刂·8·10	굳셀 강 firm gāng 강	冂 冈 岡 剛	剛健 [강건] 剛直 [강직]
綱 10 糸·8·14	벼리 강 basis gāng 강	幺 糸 紉 網 綱	綱常 [강상] 要綱 [요강]
介 11 人·2·4	끼일 개 lie between jiè 졔	人 介	介入 [개입] 仲介 [중개]
概 12 木·11·15	대개 개 generally gài 가이	十 朾 槪 概	概念 [개념] 大概 [대개]
距 13 足·5·12	떨어질 거 distant jù 쥐	𧾷 𧾷 距 距 距	距離 [거리] 相距 [상거]
乾 14 乙·10·11	하늘 건 heaven qián 첸	一 直 卓 乾 乾	乾坤 [건곤] 乾卦 [건괘]

3급 II 가나다순 쓰기

한자	훈음	필순	예
劍 (15) 刂·13·15	칼 검 / sword / jiàn 찌엔	𠆢 侖 僉 劍	劍客 [검객] / 劍術 [검술]
訣 (16) 言·4·11	이별할 결 / part / jué 줴	言 訁 訣	訣別 [결별] / 永訣 [영결]
兼 (17) 八·8·10	겸할 겸 / combine / jiān 찌엔	丷 今 乒 兼 兼	兼備 [겸비] / 兼任 [겸임]
謙 (18) 言·10·17	겸손할 겸 / humble / qiān 치엔	言 訃 詳 諾 謙	謙遜 [겸손] / 謙虛 [겸허]
耕 (19) 耒·4·10	밭갈 경 / plough / gēng 껑	三 丰 耒 耒 耕	耕作 [경작] / 農耕 [농경]
頃 (20) 頁·2·11	잠깐 경 / instant / qǐng 칭	一 匕 頃 頃 頃	頃刻 [경각] / 頃步 [경보]
契 (21) 大·6·9	맺을 계 / bond / qì 치	三 丰丨 𠥓 契 契	契約 [계약] / 默契 [묵계]
啓 (22) 口·8·11	열 계 / enlighten / qǐ 치	丆 户 户 啓 啓	啓示 [계시] / 謹啓 [근계]
械 (23) 木·7·11	기계 계 / machine / xiè 쎄	十 木 械 械 械	機械 [기계] / 械器 [계기]
溪 (24) 氵·10·13	시내 계 / brook / xī 시	氵 氵 淫 溪	溪谷 [계곡] / 溪流 [계류]
姑 (25) 女·5·8	시어미 고 / mother-in-law / gū 구	乆 攵 女 姏 姑	姑婦 [고부] / 舅姑 [구고]
稿 (26) 禾·10·15	볏짚 고 / straw / gǎo 가오	二 千 稿 稿	稿草 [고초] / 脫稿 [탈고]
鼓 (27) 鼓·0·13	북 고 / drum / gǔ 구	一 十 壴 鼓 鼓	鼓手 [고수] / 法鼓 [법고]
谷 (28) 谷·0·7	골 곡 / valley / gǔ 구	八 𠆢 谷	溪谷 [계곡] / 峽谷 [협곡]

3급 II 가나다순 �기

哭 29 (口·7·10)	울 곡 / weep / kū 쿠 / ㅣ ㅁ ㅁㅁ 哭 哭	哭聲 [곡성] / 痛哭 [통곡]
貢 30 (貝·3·10)	바칠 공 / tribute / gòng 궁 / 一 T 工 音 貢	貢獻 [공헌] / 貢物 [공물]
恐 31 (心·6·10)	두려울 공 / fear / kǒng 쿵 / 一 工 巩 恐 恐	恐怖 [공포] / 可恐 [가공]
供 32 (亻·6·8)	이바지할 공 / offer / gōng 궁 / 亻 仁 佄 供	供給 [공급] / 提供 [제공]
恭 33 (心·6·10)	공손할 공 / polite / gōng 궁 / 一 艹 共 恭 恭	恭敬 [공경] / 不恭 [불공]
誇 34 (言·6·13)	자랑할 과 / boast / kuā 콰 / 言 誇 誇	誇示 [과시] / 矜誇 [긍과]
寡 35 (宀·11·14)	적을 과 / few / guǎ 과 / 宀 宵 宣 寡 寡	寡默 [과묵] / 多寡 [다과]
冠 36 (冖·7·9)	갓 관 / crown / guān 관 / 一 冖 冗 冠 冠	衣冠 [의관] / 金冠 [금관]
館 37 (食·8·17)	집 관 / mansion / guǎn 관 / 今 今 館 館	館舍 [관사] / 旅館 [여관]
貫 38 (貝·4·11)	꿸 관 / pierce / guàn 관 / 乚 ㅁ 毌 貫 貫	貫徹 [관철] / 貫通 [관통]
慣 39 (忄·11·14)	버릇 관 / accustomed / guàn 관 / 丶 忄 忄 忄 慣	慣例 [관례] / 慣行 [관행]
寬 40 (宀·12·15)	너그러울 관 / generous / kuān 콴 / 宀 宇 宦 寬 寬	寬大 [관대] / 寬容 [관용]
怪 41 (忄·5·8)	기이할 괴 / strange / guài 과이 / 丶 忄 忄又 怪 怪	怪常 [괴상] / 駭怪 [해괴]
壞 42 (土·16·19)	무너질 괴 / collapse / huài 화이 / 十 壞 壞 壞 壞	崩壞 [붕괴] / 破壞 [파괴]

3급 II 가나다순 쓰기

巧	공교로울 교 skilful　qiǎo 차오 一 丁 エ 巧	巧拙 [교졸] 精巧 [정교]
43 エ·2·5		
較	견줄 교 compare　jiào 자오 亘 車 軒 較	計較 [계교] 比較 [비교]
44 車·6·13		
久	오랠 구 long time　jiǔ 주 ノ ク 久	久遠 [구원] 恒久 [항구]
45 ノ·2·3		
拘	거리낄 구 hesitate　jū 쥐 一 丁 扚 拘	拘碍 [구애] 不拘 [불구]
46 扌·5·8		
菊	국화 구 chrysanthemum　jú 쥐 丶 艹 芍 菊	菊花 [국화] 水菊 [수국]
47 艹·8·12		
弓	활 궁 bow　gōng 궁 フ コ 弓	弓術 [궁술] 弓矢 [궁시]
48 弓·0·3		
拳	주먹 권 fist　quán 취안 䒑 䒑 拳 拳	拳銃 [권총] 鐵拳 [철권]
49 手·6·10		

鬼	귀신 귀 demon　guǐ 구이 ノ 白 由 鬼 鬼	鬼神 [귀신] 寃鬼 [원귀]
50 鬼·0·10		
克	이길 극 overcome　kè 커 一 十 古 克	克己 [극기] 克服 [극복]
51 儿·5·7		
琴	거문고 금 six-stringed Korea Zither　qín 친 一 f 珡 琴	琴書 [금서] 心琴 [심금]
52 王·8·12		
禽	날짐승 금 winged animals　qín 친 亼 禽 禽 禽	禽獸 [금수] 猛禽 [맹금]
53 内·8·13		
錦	비단 금 silk　jǐn 진 牟 金 錦 錦	錦囊 [금낭] 錦地 [금지]
54 金·8·16		
及	미칠 급 reach　jí 지 ノ 乃 及	普及 [보급] 波及 [파급]
55 又·2·4		
企	꾀할 기 plan　qǐ 치 人 𠆢 𠆢 企 企	企圖 [기도] 企劃 [기획]
56 人·4·6		

3급 II 가나다순 쓰기

其 57 八·6·8	그 기 it qí 치 一 卄 甘 其	其他 [기타] 各其 [각기]	寧 64 宀·11·14	편안할 녕 peaceful nìng 닝 宀 宀 寍 寧 寧	康寧 [강녕] 安寧 [안녕]
祈 58 示·4·9	빌 기 pray qí 치 亍 禾 礻 礽 祈	祈禱 [기도] 祈願 [기원]	奴 65 女·2·5	종 노 slave nú 누 ㄠ 女 奴	奴婢 [노비] 奴隷 [노예]
畿 59 田·10·15	경기 기 royal domains jī 지 幺 絲 益 畿 畿	京畿 [경기] 畿湖 [기호]	腦 66 肉·9·13	뇌 뇌 brain nǎo 나오 月 肟 膠 腦 腦	腦裏 [뇌리] 腦死 [뇌사]
緊 60 糸·8·14	긴요할 긴 urgent jǐn 진 ㄣ 臣 臤 緊 緊	緊急 [긴급] 緊要 [긴요]	茶 67 艹·6·10	차 다·차 tea chá 차 艹 艾 苓 茶	茶菓 [다과] 綠茶 [녹차]
諾 61 言·9·16	허락할 낙(락) respond nuò 눠 言 訪 訪 諾 諾	受諾 [수락] 承諾 [승낙]	旦 68 日·1·5	아침 단 morning dàn 단 丨 冂 日 旦	旦暮 [단모] 元旦 [원단]
娘 62 女·7·10	아가씨 낭 girl niáng 냥 女 妒 妒 娘 娘	娘子 [낭자] 娘子軍 [낭자군]	但 69 亻·5·7	다만 단 only dàn 단 亻 但 但	但書 [단서] 但只 [단지]
耐 63 而·3·9	견딜 내 endure nài 나이 厂 丙 而 耐 耐	耐久 [내구] 忍耐 [인내]	丹 70 丶·3·4	붉을 단 red dān 단 丨 月 丹	丹砂 [단사] 丹靑 [단청]

* 3급 II 가나다순 쓰기 *

번호	한자	훈음	필순	용례
71	淡	묽을 담 watery dàn	氵 氵 泛 淡	淡水 [담수] / 濃淡 [농담]
		氵·8·11		
72	踏	밟을 답 tread tà	甲 甲 甼 踔 踏	踏步 [답보] / 高踏 [고답]
		足·8·15		
73	唐	당나라 당 Tang Dynasty táng	一 广 庐 庙 唐	唐詩 [당시] / 荒唐 [황당]
		口·7·10		
74	臺	돈대 대 height tái	一 十 吉 臺 臺	墩臺 [돈대] / 舞臺 [무대]
		至·8·14		
75	刀	칼 도 knife dāo	丁 刀	短刀 [단도] / 執刀 [집도]
		刀·0·2		
76	途	길 도 road tú	스 今 余 徐 途	途中 [도중] / 前途 [전도]
		辶·7·11		
77	陶	질그릇 도 pottery táo	彡 阝 阡 陶 陶	陶器 [도기] / 陶冶 [도야]
		阝·8·11		
78	突	갑자기 돌 collide tū	宀 空 突 突	激突 [격돌] / 衝突 [충돌]
		穴·4·9		
79	絡	이을 락 connect luò	糹 糸 紗 絞 絡	脈絡 [맥락] / 連絡 [연락]
		糸·6·12		
80	蘭	난초 란 orchid lán	艹 門 蘭 蘭 蘭	蘭草 [난초] / 芝蘭 [지란]
		艹·17·21		
81	欄	난간 란 rail lán	杧 杧 欄 欄 欄	欄干 [난간] / 空欄 [공란]
		木·17·21		
82	浪	물결 랑 wave làng	氵 浐 浪 浪 浪	風浪 [풍랑] / 激浪 [격랑]
		氵·7·10		
83	郎	사내 랑 man láng	ㅋ ㅋ 良 郞 郎	郎子 [낭자] / 新郎 [신랑]
		阝·7·10		
84	廊	복도 랑 corridor láng	一 广 庐 廊 廊	廊下 [낭하] / 回廊 [회랑]
		广·10·13		

* 3급 II 가나다순 쓰기 *

涼	서늘할 량 cool liáng 량	納涼 [납량] 清涼 [청량]
85 氵·8·10	冫冫冷冷涼	

勵	힘쓸 려 encourage lì 리	勵行 [여행] 獎勵 [장려]
86 力·15·17	一厂厲勵勵	

曆	책력 력 calendar lì 리	曆法 [역법] 冊曆 [책력]
87 日·12·16	厂厍厤曆曆	

鍊	단련할 련 temper liàn 렌	鍊磨 [연마] 鍊習 [연습]
88 金·9·17	牟余鋼鍊鍊	

聯	잇닿을 련 connect lián 렌	聯合 [연합] 關聯 [관련]
89 耳·11·17	耳聯聯聯聯	

戀	사모할 련 love liàn 렌	戀情 [연정] 悲戀 [비련]
90 心·19·23	言綜綜戀戀	

嶺	재 령 ridge lǐng 링	峻嶺 [준령] 嶺東 [영동]
91 山·14·17	丿山岩嶺嶺	

靈	신령 령 soul líng 링	靈妙 [영묘] 神靈 [신령]
92 雨·16·24	雨零零霝靈	

爐	화로 로 fireplace lú 루	煖爐 [난로] 火爐 [화로]
93 火·16·20	丶炉炉爐爐	

露	이슬 로 dew lù 루	草露 [초로] 白露 [백로]
94 雨·12·20	雨雪霏露露	

弄	희롱할 롱 banter lòng 룽	弄談 [농담] 戲弄 [희롱]
95 廾·4·7	丁王王弄	

賴	의지할 뢰 trust to lài 라이	信賴 [신뢰] 依賴 [의뢰]
96 貝·9·16	白申束剌賴	

樓	다락 루 garret lóu 루우	樓閣 [누각] 望樓 [망루]
97 木·11·15	十 杪 棬 樓 樓	

倫	인륜 륜 morals lún 룬	倫理 [윤리] 天倫 [천륜]
98 亻·8·10	亻 伶 伶 伶 倫	

85

3급 II 가나다순 쓰기

栗
밤 률 / chestnut / lì 리
一 兀 丙 西 栗 栗
生栗 [생률]
棗栗 [조율]
99
木·6·10

率
비율 률·솔 / lead / shuài 솨이
亠 玄 玆 浓 率
能率 [능률]
統率 [통솔]
100
玄·6·11

隆
높을 륭 / eminent / lóng 룽
了 隆 隆 降 隆
隆起 [융기]
隆興 [융흥]
101
阝·9·12

陵
언덕 릉 / hill / líng 링
了 阝 阝⁺ 陵 陵
丘陵 [구릉]
陵谷 [능곡]
102
阝·8·11

吏
관리 리 / officer / lì 리
一 百 吏 吏
官吏 [관리]
汚吏 [오리]
103
口·3·6

裏
속 리 / reverse / lǐ 리
亠 宙 童 裏 裏
裏面 [이면]
表裏 [표리]
104
衣·7·13

履
신 리 / shoes / lǚ 루
フ 尸 尸 履 履
木履 [목리]
敝履 [폐리]
105
尸·12·15

臨
임할 림 / confront / lín 린
丆 丑 臣 臨 臨
臨迫 [임박]
臨時 [임시]
106
臣·11·17

莫
없을 막 / not / mò 모
丨 卄 廿 苜 莫
莫論 [막론]
莫逆 [막역]
107
艹·7·11

漠
사막 막 / desert / mò 모
氵 氵 汁 洁 漠
砂漠 [사막]
索漠 [삭막]
108
氵·11·14

幕
휘장 막 / curtain / mù 무
丶 亠 艹 幕 幕
幕舍 [막사]
天幕 [천막]
109
巾·11·14

妄
망령될 망 / absurd / wàng 왕
亠 妄 妄
妄靈 [망령]
虛妄 [허망]
110
女·3·6

梅
매화나무 매 / apricot tree / méi 메이
一 木 杧 梅 梅
梅實 [매실]
梅花 [매화]
111
木·7·11

孟
맏 맹 / first / mèng 멍
フ 了 子 孟 孟
孟月 [맹월]
孟春 [맹춘]
112
子·5·8

3급 II 가나다순 쓰기

#	한자	훈	음(영)	음	필순	예
113	猛	사나울	fierce měng	맹	ノ 犭 犭 犴 猛	猛烈 [맹렬] / 勇猛 [용맹]
		犭·8·11				
114	盟	맹세할	oath méng	맹	日 明 明 盟	盟誓 [맹서] / 血盟 [혈맹]
		皿·8·13				
115	盲	소경	blind máng	맹	亠 亡 盲 盲	盲啞 [맹아] / 盲人 [맹인]
		目·3·8				
116	綿	솜	cotton mián	면	糸 糸 絢 綿 綿	綿絲 [면사] / 純綿 [순면]
		糸·8·14				
117	眠	잠잘	sleep mián	면	目 目 昕 昕 眠	睡眠 [수면] / 永眠 [영면]
		目·5·10				
118	滅	멸망할	ruin miè	멸	氵 沪 沪 滅 滅	滅亡 [멸망] / 壞滅 [괴멸]
		氵·10·13				
119	銘	새길	engrave míng	명	午 金 金 釤 銘	銘文 [명문] / 碑銘 [비명]
		金·6·14				
120	謀	꾀할	plot móu	모	言 言 計 謀 謀	謀議 [모의] / 圖謀 [도모]
		言·9·16				
121	慕	그리워할	long for mù	모	丶 一 莫 慕 慕	慕情 [모정] / 愛慕 [애모]
		心·11·15				
122	貌	모양	appearance mào	모	丶 ク 犭 豹 貌	貌樣 [모양] / 容貌 [용모]
		豸·7·14				
123	睦	화목할	friendly mù	목	目 目 睦 睦 睦	親睦 [친목] / 和睦 [화목]
		目·8·13				
124	沒	잠길	sink mò	몰	丶 氵 氵 沪 沒	沒頭 [몰두] / 沈沒 [침몰]
		氵·4·7				
125	夢	꿈	dream mèng	몽	丶 一 十 苗 夢	夢寐 [몽매] / 解夢 [해몽]
		夕·11·14				
126	蒙	어릴	young méng	몽	丶 一 艹 荜 蒙	啓蒙 [계몽] / 童蒙 [동몽]
		艹·10·14				

3급 II 가나다순 쓰기

茂 127 ⺾·5·9	우거질 무 flourish mào 마오 / 丶 艹 艹 茂 茂	茂盛 [무성] / 茂林 [무림]
貿 128 貝·5·12	바꿀 무 trade mào 마오 / 卯 卯 貿 貿	貿易 [무역] / 貿穀 [무곡]
默 129 黑·4·16	말없을 묵 silent mò 모 / 甲 單 黑 默 默	默念 [묵념] / 沈默 [침묵]
紋 130 糸·4·10	무늬 문 pattern wén 원 / 糸 糸 紀 紋	指紋 [지문] / 波紋 [파문]
勿 131 勹·2·4	말 물 not wù 우 / 丿 勹 勿	勿驚 [물경] / 勿論 [물론]
微 132 彳·10·13	작을 미 tiny wēi 웨이 / 彳 微 微 微 微	微力 [미력] / 微細 [미세]
迫 133 辶·5·9	핍박할 박 urgent pò 포 / 白 白 白 迫 迫	迫害 [박해] / 脅迫 [협박]
薄 134 ⺾·13·17	엷을 박 thin báo 바오 / 丶 艹 ⯈ 薄 薄	薄氷 [박빙] / 薄情 [박정]
飯 135 食·4·13	밥 반 boiled rice fàn 판 / 今 食 飣 飯 飯	飯床 [반상] / 朝飯 [조반]
般 136 舟·4·10	옮길 반 remove bān 반 / 丿 月 舟 舯 般	般旋 [반선] / 一般 [일반]
培 137 土·8·11	북돋울 배 nourish péi 페이 / 十 土 垃 培	培養 [배양] / 栽培 [재배]
排 138 扌·8·11	물리칠 배 reject pái 파이 / 一 十 扌 排 排	排斥 [배척] / 按排 [안배]
輩 139 車·8·15	무리 배 fellow bèi 베이 / 丿 彐 韭 輩 輩	同輩 [동배] / 年輩 [연배]
伯 140 亻·5·7	맏 백 elder bó 보 / 亻 伯 伯 伯	伯父 [백부] / 伯仲 [백중]

* 3급 II 가나다순 쓰기 *

繁	번성할 번 prosper fán 판	繁華 [번화]
141 糸·11·17	亠 亇 龰 敏 繁	繁昌 [번창]

峯	봉우리 봉 peak fēng 펑	峯頭 [봉두]
148 山·7·10	丿 山 夅 峯 峯	主峯 [주봉]

凡	무릇 범 common fán 판	大凡 [대범]
142 几·1·3	丿 几 凡	非凡 [비범]

逢	만날 봉 meet féng 펑	逢着 [봉착]
149 辶·7·11	丿 夂 夆 逢 逢	相逢 [상봉]

碧	푸를 벽 blue bì 비	碧空 [벽공]
143 石·9·14	丆 王 珇 珀 碧	碧玉 [벽옥]

扶	도울 부 assist fú 푸	扶助 [부조]
150 扌·4·7	一 寸 扌 扶	相扶 [상부]

丙	남녘 병 south bǐng 빙	丙方 [병방]
144 一·4·5	一 冂 丙	丙坐 [병좌]

付	줄 부 give fù 푸	交付 [교부]
151 亻·3·5	亻 付 付	付與 [부여]

補	기울 보 repair bǔ 부	補强 [보강]
145 衤·7·12	衤 衤 衤 衤 補 補	補助 [보조]

附	붙을 부 attach fù 푸	附記 [부기]
152 阝·5·8	阝 阝 阝 附 附	添附 [첨부]

腹	배 복 belly fù 푸	腹痛 [복통]
146 肉·9·13	月 月 腹 腹 腹	心腹 [심복]

符	부신 부 tally fú 푸	符節 [부절]
153 竹·5·11	𠂉 竹 𥫗 符 符	符信 [부신]

封	봉할 봉 seal fēng 펑	封鎖 [봉쇄]
147 寸·6·9	一 十 圭 封 封	密封 [밀봉]

浮	뜰 부 float fú 푸	浮揚 [부양]
154 氵·7·10	丶 氵 氵 浮 浮	浮標 [부표]

3급 II 가나다순 쓰기

簿	장부 부 book-keeping bù 부	簿記 [부기]
	⺮ 筲 蒲 簿 簿	帳簿 [장부]
155 竹·13·19		

紛	어지러울 분 confused fēn 펀	紛糾 [분규]
	幺 糸 糸 紛 紛	內紛 [내분]
156 糸·4·10		

奔	달아날 분 run away bēn 번	奔忙 [분망]
	大 本 夲 奔	奔放 [분방]
157 大·5·8		

奮	떨칠 분 rouse up fèn 펀	奮起 [분기]
	大 夲 奞 奮 奮	奮發 [분발]
158 大·13·16		

妃	왕비 비 queen fēi 페이	王妃 [왕비]
	夊 女 女 妃 妃	廢妃 [폐비]
159 女·3·6		

卑	낮을 비 mean bēi 베이	卑賤 [비천]
	宀 白 白 卑 卑	尊卑 [존비]
160 十·6·8		

婢	여자종 비 maid servant bì 비	奴婢 [노비]
	夊 女 妌 婢 婢	侍婢 [시비]
161 女·8·11		

肥	살찔 비 fatten féi 페이	肥大 [비대]
	刀 月 肌 肥 肥	肥滿 [비만]
162 肉·4·8		

祀	제사 사 sacrifice sì 쓰	告祀 [고사]
	亠 示 礻 祀 祀	祭祀 [제사]
163 示·3·8		

司	맡을 사 preside sī 쓰	司書 [사서]
	刁 司 司	司會 [사회]
164 口·2·5		

詞	말씀 사 word cí 츠	歌詞 [가사]
	言 訂 詞	品詞 [품사]
165 言·5·12		

沙	모래 사 sand shā 사	沙漠 [사막]
	冫 氵 沙 沙 沙	土沙 [토사]
166 氵·4·7		

邪	간사할 사 cunning xié 셰	邪惡 [사악]
	二 牙 牙 邪 邪	妖邪 [요사]
167 阝·4·7		

森	나무 삼 forest sēn 썬	森林 [삼림]
	十 木 森 森	森立 [삼립]
168 木·8·12		

3급 II 가나다순 쓰기

尚 169 小·5·8	오히려 상 / still shàng 상 / ㅣ 小 屿 尚	尚存 [상존] / 崇尚 [숭상]
裳 170 衣·8·14	치마 상 / skirt cháng 창 / ㅣ ㅛ 堂 常 裳	衣裳 [의상] / 紅裳 [홍상]
詳 171 言·6·13	자세할 상 / in detail xiáng 샹 / 言 詳 詳	詳報 [상보] / 仔詳 [자상]
喪 172 口·9·12	죽을 상 / lose sāng 쌍 / 一 品 两 喪 喪	喪服 [상복] / 問喪 [문상]
像 173 亻·12·14	형상 상 / figure xiàng 샹 / 亻 俨 伊 像 像	銅像 [동상] / 偶像 [우상]
霜 174 雨·9·17	서리 상 / frost shuāng 솽 / 二 干 雨 霜 霜	霜菊 [상국] / 星霜 [성상]
索 175 糸·4·10	찾을 색 / seek suǒ 쒀 / 一 十 古 索 索	摸索 [모색] / 探索 [탐색]
恕 176 心·6·10	용서할 서 / pardon shù 수 / 女 女 如 恕 恕	恕免 [서면] / 容恕 [용서]
徐 177 彳·7·10	천천할 서 / slow xú 쉬 / 彳 彳 徐 徐	徐行 [서행] / 緩徐 [완서]
署 178 网·9·14	관청 서 / office shǔ 수 / 罒 甲 罘 署 署	官署 [관서] / 部署 [부서]
緒 179 糸·9·15	실마리 서 / clue xù 쉬 / 幺 糸 糹 緒 緒	緒論 [서론] / 端緒 [단서]
惜 180 忄·8·11	아낄 석 / grudge xī 시 / 丶 忄 忄 忄 惜	惜別 [석별] / 哀惜 [애석]
釋 181 禾·13·20	풀 석 / explain shì 스 / 釆 釆 釋 釋 釋	釋明 [석명] / 釋然 [석연]
旋 182 方·7·11	돌 선 / revolve xuán 쉬안 / 亠 方 扩 扩 旋	旋回 [선회] / 周旋 [주선]

3급 II 가나다순 쓰기

訴	하소연할 소 / appeal / sù 쑤	言 訂 訢 訴 訴	訴狀 [소장] / 呼訴 [호소]
183 言·5·12			

疏	성길 소 / sparse / shū 수	了 了 疋 疏 疏	疏密 [소밀] / 疏遠 [소원]
184 疋·7·12			

蘇	깨어날 소 / revive / sū 쑤	丶 卄 䒑 蘇 蘇	蘇復 [소복] / 蘇生 [소생]
185 艹·16·20			

刷	인쇄할 쇄 / print / shuā 솨	𠃍 尸 吊 吊 刷	印刷 [인쇄] / 縮刷 [축쇄]
186 刂·6·8			

衰	쇠할 쇠 / decay / shuāi 솨이	亠 㐄 㐄 衰 衰	衰弱 [쇠약] / 老衰 [노쇠]
187 衣·4·10			

帥	장수 수 / general / shuài 솨이	丿 𠂤 𠂤 帥 帥	將帥 [장수] / 統帥 [통수]
188 巾·6·9			

殊	다를 수 / different / shū 수	歹 殀 殊 殊 殊	殊常 [수상] / 特殊 [특수]
189 歹·6·10			

隨	따를 수 / follow / suí 쑤이	阝 阝 隋 隨 隨	隨伴 [수반] / 隨行 [수행]
190 阝·13·16			

愁	근심 수 / anxiety / chóu 처우	千 禾 秋 愁 愁	愁心 [수심] / 憂愁 [우수]
191 心·9·13			

需	구할 수 / demand / xū 쉬	一 干 雫 需 需	需要 [수요] / 必需 [필수]
192 雨·6·14			

壽	목숨 수 / longevity / shòu 셔우	十 壱 壴 壽 壽	壽命 [수명] / 天壽 [천수]
193 士·11·14			

輸	나를 수 / transport / shū 수	亘 車 軡 輪 輸	輸送 [수송] / 空輸 [공수]
194 車·9·16			

獸	짐승 수 / beast / shòu 셔우	咢 咢 單 獸 獸	禽獸 [금수] / 獸心 [수심]
195 犬·15·19			

淑	맑을 숙 / pure / shū 수	氵 汁 汁 淑 淑	淑淸 [숙청] / 貞淑 [정숙]
196 氵·8·11			

3급 II 가나다순 쓰기

熟 197 ㅛ·11·15	익을 숙 ripe shú 亨 享 孰 孰 熟	成熟 [성숙] 圓熟 [원숙]
旬 198 日·2·6	열흘 순 ten days xún 勹 旬 旬	旬刊 [순간] 上旬 [상순]
巡 199 巛·4·7	돌 순 patrol xún 巛 巡 巡	巡禮 [순례] 巡廻 [순회]
瞬 200 目·12·17	눈깜짝할 순 wink shùn 目 眇 瞬 瞬 瞬	瞬間 [순간] 瞬視 [순시]
述 201 辶·5·9	지을 술 narrate shù 十 朮 朮 沭 述	著述 [저술] 陳述 [진술]
拾 202 扌·6·9	주울 습 pick up shí 扌 扌 扲 拾	拾得 [습득] 收拾 [수습]
襲 203 衣·16·22	엄습할 습 attack xí 音 音 龍 襲 襲	襲擊 [습격] 被襲 [피습]
昇 204 日·4·8	오를 승 ascend shēng 口 旦 昇 昇	昇降 [승강] 上昇 [상승]
僧 205 亻·12·14	중 승 bonze sēng 亻 俗 俗 僧 僧	僧侶 [승려] 僧舞 [승무]
乘 206 丿·9·10	탈 승 ride chéng 二 千 禾 乖 乘	乘馬 [승마] 試乘 [시승]
侍 207 亻·6·8	모실 시 serve shì 亻 亻 忄 侍 侍	侍女 [시녀] 侍下 [시하]
飾 208 食·5·14	꾸밀 식 decorate shì 今 今 食 飾 飾	飾言 [식언] 虛飾 [허식]
愼 209 忄·10·13	삼갈 신 guard shèn 忄 忄 忄 惰 愼	愼獨 [신독] 謹愼 [근신]
甚 210 甘·4·9	심할 심 extremely shèn 一 卄 甘 甚 甚	甚難 [심난] 甚深 [심심]

3급 II 가나다순 쓰기

審 211 宀·12·15	살필 심 investigate shěn 선 宀 宵 寀 審 審	審査 [심사] 誤審 [오심]
雙 212 隹·10·18	쌍 쌍 pair shuāng 솽 亻 仁 隹 雔 雙	雙肩 [쌍견] 雙手 [쌍수]
亞 213 二·6·8	버금 아 secondary yà 야 一 亞 亞 亞 亞	亞流 [아류] 亞鉛 [아연]
我 214 戈·3·7	나 아 I wǒ 워 二 千 我 我 我	我執 [아집] 自我 [자아]
阿 215 阝·5·8	언덕 아 hill ē 어 丆 阝 阝 阿 阿	阿丘 [아구] 阿兄 [아형]
雅 216 隹·4·12	아담할 아 refined yǎ 야 二 牙 牙 邪 雅	端雅 [단아] 雅淡 [아담]
岸 217 山·5·8	언덕 안 shore àn 안 屵 屵 岸 岸 岸	沿岸 [연안] 海岸 [해안]
顔 218 頁·9·18	얼굴 안 face yán 옌 立 产 彦 節 顔	顔色 [안색] 無顔 [무안]
巖 219 山·20·23	바위 암 rock yán 옌 丶 屵 屵 崖 巖	巖盤 [암반] 奇巖 [기암]
央 220 大·2·5	가운데 앙 center yāng 양 口 卩 央	中央 [중앙] 央央 [앙앙]
仰 221 亻·4·6	우러를 앙 look up yǎng 양 亻 仁 仰 仰	仰望 [앙망] 信仰 [신앙]
哀 222 口·6·9	슬플 애 grievous āi 아이 亠 古 亨 亨 哀	哀悼 [애도] 哀子 [애자]
若 223 艹·5·9	같을 약 like ruò 뤄 一 十 艹 芊 若	若此 [약차] 若是 [약시]
揚 224 扌·9·12	날릴 양 raise yáng 양 十 才 揜 揚 揚	揚名 [양명] 浮揚 [부양]

3급 II 가나다순 쓰기

225 讓 言·17·24	사양할 양 concede ràng 랑	謙讓 [겸양] 辭讓 [사양]
226 壤 土·17·20	흙 양 soil rǎng 랑	壤地 [양지] 土壤 [토양]
227 御 彳·8·11	어거할 어 control yù 위	制御 [제어] 御者 [어자]
228 抑 扌·4·7	누를 억 suppress yì 이	抑制 [억제] 抑止 [억지]
229 憶 忄·13·16	생각할 억 recall yì 이	憶昔 [억석] 追憶 [추억]
230 亦 亠·4·6	또 역 also yì 이	亦是 [역시] 亦然 [역연]
231 役 彳·4·7	부릴 역 work yì 이	使役 [사역] 懲役 [징역]
232 譯 言·13·20	번역할 역 interpret yì 이	通譯 [통역] 意譯 [의역]
233 驛 馬·13·23	역말 역 post horse yì 이	驛馬 [역마] 驛站 [역참]
234 沿 氵·5·8	따를 연 go along yán 엔	沿道 [연도] 沿革 [연혁]
235 宴 宀·7·10	잔치 연 banquet yàn 옌	宴會 [연회] 壽宴 [수연]
236 軟 車·4·11	연할 연 soft ruǎn 롼	軟弱 [연약] 柔軟 [유연]
237 悅 忄·7·10	기쁠 열 pleased yuè 웨	悅樂 [열락] 喜悅 [희열]
238 染 木·5·9	물들일 염 dye rǎn 란	染料 [염료] 汚染 [오염]

3급 II 가나다순 쓰기

影 239 彡·12·15	그림자 영 shadow yǐng 잉	므 昙 景 景 影	殘影 [잔영] 投影 [투영]
譽 240 言·14·21	기릴 예 praise yù 위	F F 昍 與 譽	名譽 [명예] 毀譽 [훼예]
悟 241 忄·7·10	깨달을 오 realize wù 우	丶 忄 忄 忏 悟	覺悟 [각오] 頓悟 [돈오]
烏 242 灬·6·10	까마귀 오 crow wū 우	丿 亻 仒 烏 烏	烏鵲 [오작] 烏鷄 [오계]
獄 243 犬·10·14	옥 옥 prison yù 위	丿 犭 犭 獄 獄	獄苦 [옥고] 投獄 [투옥]
辱 244 辰·3·10	욕될 욕 disgrace rǔ 루	一 厂 辰 辱 辱	辱說 [욕설] 侮辱 [모욕]
欲 245 欠·7·11	하고자할 욕 desire yù 위	父 谷 谷 欲	欲求 [욕구] 欲望 [욕망]
慾 246 心·11·15	욕심 욕 desire yù 위	谷 谷 欲 慾 慾	慾心 [욕심] 貪慾 [탐욕]
宇 247 宀·3·6	집 우 house yǔ 우	宀 宀 宇	屋宇 [옥우] 宇宙 [우주]
偶 248 亻·9·11	짝 우 couple ǒu 어우	亻 偲 偶 偶	偶數 [우수] 對偶 [대우]
愚 249 心·9·13	어리석을 우 stupid yú 위	吕 禺 禺 愚 愚	愚鈍 [우둔] 愚直 [우직]
憂 250 心·11·15	근심 우 anxiety yōu 유	丆 百 悥 憂 憂	憂慮 [우려] 憂患 [우환]
韻 251 音·10·19	운 운 rhyme yùn 윈	音 音 韻 韻	韻字 [운자] 押韻 [압운]
越 252 走·5·12	넘을 월 overpass yuè 웨	土 走 走 越 越	越境 [월경] 超越 [초월]

3급 II 가나다순 쓰기

번호	한자	훈·음	획순	용례
253 (言·9·16)	謂	이를 위 / peak of / wèi 웨이	訁 詛 詛 謂 謂	可謂 [가위] / 所謂 [소위]
254 (幺·2·5)	幼	어릴 유 / infantile / yòu 유	幺 幻 幼	幼年 [유년] / 幼稚 [유치]
255 (犭·9·12)	猶	오히려 유 / still / yóu 유	丿 犭 猶 猶 猶	猶豫 [유예] / 猶太 [유태]
256 (幺·6·9)	幽	그윽할 유 / gloomy / yōu 유	丨 幺 幽 幽 幽	幽興 [유흥] / 幽谷 [유곡]
257 (木·5·9)	柔	부드러울 유 / soft / róu 러우	フ 予 矛 柔 柔	柔軟 [유연] / 溫柔 [온유]
258 (心·7·11)	悠	멀 유 / distant / yōu 유	亻 攸 攸 悠 悠	悠久 [유구] / 悠長 [유장]
259 (糸·8·14)	維	맬 유 / tie / wéi 웨이	糸 紅 紲 維 維	維舟 [유주] / 維持 [유지]
260 (衤·7·12)	裕	넉넉할 유 / wealthy / yù 위	衤 衤 衤 袷 裕	富裕 [부유] / 餘裕 [여유]
261 (言·7·14)	誘	꾈 유 / induce / yòu 유	言 訏 誘 誘 誘	誘導 [유도] / 誘惑 [유혹]
262 (氵·12·15)	潤	윤택할 윤 / abundant / rùn 룬	氵 泖 泖 潤 潤	潤氣 [윤기] / 潤澤 [윤택]
263 (乙·0·1)	乙	새·제비 을 / swallow / yǐ 이	乙	乙夜 [을야] / 乙鳥 [을조]
264 (己·0·3)	巳	뱀 사 / snake / sì 쓰	一 コ 巳	巳時 [사시] / 巳日 [사일]
265 (羽·11·17)	翼	날개 익 / wing / yì 이	フ 羿 翼 翼 翼	羽翼 [우익] / 輔翼 [보익]
266 (心·3·7)	忍	참을 인 / bear / rěn 런	フ 刀 刃 忍 忍	忍苦 [인고] / 忍耐 [인내]

3급 II 가나다순 쓰기

逸 267 辶·8·12	달아날 일 escape yì 이 丿 角 兔 兔 逸	逸走 [일주] 逸出 [일출]	莊 274 艹·7·11	장중할 장 solemn zhuāng 좡 丶 十 艹 莊 莊	莊重 [장중] 莊嚴 [장엄]
壬 268 士·1·4	아홉째천간 임 rén 런 丿 千 壬	壬時 [임시] 壬人 [임인]	掌 275 手·8·12	손바닥 장 palm zhǎng 장 丶 ⺍ 쓰 堂 掌	掌握 [장악] 合掌 [합장]
慈 269 心·9·13	사랑 자 mercy cí 츠 丷 玄 玆 慈 慈	慈悲 [자비] 慈愛 [자애]	葬 276 艹·9·13	장사지낼 장 funeral zàng 짱 丶 十 艹 茇 葬	葬事 [장사] 火葬 [화장]
暫 270 日·11·15	잠시 잠 moment zàn 짠 亘 車 斬 斬 暫	暫時 [잠시] 暫定 [잠정]	藏 277 艹·14·18	감출 장 store cáng 창 艹 艹 莊 藏 藏	祕藏 [비장] 所藏 [소장]
潛 271 氵·12·15	잠길 잠 dive qián 첸 氵 氵 汙 潀 潛	潛水 [잠수] 潛在 [잠재]	臟 278 肉·18·22	오장 장 viscera zàng 짱 肝 肝 臍 臟 臟	臟器 [장기] 五臟 [오장]
丈 272 一·2·3	어른 장 elder zhàng 장 一 ナ 丈	丈夫 [장부] 査丈 [사장]	栽 279 木·6·10	심을 재 plant zāi 짜이 十 耒 耒 栽 栽	栽培 [재배] 盆栽 [분재]
粧 273 米·6·12	단장할 장 decorate zhuāng 좡 丷 半 籵 粧 粧	粧飾 [장식] 丹粧 [단장]	裁 280 衣·6·12	마를 재 cut out cái 차이 十 耒 表 裁 裁	裁斷 [재단] 裁縫 [재봉]

3급 II 가나다순 쓰기

번호	한자	훈	음	부수·획	예시어
281	載	실을 load	재 zǎi 짜이	車·6·13	滿載 [만재] / 積載 [적재]
282	抵	막을 resist	저 dǐ 디	扌·5·8	抵抗 [저항] / 大抵 [대저]
283	著	나타날 manifest	저 zhù 주	艹·9·13	著名 [저명] / 顯著 [현저]
284	跡	자취 traces	적 jī 지	足·6·13	軌跡 [궤적] / 痕跡 [흔적]
285	寂	고요할 desolate	적 jì 지	宀·8·11	寂寞 [적막] / 閑寂 [한적]
286	笛	피리 flute	적 dí 디	竹·5·11	笛伶 [적령] / 汽笛 [기적]
287	摘	딸 pick	적 zhāi 자이	扌·11·14	摘芽 [적아] / 指摘 [지적]
288	蹟	자취 trace	적 jī 지	足·11·18	古蹟 [고적] / 史蹟 [사적]
289	漸	차츰 gradually	점 jiàn 쩬	氵·11·14	漸增 [점증] / 漸進 [점진]
290	井	우물 well	정 jǐng 징	二·2·4	油井 [유정] / 井水 [정수]
291	廷	조정 court	정 tíng 팅	廴·4·7	廷論 [정론] / 朝廷 [조정]
292	征	칠 attack	정 zhēng 정	彳·5·8	征服 [정복] / 遠征 [원정]
293	貞	곧을 chaste	정 zhēn 전	貝·2·9	貞潔 [정결] / 貞節 [정절]
294	亭	정자 arbor	정 tíng 팅	亠·7·9	亭子 [정자] / 驛亭 [역정]

3급 II 가나다순 쓰기

頂	정수리 정 summit dǐng 딩	丁 頂 頂 頂	頂門 [정문] 登頂 [등정]
295 頁·2·11			

淨	깨끗할 정 clean jìng 징	氵 氵 浐 浄 淨	淨潔 [정결] 清淨 [청정]
296 氵·8·11			

齊	가지런할 제 arrange qí 치	亠 齐 亦 斉 齊	整齊 [정제] 齊家 [제가]
297 齊·0·14			

諸	모든 제 all zhū 주	言 計 訐 諸 諸	諸位 [제위] 諸賢 [제현]
298 言·9·16			

兆	조 조 trillion zhào 자오	丿 丿 乎 兆 兆	兆民 [조민] 兆候 [조후]
299 儿·4·6			

照	비출 조 illumine zhào 자오	日 昭 昭 照 照	照明 [조명] 落照 [낙조]
300 灬·9·13			

縱	세로 종 vertical zòng 쭝	纟 糸 紌 縱 縱	縱斷 [종단] 縱橫 [종횡]
301 糸·11·17			

坐	앉을 좌 sit zuò 쭤	人 坐 坐	坐禪 [좌선] 對坐 [대좌]
302 土·4·7			

柱	기둥 주 pillar zhù 주	十 杧 柱 柱	電柱 [전주] 支柱 [지주]
303 木·5·9			

宙	집 주 heaven zhòu 저우	宀 宀 宙 宙 宙	宙表 [주표] 宇宙 [우주]
304 宀·5·8			

洲	물가 주 waterside zhōu 저우	氵 氵 洲 洲	洲渚 [주저] 砂洲 [사주]
305 氵·6·9			

卽	곧 즉 soon jí 지	白 白 皀 卽 卽	卽刻 [즉각] 卽時 [즉시]
306 卩·7·9			

症	증세 증 symptom zhèng 정	亠 广 疒 疒 症	症勢 [증세] 痛症 [통증]
307 疒·5·10			

曾	일찍 증 once céng 청	八 冊 册 曾 曾	曾孫 [증손] 曾往 [증왕]
308 曰·8·12			

3급 II 가나다순 쓰기

번호	한자	훈음	예시
309	憎 (忄·12·15)	미워할 증 / hate / zēng 쩡 / 丶 忄 忄 忄 忄 憎 憎	憎惡 [증오] / 愛憎 [애증]
310	蒸 (艹·10·14)	찔 증 / steam / zhēng 정 / 丶 艹 艿 茏 蒸 蒸	蒸氣 [증기] / 蒸發 [증발]
311	之 (丿·3·4)	갈 지 / go / zhī 즈 / 丶 亠 ラ 之	居之半 [거지반] / 下之中 [하지중]
312	池 (氵·3·6)	못 지 / pond / chí 츠 / 丶 氵 氵 汢 池	池塘 [지당] / 蓮池 [연지]
313	辰 (辰·0·7)	별 진 / star / chén 천 / 一 厂 辰 辰	辰星 [진성] / 辰時 [진시]
314	振 (扌·7·10)	떨칠 진 / shake / zhèn 전 / 扌 扌 扩 振 振	振興 [진흥] / 不振 [부진]
315	鎭 (金·10·18)	누를 진 / suppress / zhèn 전 / 牟 釒 釒 錇 鎭	鎭壓 [진압] / 鎭火 [진화]
316	陳 (阝·8·11)	베풀 진 / arrange / chén 천 / 了 阝 阿 陣 陳	陳設 [진설] / 陳列 [진열]
317	疾 (疒·5·10)	병 질 / disease / jí 지 / 亠 广 疒 疒 疾	惡疾 [악질] / 痼疾 [고질]
318	秩 (禾·5·10)	차례 질 / order / zhì 즈 / 二 千 禾 秋 秩	秩序 [질서] / 秩高 [질고]
319	執 (土·8·11)	잡을 집 / take / zhí 즈 / 一 十 幸 剌 執	執權 [집권] / 執行 [집행]
320	徵 (彳·12·15)	부를 징 / summon / zhēng 정 / 彳 徨 徨 徵 徵	徵兵 [징병] / 徵集 [징집]
321	此 (止·2·6)	이 차 / this / cǐ 츠 / 丨 丨 丨 止 此	此岸 [차안] / 彼此 [피차]
322	贊 (貝·12·19)	도울 찬 / approve / zàn 짠 / 丶 丷 兟 贊 贊	贊助 [찬조] / 協贊 [협찬]

101

3급 II 가나다순 쓰기

昌	창성할 창 prosperous chāng 창	昌盛 [창성]
	口 日 昌	繁昌 [번창]
323 日·4·8		

倉	곳집 창 granary cāng 창	倉庫 [창고]
	今 亼 今 倉	船倉 [선창]
324 人·8·10		

蒼	푸를 창 blue cāng 창	蒼空 [창공]
	丶 卄 苍 荅 蒼	蒼天 [창천]
325 艹·10·14		

彩	채색 채 coloring cǎi 차이	彩色 [채색]
	一 罒 平 采 彩	彩畫 [채화]
326 彡·8·11		

菜	나물 채 vegetables cài 차이	菜食 [채식]
	丶 卄 芊 苹 菜	野菜 [야채]
327 艹·8·12		

策	꾀 책 plan cè 처	策略 [책략]
	𠂉 竹 竺 笃 策	計策 [계책]
328 竹·6·12		

妻	아내 처 wife qī 치	妻子 [처자]
	ㄱ ㅋ 㣺 妻 妻	妻兄 [처형]
329 女·5·8		

尺	자 척 ruler chǐ 츠	尺度 [척도]
	㇉ ㇅ 尸 尺	尺寸 [척촌]
330 尸·1·4		

拓	열 척 open tuó 퉈	干拓 [간척]
	一 十 扌 扩 拓	開拓 [개척]
331 扌·5·8		

戚	겨레 척 relative qī 치	戚屬 [척속]
	丿 厂 厈 戚 戚	親戚 [친척]
332 戈·7·11		

淺	얕을 천 shallow qiǎn 첸	淺見 [천견]
	氵 氵 泩 浅 淺	深淺 [심천]
333 氵·8·11		

踐	밟을 천 tread jiàn 젠	踐踏 [천답]
	𤴔 𤴔 践 践 踐	實踐 [실천]
334 足·8·15		

賤	천할 천 mean jiàn 젠	卑賤 [비천]
	貝 貝 賎 賎 賤	賤民 [천민]
335 貝·8·15		

哲	밝을 철 sagacious zhé 저	哲人 [철인]
	一 十 扩 折 哲	明哲 [명철]
336 口·7·10		

3급 II 가나다순 쓰기

徹 337 彳·12·15	통할 철 penetrate chè 처 彳 彳 " 術 衝 徹	徹底 [철저] 貫徹 [관철]	
肖 338 肉·3·7	닮을 초 be like xiào 샤오 ⼂ ⼩ 肖	肖像 [초상] 不肖 [불초]	
超 339 走·5·12	넘을 초 leap over chāo 차오 一 十 走 起 超	超過 [초과] 超越 [초월]	
礎 340 石·13·18	주춧돌 초 foundation stone chǔ 추 厂 石 碎 磋 礎	礎石 [초석] 定礎 [정초]	
促 341 亻·7·9	재촉할 촉 urge cù 추 亻 亻 伊 促	促進 [촉진] 督促 [독촉]	
觸 342 角·13·20	닿을 촉 touch chù 추 角 角 觰 觸 觸	觸感 [촉감] 觸發 [촉발]	
催 343 亻·11·13	재촉할 최 urge cuī 추이 亻 亻 俨 催 催	催促 [최촉] 主催 [주최]	
追 344 辶·6·10	따를 추 pursue zhuī 주이 丿 冂 自 追 追	追從 [추종] 訴追 [소추]	
衝 345 行·9·15	찌를 충 pierce chòng 충 彳 彳 衜 衝 衝	衝突 [충돌] 衝擊 [충격]	
吹 346 口·4·7	불 취 blow chuī 추이 口 口 吹 吹	吹奏 [취주] 鼓吹 [고취]	
醉 347 酉·8·15	술취할 취 drunk zuì 쭈이 丁 酉 酉 酔 醉	醉中 [취중] 宿醉 [숙취]	
側 348 亻·9·11	곁 측 side cè 처 亻 们 俱 側	側近 [측근] 側面 [측면]	
恥 349 心·6·10	부끄러워할 치 ashamed chǐ 츠 厂 王 耳 耻 恥	恥辱 [치욕] 廉恥 [염치]	
値 350 亻·8·10	값 치 value zhí 즈 亻 值 值	價値 [가치] 數値 [수치]	

3급 II 가나다순 쓰기

稚	어릴 치 infant zhì	二 千 禾 秆 稚	稚氣 [치기] 幼稚 [유치]
351 禾·8·13			
沈	잠길 침 sink shěn 선	氵氵氵沙沈	沈水 [침수] 浮沈 [부침]
352 氵·4·7			
塔	탑 탑 tower tǎ 타	十 土 圹 圹 塔	塔碑 [탑비] 石塔 [석탑]
353 土·10·13			
泰	클 태 great tài 타이	三 夫 泰 泰 泰	泰山 [태산] 泰平 [태평]
354 水·5·10			
殆	위태로울 태 dangerous dài 다이	一 歹 歹 殆 殆	殆半 [태반] 危殆 [위태]
355 歹·5·9			
澤	못 택 pond zé 쩌	氵 氵 沪 澤 澤	澤畔 [택반] 沼澤 [소택]
356 氵·13·16			
兎	토끼 토 rabbit tù 투	乊 台 酉 兎 兎	狡兎 [교토] 養兎 [양토]
357 儿·6·8			
版	판목 판 block bǎn 반	丿 丿 片 片 版	版權 [판권] 初版 [초판]
358 片·4·8			
片	조각 편 splinter piàn 펜	丿 丿 片 片	斷片 [단편] 破片 [파편]
359 片·0·4			
肺	허파 폐 lungs fèi 페이	月 月 肸 肺	肺病 [폐병] 心肺 [심폐]
360 肉·4·8			
弊	폐단 폐 vice bì 비	丶 小 尚 敝 弊	弊端 [폐단] 語弊 [어폐]
361 廾·12·15			
浦	물가 포 waterside pǔ 푸	氵 氵 汀 浦 浦	浦口 [포구] 浦村 [포촌]
362 氵·7·10			
楓	단풍나무 풍 maple tree fēng 펑	一 十 木 桐 楓	楓林 [풍림] 丹楓 [단풍]
363 木·9·13			
皮	가죽 피 leather pí 피	丿 厂 广 皮	皮膚 [피부] 皮革 [피혁]
364 皮·0·5			

3급 II 가나다순 쓰기

彼 365 彳·5·8	저 that / 피 bǐ 비 / 彳 彳 彷 彼 彼	彼我 [피아] / 彼此 [피차]
被 366 衤·5·10	이불 coverlet / 피 bèi 베이 / 衤 衤 衤 衤 衤 衤	被衾 [피금] / 被膜 [피막]
畢 367 田·6·11	마칠 finish / 필 bì 비 / 田 田 里 畢 畢	畢生 [필생] / 未畢 [미필]
何 368 亻·5·7	어찌 what / 하 hé 허 / 亻 亻 仃 仃 何	何必 [하필] / 如何 [여하]
賀 369 貝·5·12	하례할 congratulate / 하 hè 허 / 一 力 加 智 賀	賀客 [하객] / 賀禮 [하례]
鶴 370 鳥·10·21	두루미 crane / 학 hè 허 / 一 亻 隺 鶴 鶴	鶴壽 [학수] / 仙鶴 [선학]
割 371 刂·10·12	나눌 divide / 할 gē 거 / 宀 宀 宀 宀 害 割	割當 [할당] / 分割 [분할]

含 372 口·4·7	머금을 include / 함 hán 한 / 人 今 含	含量 [함량] / 包含 [포함]
陷 332 阝·8·11	빠질 sink / 함 xiàn 셴 / 阝 阝 阝 陷 陷	陷沒 [함몰] / 陷穽 [함정]
項 374 頁·3·12	목덜미 neck / 항 xiàng 샹 / 丆 工 圢 項 項	項鎖 [항쇄] / 問項 [문항]
恒 375 忄·6·9	항상 constant / 항 héng 헝 / 丶 丨 恒	恒常 [항상] / 恒時 [항시]
響 376 音·13·22	울림 echo / 향 xiǎng 샹 / 幺 糸 絅 鄕 響	反響 [반향] / 音響 [음향]
獻 377 犬·16·20	바칠 dedicate / 헌 xiàn 셴 / 卜 广 唐 虜 獻	獻金 [헌금] / 獻血 [헌혈]
玄 378 玄·0·5	검을 black / 현 xuán 쉬안 / 一 玄 玄	玄米 [현미] / 玄黃 [현황]

3급 II 가나다순 쓰기

懸	매달 현 hang　xuán 쉬안	目 豎 県 縣 懸	懸賞 [현상] 懸板 [현판]
379 心·16·20			

脅	으를 협 threaten　xié 세	フ カ 劦 脅 脅	脅迫 [협박] 威脅 [위협]
380 肉·6·10			

慧	슬기로울 혜 wisdom　huì 후이	三 丰 彗 慧 慧	慧敏 [혜민] 智慧 [지혜]
381 心·11·15			

虎	범 호 tiger　hǔ 후	丨 卜 广 卢 虎	虎穴 [호혈] 猛虎 [맹호]
382 虍·2·8			

豪	호걸 호 hero　háo 하오	亠 亨 亨 豪 豪	豪傑 [호걸] 豪俠 [호협]
383 豕·7·14			

胡	오랑캐 호 savage　hú 후	一 十 古 胡	胡亂 [호란] 胡人 [호인]
384 肉·5·9			

浩	넓을 호 vast　hào 하오	丶 氵 氵 浩 浩	浩然 [호연] 浩蕩 [호탕]
385 氵·7·10			

惑	미혹할 혹 bewitched　huò 휘	戸 或 或 或 惑	惑信 [혹신] 迷惑 [미혹]
386 心·8·12			

魂	넋 혼 soul　hún 훈	云 矛 矛 魂 魂	魂靈 [혼령] 魂魄 [혼백]
387 鬼·4·14			

忽	문득 홀 suddenly　hū 후	勹 勿 勿 忽 忽	忽視 [홀시] 忽然 [홀연]
388 心·4·8			

洪	넓을 홍 broad　hóng 훙	丶 氵 氵 洪 洪	洪量 [홍량] 洪福 [홍복]
389 氵·6·9			

禍	재앙 화 calamity　huò 휘	丅 示 祀 禍 禍	禍根 [화근] 災禍 [재화]
390 示·9·14			

換	바꿀 환 exchange　huàn 환	一 扌 扌 換 換	換氣 [환기] 交換 [교환]
391 扌·9·12			

還	돌아올 환 return　huán 환	罒 罒 罘 睘 還	還甲 [환갑] 生還 [생환]
392 辶·13·17			

* 3급 II 가나다순 쓰기 *

皇 393 白·4·9	임금 emperor	황 huáng 황	皇帝 [황제] 皇后 [황후]	獲 397 犭·14·17	얻을 get	획 huò 훠	獲得 [획득] 漁獲 [어획]
悔 394 忄·7·10	뉘우칠 repent	회 huǐ 후이	悔改 [회개] 後悔 [후회]	橫 398 木·12·16	가로 crosswise	횡 héng 헝	橫斷 [횡단] 橫書 [횡서]
懷 395 忄·16·19	품을 cherish	회 huái 화이	懷疑 [회의] 懷抱 [회포]	稀 399 禾·7·12	드물 rare	희 xī 시	稀貴 [희귀] 稀少 [희소]
劃 396 刂·12·14	그을 draw	획 huà 화	劃定 [획정] 區劃 [구획]	戲 400 戈·12·16	희롱할 play	희 xì 시	戲謔 [희학] 戲弄 [희롱]

석양 길에 긴 그림자를 드리운 아름다운(아름다울 가 佳) 여인이 애완견을 안고 있는데

뒤를 쫓던 고양이가 웃음보가 터졌네.

너무너무 못생겼다고 희롱(희롱할희 戲)하면서...

3급 417字 가나다순 쓰면서 익히기

架	시렁 가 shelf　jià 쟈	高架 [고가] 書架 [서가]
	フ カ 加 架 架	
1 木·5·9		

却	물리칠 각 repel　què 췌	却下 [각하] 棄却 [기각]
	一 十 去 去 却	
2 卩·5·7		

姦	간음할 간 adultery　jiān 찌엔	姦婦 [간부] 姦通 [간통]
	夂 女 姦 姦	
3 女·6·9		

渴	목마를 갈 thirsty　kě 커	渴求 [갈구] 解渴 [해갈]
	氵 汨 渴 渴 渴	
4 氵·9·12		

鋼	강철 강 steel　gāng 깡	鋼鐵 [강철] 製鋼 [제강]
	牟 金 釘 鋼 鋼	
5 金·8·16		

皆	다 개 all　jiē 졔	皆勤 [개근] 皆兵 [개병]
	一 b b 皆 皆	
6 白·4·9		

蓋	덮을 개 cover　gài 가이	蓋石 [개석] 覆蓋 [복개]
	丶 十 艹 荟 蓋	
7 艹·10·14		

慨	분개할 개 grieve　kǎi 카이	慨歎 [개탄] 憤慨 [분개]
	忄 忄 忙 慨 慨	
8 忄·11·14		

乞	빌 걸 beg　qǐ 치	乞食 [걸식] 哀乞 [애걸]
	ノ 𠂉 乞	
9 乙·2·3		

隔	막을 격 block　gé 거	隔離 [격리] 隔阻 [격조]
	阝 阝 隔 隔 隔	
10 阝·10·13		

肩	어깨 견 shoulder　jiān 찌엔	肩胛 [견갑] 比肩 [비견]
	丶 户 肩	
11 肉·4·8		

絹	비단 견 silk　juàn 쮜안	絹帛 [견백] 絹絲 [견사]
	纟 糸 纪 絹	
12 糸·7·13		

牽	끌 견 draw　qiān 첸	牽引 [견인] 牽制 [견제]
	亠 玄 牽 牽 牽	
13 牛·7·11		

遣	보낼 견 dispatch　qiǎn 첸	派遣 [파견] 分遣 [분견]
	中 虫 𠀘 遣 遣	
14 辶·10·14		

* 3급 가나다순 쓰기 *

15. 庚
- 일곱째천간 경 / gēng 겅
- 필순: 一 广 庐 庐 庚
- 庚時 [경시]
- 同庚 [동경]
- 广·5·8

16. 徑
- 지름길 경 / shortcut / jìng 징
- 필순: 彳 彳 徑 徑
- 直徑 [직경]
- 捷徑 [첩경]
- 彳·7·10

17. 竟
- 다할 경 / ultimately / jìng 징
- 필순: 亠 立 音 竟
- 竟夜 [경야]
- 畢竟 [필경]
- 立·6·11

18. 硬
- 굳을 경 / hard / yìng 잉
- 필순: 厂 石 硬 硬
- 硬直 [경직]
- 强硬 [강경]
- 石·7·12

19. 卿
- 벼슬 경 / government post / qīng 칭
- 필순: 乚 乡 卯 卿 卿
- 卿宰 [경재]
- 公卿 [공경]
- 卩·10·12

20. 癸
- 열째천간 계 / guǐ 구이
- 필순: 丿 癶 癶 癸 癸
- 癸時 [계시]
- 天癸 [천계]
- 癶·4·9

21. 桂
- 계수나무 계 / cinnamon / guì 구이
- 필순: 一 十 木 朴 桂
- 桂樹 [계수]
- 桂皮 [계피]
- 木·6·10

22. 繫
- 맬 계 / bind / jì 지
- 필순: 車 車 轂 繫 繫
- 繫累 [계루]
- 連繫 [연계]
- 糸·13·19

23. 枯
- 마를 고 / wither / kū 쿠
- 필순: 一 十 木 朴 枯
- 枯渴 [고갈]
- 枯葉 [고엽]
- 木·5·9

24. 顧
- 돌아볼 고 / look after / gù 구
- 필순: 厂 戶 雇 雇 顧 顧
- 回顧 [회고]
- 一顧 [일고]
- 頁·12·21

25. 坤
- 땅 곤 / earth / kūn 쿤
- 필순: 一 十 土 圳 坤
- 坤宮 [곤궁]
- 乾坤 [건곤]
- 土·5·8

26. 郭
- 성곽 곽 / outer wall / guō 궈
- 필순: 亠 古 享 享 郭
- 城郭 [성곽]
- 外郭 [외곽]
- 阝·8·11

27. 狂
- 미칠 광 / mad / kuáng 쾅
- 필순: 丿 犭 犴 狂 狂
- 狂奔 [광분]
- 熱狂 [열광]
- 犭·4·7

28. 掛
- 걸 괘 / hang / guà 과
- 필순: 一 扌 扌 掛 掛
- 掛冠 [괘관]
- 掛鐘 [괘종]
- 扌·8·11

3급 가나다순 쓰기

한자	훈음	획순	용례
愧 (29) 忄·10·13	부끄러워할 괴 blush kuì 쿠이	忄 忄 怊 愧 愧	愧羞 [괴수] 慙愧 [참괴]
塊 (30) 土·10·13	덩어리 괴 lump kuài 콰이	一 十 圠 塊 塊	塊石 [괴석] 金塊 [금괴]
郊 (31) 阝·6·9	들 교 suburb jiāo 쟈오	亠 六 交 交阝 郊	郊外 [교외] 遠郊 [원교]
矯 (32) 矢·12·17	바로잡을 교 reform jiǎo 쟈오	스 矢 矢 矯 矯	矯正 [교정] 矯風 [교풍]
狗 (33) 犭·5·8	개 구 dog gǒu 거우	丿 犭 犭 狗 狗	走狗 [주구] 黃狗 [황구]
苟 (34) 艹·5·9	진실로 구 truly gǒu 거우	丶 十 艹 芍 苟	苟安 [구안] 苟且 [구차]
驅 (35) 馬·11·21	몰 구 drive qū 취	厂 冂 馬 駆 驅	驅使 [구사] 驅逐 [구축]
丘 (36) 一·4·5	언덕 구 hill qiū 추	厂 斤 斤 丘	丘陵 [구릉] 砂丘 [사구]
俱 (37) 亻·8·10	함께 구 together jù 쥐	亻 们 但 俱 俱	俱慶 [구경] 俱存 [구존]
懼 (38) 忄·18·21	두려워할 구 fear jù 쥐	忄 悍 悍 懼 懼	懼然 [구연] 疑懼 [의구]
厥 (39) 厂·10·12	그 궐 the jué 제	一 厂 厈 厥 厥	厥女 [궐녀] 厥者 [궐자]
軌 (40) 車·2·9	바퀴자국 궤 axle guǐ 구이	盲 車 軋 軌	軌跡 [궤적] 同軌 [동궤]
龜 (41) 龜·0·16	거북 귀 tortoise guī 구이	亇 𫝀 龟 龜 龜	龜甲 [귀갑] 龜趺 [귀부]
叫 (42) 口·2·5	부르짖을 규 shout jiào 쟈오	口 叩 叫	叫喚 [규환] 絶叫 [절규]

* 3급 가나다순 쓰기 *

糾 43 糸·2·8	살필 규 investigate jiū 주 糸 糸 糾 糾	糾明 [규명] 糾察 [규찰]	騎 50 馬·8·18	말탈 기 mount a horse qí 치 厂 丌 馬 騎 騎	騎馬 [기마] 騎手 [기수]
菌 44 艹·8·12	버섯 균 mushroom jùn 쥔 丶 艹 艹 莿 菌	菌絲 [균사] 菌傘 [균산]	欺 51 欠·8·12	속일 기 cheat qī 치 一 卄 甘 其 欺	欺瞞 [기만] 詐欺 [사기]
斤 45 斤·0·4	근 근 weight jīn 진 厂 斤 斤	斤量 [근량] 斤數 [근수]	豈 52 豆·3·10	어찌 기·개 how qǐ 치 丨 山 山 豈 豈	豈可 [기가] 豈樂 [개락]
僅 46 亻·11·13	겨우 근 barely jǐn 진 亻 亻 伂 俥 僅	僅僅 [근근] 僅少 [근소]	旣 53 无·7·11	이미 기 already jì 지 白 白 皀 皀 旣	旣決 [기결] 旣婚 [기혼]
謹 47 言·11·18	삼갈 근 respectful jǐn 진 言 誩 諽 謹 謹	謹啓 [근계] 謹弔 [근조]	飢 54 食·2·11	주릴 기 starve jī 지 亽 今 今 食 飢	飢寒 [기한] 虛飢 [허기]
肯 48 肉·4·8	즐길 긍 affirm kěn 컨 丨 卜 止 肯 肯	肯定 [긍정] 首肯 [수긍]	棄 55 木·8·12	버릴 기 abandon qì 치 亠 亠 产 査 棄	棄却 [기각] 遺棄 [유기]
忌 49 心·3·7	꺼릴 기 avoid jì 지 フ コ 己 忌 忌	忌避 [기피] 禁忌 [금기]	幾 56 幺·9·12	몇 기 some jǐ 지 幺 幺 丝 幾 幾	幾日 [기일] 幾何 [기하]

3급 가나다순 쓰기

漢字	訓	音	예
那 (57) ⻏·4·7	어찌	나 nà	那何 [나하] 刹那 [찰나]
奈 (58) 大·5·8	어찌 why	내·나 nài	奈何 [내하] 奈落 [나락]
乃 (59) ノ·1·2	이에 namely	내 nǎi	乃至 [내지] 終乃 [종내]
惱 (60) 忄·9·12	괴로워할 troubled	뇌 nǎo	苦惱 [고뇌] 煩惱 [번뇌]
泥 (61) 氵·5·8	진흙 mud	니 ní	泥工 [이공] 泥中 [이중]
畓 (62) 田·4·9	논 rice field	답 tà	畓穀 [답곡] 田畓 [전답]
糖 (63) 米·10·16	사탕 sugar	당 táng	糖分 [당분] 製糖 [제당]
貸 (64) 貝·5·12	빌릴 lend	대 dài	貸與 [대여] 貸借 [대차]
倒 (65) 亻·8·10	넘어질 fall	도 dǎo	卒倒 [졸도] 打倒 [타도]
渡 (66) 氵·9·12	건널 wade	도 dù	渡船 [도선] 渡河 [도하]
挑 (67) 扌·6·9	돋을 provoke	도 tiāo	挑發 [도발] 挑戰 [도전]
桃 (68) 木·6·10	복숭아 peach	도 táo	桃李 [도리] 白桃 [백도]
跳 (69) 足·6·13	뛸 jump	도 tiào	跳梁 [도량] 跳躍 [도약]
稻 (70) 禾·10·15	벼 rice plants	도 dào	稻作 [도작] 陸稻 [육도]

* 3급 가나다순 쓰기 *

塗	바를 도 paint tú 투	氵 汾 涂 塗 塗	塗料 [도료] 塗裝 [도장]
71 土·10·13			
篤	도타울 독 warm-hearted dǔ 두	⺮ 竺 笁 篤 篤	篤行 [독행] 敦篤 [돈독]
72 竹·10·16			
敦	도타울 돈 cordial dūn 둔	亠 亨 享 享 敦	敦睦 [돈목] 敦定 [돈정]
73 攵·8·12			
豚	돼지 돈 pig tún 툰	月 肝 肝 豚 豚	豚肉 [돈육] 養豚 [양돈]
74 豕·4·11			
凍	얼 동 freeze dòng 둥	冫 沍 沖 凍	凍結 [동결] 解凍 [해동]
75 冫·8·10			
屯	모일 둔 assemble tún 툰	一 亠 屯 屯	屯聚 [둔취] 駐屯 [주둔]
76 屮·1·4			
鈍	둔할 둔 dull dùn 둔	人 幺 金 鈍 鈍	鈍感 [둔감] 愚鈍 [우둔]
77 金·4·12			
濫	넘칠 람 overflow làn 란	氵 沪 泔 濫 濫	氾濫 [범람] 猥濫 [외람]
78 氵·14·17			
騰	오를 등 ascend téng 텅	胖 胖 腃 滕 騰	騰落 [등락] 暴騰 [폭등]
79 馬·10·20			
掠	빼앗을 략 plunder lüè 뤠	一 十 扌 掠 掠	擄掠 [노략] 掠奪 [약탈]
80 扌·8·11			
隷	종 례 slave lì 리	十 圭 肀 隶 隷	奴隷 [노예] 隷書 [예서]
81 隶·8·16			
諒	살필 량 consider liàng 량	言 諒 諒	諒知 [양지] 諒察 [양찰]
82 言·8·15			
梁	들보 량 beam liáng 량	氵 汈 汈 梁 梁	棟梁 [동량] 上梁 [상량]
83 木·7·11			
蓮	연 련 lotus lián 롄	艹 荁 董 蓮	蓮根 [연근] 蓮花 [연화]
84 艹·11·15			

3급 가나다순 쓰기

한자	훈음	획순	예
憐 (85) 忄·12·15	불쌍히여길 련 / pity / lián 렌	丶忄忴悑憐憐	憐憫 [연민] / 可憐 [가련]
劣 (86) 力·4·6	용렬할 렬 / inferior / liè 례	丿小少劣劣	庸劣 [용렬] / 拙劣 [졸렬]
廉 (87) 广·10·13	청렴할 렴 / upright / lián 롄	亠广庐廉廉	廉恥 [염치] / 淸廉 [청렴]
獵 (88) 犭·15·18	사냥할 렵 / hunt / liè 례	丿犭犭獵獵	獵銃 [엽총] / 狩獵 [수렵]
裂 (89) 衣·6·12	찢을 렬 / tear / liè 례	厂歹裂裂裂	裂傷 [열상] / 分裂 [분열]
零 (90) 雨·5·13	떨어질 령 / drop / líng 링	一㐬雫零零	零落 [영락] / 零細 [영세]
鹿 (91) 鹿·0·11	사슴 록 / deer / lù 루	亠户户鹿鹿	鹿角 [녹각] / 鹿茸 [녹용]
祿 (92) 示·8·13	녹 록 / salary / lù 루	二示礻祿祿	福祿 [복록] / 國祿 [국록]
雷 (93) 雨·5·13	우레 뢰 / thunder / léi 레이	一雨雪雷雷	雷電 [뇌전] / 落雷 [낙뢰]
了 (94) 亅·1·2	마칠 료 / complete / liǎo 랴오	一了	完了 [완료] / 終了 [종료]
僚 (95) 亻·12·14	동관 료 / comrade / liáo 랴오	亻伙伙僚僚	僚友 [요우] / 同僚 [동료]
累 (96) 糸·5·11	포갤 루 / repeated / léi 레이	口田田累累	累次 [누차] / 累積 [누적]
淚 (97) 氵·8·11	눈물 루 / tears / lèi 레이	氵氵沪淚淚	感淚 [감루] / 血淚 [혈루]
漏 (98) 氵·11·14	샐 루 / leak / lòu 러우	氵氵沪漏漏	漏落 [누락] / 漏出 [누출]

* 3급 가나다순 쓰기 *

屢	자주 루 frequently lǚ 뤼	屢屢 [누누] 屢次 [누차]
99 尸·11·14

 | |

梨	배나무 리 pear lí 리	梨園 [이원] 梨花 [이화]
100 木·7·11

 | |

隣	이웃 린 neighbor lín 린	隣近 [인근] 善隣 [선린]
101 阝·12·15

 | |

麻	삼 마 hemp má 마	麻衣 [마의] 麻布 [마포]
102 麻·0·11

 | |

磨	갈 마 polish mó 모	磨石 [마석] 研磨 [연마]
103 石·11·16

 | |

晩	늦을 만 late wǎn 완	晩秋 [만추] 晩學 [만학]
104 日·7·11

 | |

慢	거만할 만 haughty màn 만	傲慢 [오만] 倨慢 [거만]
105 忄·11·14

 | |

漫	부질없을 만 trivial màn 만	漫談 [만담] 漫評 [만평]
106 氵·11·14

 | |

忙	바쁠 망 busy máng 망	奔忙 [분망] 慌忙 [황망]
107 忄·3·6

 | |

忘	잊을 망 forget wàng 왕	忘却 [망각] 忘恩 [망은]
108 心·3·7

 | |

茫	아득할 망 vast máng 망	茫漠 [망막] 滄茫 [창망]
109 艹·6·10

 | |

罔	없을 망 not wǎng 왕	罔極 [망극] 罔測 [망측]
110 网·3·8

 | |

媒	중매 매 go between méi 메이	媒婆 [매파] 仲媒 [중매]
111 女·9·12

 | |

埋	묻을 매 bury mái 마이	埋立 [매립] 埋葬 [매장]
112 土·7·10

 | |

3급 가나다순 쓰기

한자	훈·음·병음	필순	단어
麥 (113) 麥·0·11	보리 맥 / barley / mài 마이	丷 丆 夾 麥 麥	麥飯 [맥반] / 大麥 [대맥]
免 (114) 儿·6·8	면할 면 / avoid / miǎn 몐	夕 久 名 争 免	免稅 [면세] / 赦免 [사면]
冥 (115) 冖·8·10	어두울 명 / dark / míng 밍	冃 冐 冥 冥	冥福 [명복] / 冥感 [명감]
冒 (116) 冂·7·9	무릅쓸 모 / risk / mào 마오	冂 日 冃 冐 冒	冒瀆 [모독] / 冒險 [모험]
侮 (117) 亻·7·9	업신여길 모 / insult / wǔ 우	亻 仁 仔 侮 侮	侮蔑 [모멸] / 侮辱 [모욕]
某 (118) 木·5·9	아무 모 / anyone / mǒu 머우	一 廿 甘 苷 某	某氏 [모씨] / 某種 [모종]
募 (119) 力·11·13	모을 모 / enlist / mù 무	丶 十 莒 募 募	募金 [모금] / 應募 [응모]
暮 (120) 日·11·15	저물 모 / sunset / mù 무	丶 十 莒 莫 暮	歲暮 [세모] / 日暮 [일모]
卯 (121) 卩·3·5	토끼 묘 / rabbit / mǎo 마오	匚 匚 卯 卯	卯時 [묘시] / 卯眼 [묘안]
苗 (122) 艹·5·9	싹 묘 / sprout / miáo 먀오	丶 十 芇 苗 苗	苗木 [묘목] / 種苗 [종묘]
廟 (123) 广·12·15	사당 묘 / shrine / miào 먀오	亠 广 庐 庫 廟	宗廟 [종묘] / 文廟 [문묘]
戊 (124) 戈·1·5	다섯째천간 무 / wù 우	丿 厂 戊 戊 戊	戊夜 [무야] / 戊子 [무자]
霧 (125) 雨·11·19	안개 무 / fog / wù 우	二 雨 雺 霧 霧	霧散 [무산] / 雲霧 [운무]
墨 (126) 土·12·15	먹 묵 / Chinese ink / mò 모	吅 四 甲 黑 墨	墨香 [묵향] / 墨畫 [묵화]

3급 가나다순 쓰기

번호	한자	훈	음	병음	필순	예시
127	迷	미혹할	미	mí 미	丶 丷 米 迷 迷	昏迷 [혼미] / 迷惑 [미혹]
		⻌·6·10				
128	尾	꼬리	미	wěi 웨이	一 コ 尸 屋 尾	末尾 [말미] / 尾骨 [미골]
		尸·4·7				
129	眉	눈썹	미	méi 메이	一 ア 尸 眉 眉	眉間 [미간] / 焦眉 [초미]
		目·4·9				
130	憫	불쌍히여길	민	mǐn 민	丶 忄 忄 憫 憫	憫憫 [민망] / 憐憫 [연민]
		忄·12·15				
131	敏	재빠를	민	mǐn 민	亠 与 毎 敏 敏	敏腕 [민완] / 敏捷 [민첩]
		攵·7·11				
132	蜜	꿀	밀	mì 미	宀 宓 宓 密 蜜	蜜蠟 [밀랍] / 蜂蜜 [봉밀]
		虫·8·14				
133	泊	배댈	박	bó 보	丶 氵 泊 泊 泊	碇泊 [정박] / 漂泊 [표박]
		氵·5·8				
134	返	돌아올	반	fǎn 판	厂 反 仮 返 返	返納 [반납] / 返還 [반환]
		⻌·4·8				
135	叛	배반할	반	pàn 판	丷 半 半 叛 叛	叛逆 [반역] / 背叛 [배반]
		又·7·9				
136	伴	짝	반	bàn 반	亻 伴 伴	伴侶 [반려] / 同伴 [동반]
		亻·5·7				
137	盤	소반	반	pán 판	丿 月 般 盤 盤	小盤 [소반] / 錚盤 [쟁반]
		皿·10·15				
138	拔	뺄	발	bá 바	一 丁 扌 拔 拔	拔擢 [발탁] / 拔萃 [발췌]
		扌·5·8				
139	芳	꽃다울	방	fāng 팡	丨 卄 芏 芳 芳	芳年 [방년] / 芳香 [방향]
		艹·4·8				
140	倣	본받을	방	fǎng 팡	亻 仿 仿 倣 倣	倣古 [방고] / 模倣 [모방]
		亻·8·10				

3급 가나다순 쓰기

#	漢字	訓	音 (병음)	筆順	單語
141	傍	곁 beside	방 bàng	亻 倅 倅 傍 傍	傍系 [방계] / 傍觀 [방관]
				亻·10·12	
142	邦	나라 nation	방 bāng	三 丰 邦 邦	萬邦 [만방] / 合邦 [합방]
				阝·4·7	
143	杯	잔 cup	배 bēi	一 十 木 杯 杯	杯盤 [배반] / 乾杯 [건배]
				木·4·8	
144	煩	괴로워할 troublesome	번 fán	丶 火 煩 煩	煩惱 [번뇌] / 煩悶 [번민]
				火·9·13	
145	飜	뒤집을 turn over	번 fán	二 番 番 飜 飜	飜覆 [번복] / 飜意 [번의]
				飛·12·21	
146	辨	분별할 distinguish	변 biàn	立 辛 剏 辨	辨理 [변리] / 辨別 [변별]
				辛·9·16	
147	竝	아우를 parallel	병 bìng	丶 亠 竝	竝列 [병렬] / 竝行 [병행]
				立·5·10	
148	屛	병풍 screen	병 píng	二 尸 屈 屛	屛風 [병풍] / 畵屛 [화병]
				尸·6·9	
149	譜	계보 genealogy	보 pǔ	訐 訐 譜 譜	族譜 [족보] / 系譜 [계보]
				言·13·20	
150	卜	점 divination	복 bǔ	丨 卜	卜師 [복사] / 卜筮 [복서]
				卜·0·2	
151	覆	엎어질 overturn	복 fù	覀 覂 覆 覆	顚覆 [전복] / 覆滅 [복멸]
				襾·12·18	
152	蜂	벌 bee	봉 fēng	口 中 蚁 蜂 蜂	蜂蜜 [봉밀] / 養蜂 [양봉]
				虫·7·13	
153	鳳	봉새 phoenix	봉 fèng	丿 几 凡 鳳 鳳	鳳鳥 [봉조] / 鳳尾 [봉미]
				鳥·3·14	
154	赴	다다를 get to	부 fù	一 十 走 赴 赴	赴告 [부고] / 赴任 [부임]
				走·2·9	

* 3급 가나다순 쓰기 *

腐 155 肉·8·14	썩을 부 rotten fǔ 푸	亠 广 庐 府 腐	腐敗 [부패] 防腐 [방부]	頻 162 頁·7·16	자주 빈 frequently pín 핀	ㅣ ㅏ 步 步 頻	頻發 [빈발] 頻繁 [빈번]
賦 156 貝·8·15	구실 부 taxes fù 푸	貝 貯 貯 賦 賦	貢賦 [공부] 割賦 [할부]	聘 163 耳·7·13	부를 빙 invite pìn 핀	厂 王 聃 聘 聘	招聘 [초빙] 聘宅 [빙택]
墳 157 土·12·15	무덤 분 grave fén 펀	一 十 圵 垆 墳	墳墓 [분묘] 封墳 [봉분]	巳 164 己·0·3	뱀 사 snake sì 쓰	ㄱ ㄱ 巳	巳時 [사시] 巳年 [사년]
拂 158 扌·5·8	떨칠 불 brush away fú 푸	一 扌 扩 拐 拂	拂拭 [불식] 拂下 [불하]	似 165 亻·5·7	같을 사 alike shì ㅅ	亻 化 似 似	近似 [근사] 恰似 [흡사]
朋 159 月·4·8	벗 붕 friend péng 펑	丿 月 月 朋	朋友 [붕우] 朋輩 [붕배]	捨 166 扌·8·11	버릴 사 throw away shě 서	一 十 拎 拎 捨	取捨 [취사] 喜捨 [희사]
崩 160 山·8·11	무너질 붕 collapse bēng 벙	丨 山 屵 屵 崩	崩壞 [붕괴] 崩落 [붕락]	蛇 167 虫·5·11	뱀 사 snake shé 서	口 虫 蚍 蛇	蛇足 [사족] 毒蛇 [독사]
賓 161 貝·7·14	손 빈 guest bīn 빈	宀 宀 宕 賓	賓客 [빈객] 來賓 [내빈]	斜 168 斗·7·11	비낄 사 inclined xié 셰	스 스 余 斜 斜	斜線 [사선] 傾斜 [경사]

3급 가나다순 쓰기

詐 169 言·5·12	속일 deceive	사 zhà 자	詐欺 [사기] 詐取 [사취]	桑 176 木·6·10	뽕나무 mulberry	상 sāng 쌍	桑梓 [상심] 桑梓 [상재]
斯 170 斤·8·12	이 this	사 sī 쓰	斯界 [사계] 斯文 [사문]	祥 177 示·6·11	상서로울 auspicious	상 xiáng 샹	祥雲 [상운] 吉祥 [길상]
賜 171 貝·8·15	줄 bestow	사 cì 츠	膳賜 [선사] 下賜 [하사]	塞 178 土·10·13	변방 frontier	새 sài 싸이	要塞 [요새] 塞內 [새내]
削 172 刂·7·9	깎을 cut	삭 xiāo 사오	削髮 [삭발] 添削 [첨삭]	逝 179 辶·7·11	갈 pass away	서 shì 스	逝川 [서천] 長逝 [장서]
朔 173 月·6·10	초하루	삭 shuò 쉬	朔望 [삭망] 朔月 [삭월]	誓 180 言·7·14	맹세할 oath	서 shì 스	誓約 [서약] 宣誓 [선서]
嘗 174 口·11·14	맛볼 taste	상 cháng 창	嘗味 [상미] 嘗膽 [상담]	庶 181 广·8·11	여러 many	서 shù 수	庶務 [서무] 庶民 [서민]
償 175 亻·15·17	갚을 repay	상 cháng 창	償還 [상환] 補償 [보상]	叙 182 又·7·9	펼 state	서 xù 쉬	叙事 [서사] 叙述 [서술]

* 3급 가나다순 쓰기 *

暑	더울 서 hot shǔ 수	旦 早 昱 暑 暑	暑氣 [서기] 酷暑 [혹서]
183 日·9·13			

昭	밝을 소 bright zhāo 자오	日 日刀 日刀 昭	昭明 [소명] 昭詳 [소상]
190 日·5·9			

析	가를 석 split xī 시	一 十 朾 析 析	析出 [석출] 分析 [분석]
184 木·4·8			

蔬	나물 소 vegetable shū 수	丨 十 艹 丱 蔬	蔬飯 [소반] 蔬菜 [소채]
191 艹·11·15			

昔	옛 석 ancient xī 시	一 十 丗 昔 昔	昔年 [석년] 昔人 [석인]
185 日·4·8			

燒	불사를 소 burn shāo 사오	丶 火 灶 煐 燒	燒却 [소각] 全燒 [전소]
192 火·12·16			

禪	사양할 선 abdicate shàn 산	于 示 礻 禪 禪	禪位 [선위] 禪定 [선정]
186 示·12·17			

騷	떠들 소 make a noise sāo 싸우	厂 几 馬 馭 騷	騷動 [소동] 騷音 [소음]
193 馬·10·20			

涉	건널 섭 wade shè 서	氵 汁 汁 涉 涉	涉獵 [섭렵] 涉歷 [섭력]
187 氵·7·10			

粟	조 millet sù 쑤	一 西 覀 粟 粟	粟米 [속미] 黍粟 [서속]
194 米·6·12			

攝	당길 섭 hold up shè 서	一 十 扩 扩 攝	攝取 [섭취] 包攝 [포섭]
188 扌·18·21			

訟	송사할 송 litigate sòng 쑹	言 訁 訟	訟事 [송사] 爭訟 [쟁송]
195 言·4·11			

召	부를 소 call zhào 자오	丿 刀 召	召集 [소집] 應召 [응소]
189 口·2·5			

誦	욀 송 recite sòng 쑹	言 訁 誦 誦	諳誦 [암송] 愛誦 [애송]
196 言·7·14			

3급 가나다순 쓰기

鎖 197 金·10·18	쇠사슬 쇄 / chain / suǒ 쒀 / 牟 余 金 鈩 鎖	鎖國 [쇄국] / 連鎖 [연쇄]
囚 198 口·2·5	가둘 수 / imprison / qiú 추 / 冂 囚 囚	囚人 [수인] / 罪囚 [죄수]
須 199 頁·3·12	모름지기 수 / should / xū 쉬 / 彡 須 須	須知 [수지] / 必須 [필수]
垂 200 土·5·8	드리울 수 / hang down / chuí 추이 / 三 千 乒 垂 垂	垂直 [수직] / 垂訓 [수훈]
睡 201 目·8·13	잠잘 수 / sleep / shuì 수이 / 旷 旷 旷 睡 睡	睡眠 [수면] / 昏睡 [혼수]
搜 202 扌·10·13	찾을 수 / search / sōu 써우 / 一 扌 扩 押 搜	搜査 [수사] / 搜索 [수색]
遂 203 辶·9·13	드디어 수 / at last / suì 쑤이 / 兮 豸 豕 豕 遂	遂成 [수성] / 完遂 [완수]
誰 204 言·8·15	누구 수 / who / shéi 셰이 / 言 訂 計 誰 誰	誰何 [수하] / 誰某 [수모]
雖 205 隹·9·17	비록 수 / even if / shī 스 / 吕 吊 虽 雖	雖然 [수연] / 雖說 [수설]
孰 206 子·8·11	누구 숙 / who / shú 수 / 言 亨 享 孰 孰	孰若 [숙약]
殉 207 歹·6·10	따라죽을 순 / xùn 쉰 / 一 歹 歹 殉 殉	殉死 [순사] / 殉葬 [순장]
脣 208 肉·7·11	입술 순 / lips / chún 춘 / 一 厂 辰 辰 脣	脣齒 [순치] / 脣舌 [순설]
循 209 彳·9·12	돌 순 / revolve / xún 쉰 / 彳 彳 循 循 循	循環 [순환] / 循行 [순행]
戌 210 戈·2·6	개 술 / dog / xū 쉬 / 丿 厂 戊 戌 戌	戌時 [술시] / 戌月 [술월]

* 3급 가나다순 쓰기 *

濕 211 氵·14·17	젖을 습 wet shī 스 氵 氿 濕 濕	濕氣 [습기] 防濕 [방습]	
矢 212 矢·0·5	화살 시 arrow shǐ 스 ㄥ 느 矢	弓矢 [궁시] 嚆矢 [효시]	
伸 213 亻·5·7	펼 신 extend shēn 신 亻 但 伸	伸縮 [신축] 屈伸 [굴신]	
辛 214 辛·0·7	매울 신 hot xīn 신 亠 立 辛	辛味 [신미] 辛酸 [신산]	
晨 215 日·7·11	새벽 신 daybreak chén 천 旦 尸 屄 晨 晨	晨鷄 [신계] 晨星 [신성]	
尋 216 寸·9·12	찾을 심 visit xún 쉰 ユ ヨ 큠 尋 尋	尋訪 [심방] 推尋 [추심]	
牙 217 牙·0·4	어금니 아 molar yá 야 一 二 牙 牙	象牙 [상아] 齒牙 [치아]	
芽 218 艹·4·8	싹 아 sprout yá 야 丶 十 芒 芽 芽	萌芽 [맹아] 胎芽 [태아]	
餓 219 食·7·16	주릴 아 hunger è 어 今 食 飣 餓 餓	餓死 [아사] 饑餓 [기아]	
岳 220 山·5·8	큰산 악 mountain yuè 웨 厂 匚 丘 乒 岳	山岳 [산악] 五岳 [오악]	
雁 221 隹·4·12	기러기 안 wild goose yàn 옌 厂 厃 厎 雁 雁	雁陣 [안진] 雁足 [안족]	
謁 222 言·9·16	아뢸 알 visit a superior yè 예 言 訂 訬 謁 謁	謁見 [알현] 拜謁 [배알]	
押 223 扌·5·8	누를 압 press yā 야 一 十 扌 扣 押	押印 [압인] 押釘 [압정]	
殃 224 歹·5·9	재앙 앙 disaster yāng 양 一 歹 死 殃	殃咎 [앙구] 災殃 [재앙]	

* 3급 가나다순 쓰기 *

涯	물가 애 waterside yá 야	涯岸 [애안] 水涯 [수애]	焉	어찌 언 how yān 옌	焉敢 [언감] 終焉 [종언]
225 ⟨氵·8·11⟩	氵 氵 氵 沪 涯		232 ⟨灬·7·11⟩	丆 下 正 正 焉	
厄	액 액 misfortune è 어	厄運 [액운] 橫厄 [횡액]	予	나·줄 여 I yú 위	予奪 [여탈]
226 ⟨厂·2·4⟩	一 厂 厄 厄		233 ⟨亅·3·4⟩	一 マ 子 予	
也	어조사 야 yě 예	也有 [야유] 也乎 [야호]	汝	너 여 you rǔ 루	汝等 [여등] 汝輩 [여배]
227 ⟨乙·2·3⟩	一 力 也		234 ⟨氵·3·6⟩	氵 汝 汝	
耶	어조사 야 yé 예	耶孃 [야양] 耶枉 [야왕]	余	나 여 I yú 위	余等 [여등] 余輩 [여배]
228 ⟨耳·3·9⟩	一 丆 耳 耶 耶		235 ⟨人·5·7⟩	人 今 余 余	
躍	뛸 약 skip yuè 웨	躍動 [약동] 跳躍 [도약]	輿	수레 여 palankeen yú 위	輿駕 [여가] 喪輿 [상여]
229 ⟨足·14·21⟩	星 昇 趵 蹕 躍		236 ⟨車·10·17⟩	車 轝 輿 輿 輿	
楊	버들 양 willow yáng 양	楊柳 [양류] 楊枝 [양지]	疫	염병 역 pestilence yì 이	疫疾 [역질] 防疫 [방역]
230 ⟨木·9·13⟩	一 十 杆 楊 楊		237 ⟨疒·4·9⟩	亠 广 疒 疒 疫	
於	어조사 어 in wū 우	於焉 [어언] 於間 [어간]	燕	제비 연 swallow yàn 옌	燕雀 [연작] 燕巢 [연소]
231 ⟨方·4·8⟩	亠 方 於 於		238 ⟨灬·12·16⟩	一 廿 昔 苷 燕	

* 3급 가나다순 쓰기 *

閱	살펴볼 열 inspect yuè 웨	閱覽 [열람] 查閱 [사열]	吾	나 오 I wú 우	吾等 [오등] 吾兄 [오형]
239 門·7·15			246 口·4·7		
炎	불꽃 염 flame yán 옌	炎上 [염상] 光炎 [광염]	娛	즐거워할 오 amuse yú 위	娛樂 [오락] 娛遊 [오유]
240 火·4·8			247 女·7·10		
鹽	소금 염 salt yán 옌	鹽分 [염분] 食鹽 [식염]	鳴	울 명 chirp míng 밍	鳴禽 [명금] 悲鳴 [비명]
241 鹵·13·24			248 鳥·3·14		
泳	헤엄칠 영 swim yǒng 융	背泳 [배영] 水泳 [수영]	傲	거만할 오 arrogant ào 아오	傲慢 [오만] 傲氣 [오기]
242 氵·5·8			249 亻·11·13		
詠	읊을 영 recite yǒng 융	詠歌 [영가] 吟詠 [음영]	翁	늙은이 옹 old man wēng 웡	翁姑 [옹고] 老翁 [노옹]
243 言·5·12			250 羽·4·10		
銳	날카로울 예 sharp ruì 루이	銳利 [예리] 尖銳 [첨예]	擁	안을 옹 embrace yōng 융	抱擁 [포옹] 擁壁 [옹벽]
244 金·7·15			251 扌·13·16		
汚	더러울 오 dirty wū 우	汚名 [오명] 汚辱 [오욕]	瓦	기와 와 tile wǎ 와	瓦全 [와전] 瓦解 [와해]
245 氵·3·6			252 瓦·0·5		

125

* 3급 가나다순 쓰기 *

臥	누울 와 / lie down / wò 워	臥病 [와병]
253 臣·2·8	丨 丆 丏 臣 臥	臥像 [와상]

緩	느릴 완 / slow / huǎn 환	緩急 [완급]
254 糸·9·15	纟 糸 絆 綏 緩	弛緩 [이완]

曰	가로 왈 / speak / yuē 웨	曰若 [왈약]
255 曰·0·4	冂 曰 曰	曰牌 [왈패]

畏	두려워할 외 / awe / wèi 웨이	畏怖 [외포]
256 田·4·9	田 甲 畀 畏 畏	敬畏 [경외]

搖	흔들릴 요 / shake / yáo 야오	搖動 [요동]
257 扌·10·13	一 扌 扌 捈 搖	搖籃 [요람]

遙	멀 요 / distant / yáo 야오	遙望 [요망]
258 辶·10·14	夕 夆 夅 遙 遙	遙遠 [요원]

腰	허리 요 / waist / yāo 야오	腰帶 [요대]
259 肉·9·13	月 肵 腰 腰 腰	腰痛 [요통]

庸	떳떳할 용 / fair / yōng 융	中庸 [중용]
260 广·8·11	亠 广 庐 庸 庸	庸才 [용재]

又	또 우 / and / yòu 유	又賴 [우뢰]
261 又·0·2	フ 又	又況 [우황]

于	어조사 우 / / yú 위	于先 [우선]
262 二·1·3	二 于	于今 [우금]

尤	더욱 우 / moreover / yóu 유	尤妙 [우묘]
263 尢·1·4	一 ナ 尢 尤	尤物 [우물]

羽	깃 우 / feather / yǔ 위	羽鱗 [우린]
264 羽·0·6	丿 刁 豕 羽	羽翼 [우익]

云	이를 운 / say / yún 윈	云云 [운운]
265 二·2·4	二 云 云	云何 [운하]

胃	밥통 위 / stomach / wèi 웨이	胃酸 [위산]
266 肉·5·9	冂 冃 田 胃 胃	胃痛 [위통]

* 3급 가나다순 쓰기 *

違 267 辶·9·13	어길 위 break wéi 웨이	違反 [위반] 非違 [비위]
緯 268 糸·9·15	씨 위 woof wěi 웨이	緯度 [위도] 經緯 [경위]
僞 269 亻·12·14	거짓 위 falsehood wěi 웨이	僞善 [위선] 虛僞 [허위]
酉 270 酉·0·7	닭 유 cock yǒu 유	酉方 [유방] 酉時 [유시]
唯 271 口·8·11	오직 유 only wéi 웨이	唯一 [유일] 唯物 [유물]
惟 272 忄·8·11	생각할 유 think wéi 웨이	思惟 [사유] 惟獨 [유독]
愈 273 心·9·13	더욱 유 more yù 위	愈愈 [유유] 愈合 [유합]
閏 274 門·4·12	윤달 윤 leap month rùn 룬	閏年 [윤년] 閏秒 [윤초]
吟 275 口·4·7	읊을 음 recite yín 인	吟味 [음미] 吟詠 [음영]
淫 276 氵·8·11	음란할 음 lewd yín 인	淫心 [음심] 淫亂 [음란]
泣 277 氵·5·8	울 읍 weep qì 치	泣訴 [읍소] 泣血 [읍혈]
凝 278 氵·14·16	엉길 응 congeal níng 닝	凝結 [응결] 凝固 [응고]
矣 279 矢·2·7	어조사 의 yǐ 이	矣夫 [의부] 矣哥 [의가]
宜 280 宀·5·8	마땅할 의 suitable yí 이	宜當 [의당] 時宜 [시의]

* 3급 가나다순 쓰기 *

而 281 而·0·6	말이을 이 and ér 얼	ㄧ ㄏ 而 而	而已 [이이] 然而 [연이]	玆 288 艹·6·10	이 자 this zī 쯔	丶 十 艹 쓰 玆	玆基 [자기] 玆玆 [자자]
夷 282 大·3·6	오랑캐 이 barbarian yí 이	一 二 丐 夷	夷狄 [이적] 東夷 [동이]	紫 289 糸·5·11	자줏빛 자 purple zǐ 쯔	丨 卜 止 紫 紫	紫朱 [자주] 紫霞 [자하]
姻 283 女·6·9	혼인 인 marriage yīn 인	女 女 如 姻 姻	姻戚 [인척] 婚姻 [혼인]	酌 290 酉·3·10	술따를 작 pour wine zhuó 줘	厂 酉 酉 酌 酌	淸酌 [청작] 酌婦 [작부]
寅 284 宀·8·11	동방 인 yín 인	宀 宙 寅 寅	寅方 [인방] 寅年 [인년]	爵 291 爪·14·18	벼슬 작 peerage jué 줴	龸 罒 爵 爵 爵	爵位 [작위] 爵號 [작호]
賃 285 貝·6·13	품팔이 임 be hired lìn 린	亻 仁 任 賃 賃	賃金 [임금] 無賃 [무임]	墻 292 土·13·16	담 장 fence qiáng 창	十 土 墙 墻 墻	墻垣 [장원] 越墻 [월장]
刺 286 刂·6·8	찌를 자 pierce cì 츠	一 卢 市 束 刺	刺戟 [자극] 諷刺 [풍자]	哉 293 口·6·9	어조사 재 zāi 짜이	一 十 吉 哉 哉	快哉 [쾌재]
恣 287 心·6·10	방자할 자 impudent zì 쯔	冫 次 次 恣 恣	恣意 [자의] 放恣 [방자]	滓 294 氵·10·13	찌끼 재 dregs zǐ 쯔	氵 氻 浐 滓 滓	滓穢 [재예] 殘滓 [잔재]

3급 가나다순 쓰기

295 滴
물방울 적 / drop / dī 디
氵氵沪沪滴滴
滴水 [적수]
餘滴 [여적]
氵·11·14

296 殿
대궐 전 / palace / diàn 뎬
コ 尸 尸 屏 殿
殿閣 [전각]
殿下 [전하]
殳·9·13

297 竊
훔칠 절 / thief / qiè 체
窃 窃 窃 竊 竊
竊盜 [절도]
剽竊 [표절]
穴·17·22

298 蝶
나비 접 / butterfly / dié 데
口 虫 虫 蝴 蝶
蝶夢 [접몽]
蝴蝶 [호접]
虫·9·15

299 訂
바로잡을 정 / correct / dìng 딩
言 言 訂
訂正 [정정]
修訂 [수정]
言·2·9

300 堤
방죽 제 / dike / dī 디
一 十 坦 坦 堤
堤防 [제방]
堤堰 [제언]
土·9·12

301 弔
조상할 조 / condole / diào 댜오
一 コ 弓 弔
弔意 [조의]
謹弔 [근조]
弓·1·4

302 租
구실 조 / tax / zū 쭈
二 千 禾 租 租
租稅 [조세]
地租 [지조]
禾·5·10

303 燥
마를 조 / dry / zào 짜오
丶 火 炉 煬 燥
燥渴 [조갈]
乾燥 [건조]
火·13·17

304 拙
졸할 졸 / clumsy / zhuō 줘
一 十 扎 扑 拙
拙劣 [졸렬]
稚拙 [치졸]
扌·5·8

305 佐
도울 좌 / assist / zuǒ 쭤
亻 亻 仁 佐 佐
補佐 [보좌]
上佐 [상좌]
亻·5·7

306 舟
배 주 / ship / zhōu 저우
丿 刀 月 舟
扁舟 [편주]
虛舟 [허주]
舟·0·6

307 奏
아뢸 주 / play music / zòu 쩌우
三 夫 泰 奏
奏請 [주청]
演奏 [연주]
大·6·9

308 株
그루 주 / stock / zhū 주
一 十 木 杵 株
守株 [수주]
株式 [주식]
木·6·10

* 3급 가나다순 쓰기 *

한자	뜻·음	병음	쓰기	예
珠	구슬 주 / pearl	zhū 주	丁 干 尹 珒 珠	珠玉 [주옥] / 眞珠 [진주]
309 玉·6·10				
鑄	쇠부어만들 주 / cast	zhù 주	스 金 鋳 鑄 鑄	鑄物 [주물] / 鑄貨 [주화]
310 金·14·22				
俊	준걸 준 / eminence	jùn 쥔	亻 仫 伶 俊 俊	俊秀 [준수] / 俊才 [준재]
311 亻·7·9				
遵	좇을 준 / obey	zūn 쭌	兯 酋 酋 尊 遵	遵據 [준거] / 遵守 [준수]
312 辶·12·16				
仲	버금 중 / second	zhòng 중	亻 伊 仲	仲兄 [중형] / 伯仲 [백중]
313 亻·4·6				
贈	줄 증 / present	zèng 정	貝 貯 贈 贈	贈與 [증여] / 寄贈 [기증]
314 貝·12·19				
枝	가지 지 / branch	zhī 즈	一 十 木 朴 枝	枝葉 [지엽] / 剪枝 [전지]
315 木·4·8				
只	다만 지 / only	zhǐ 즈	口 只	只今 [지금] / 但只 [단지]
316 口·2·5				
遲	더딜 지 / slow	chí 츠	尸 尸 屖 犀 遲	遲刻 [지각] / 遲滯 [지체]
317 辶·11·15				
震	떨 진 / shake	zhèn 전	宀 严 严 震 震	地震 [지진] / 耐震 [내진]
318 雨·7·15				
姪	조카 질 / nephew	zhí 즈	女 女 奼 姪 姪	姪女 [질녀] / 姪婦 [질부]
319 女·6·9				
懲	징계할 징 / punish	chéng 청	彳 徉 徉 徵 懲	懲戒 [징계] / 膺懲 [응징]
320 心·15·19				
且	또 차 / moreover	qiě 체	冂 月 且	且說 [차설] / 且月 [차월]
321 一·4·5				
借	빌릴 차 / borrow	jiè 제	亻 仁 供 供 借	假借 [가차] / 賃借 [임차]
322 亻·8·10				

* 3급 가나다순 쓰기 *

捉 323 扌·7·10	잡을 착 seize zhuō 쥐 一 亅 扌 捉 捉 捉		捉囚 [착수] 捕捉 [포착]
錯 324 金·8·16	섞일 착 mixed cuò 춰우 牟 余 釒 釪 錯		錯亂 [착란] 交錯 [교착]
慘 325 忄·11·14	참혹할 참 miserable cǎn 찬 忄 忄 忄 悴 慘		慘狀 [참상] 悲慘 [비참]
慙 326 心·11·15	부끄러워할 참 blush cán 찬 亘 斬 斬 斬 慙		慙死 [참사] 慙悔 [참회]
暢 327 日·10·14	화창할 창 splendid chàng 창 日 申 剆 暢 暢		暢懷 [창회] 和暢 [화창]
債 328 亻·11·13	빚 채 debt zhài 자이 亻 亻 伫 倩 債		債務 [채무] 負債 [부채]
斥 329 斤·1·5	물리칠 척 expel chì 츠 一 厂 斤 斥		斥邪 [척사] 排斥 [배척]
遷 330 辶·12·16	옮길 천 remove qiān 첸 ㅍ 襾 䙴 䙴 遷		遷都 [천도] 遷移 [천이]
薦 331 艹·13·17	천거할 천 recommend jiàn 젠 丶 艹 芦 薦 薦		薦擧 [천거] 推薦 [추천]
尖 332 小·3·6	뾰족할 첨 pointed jiān 젠 小 小 小 尖		尖端 [첨단] 尖銳 [첨예]
添 333 氵·8·11	더할 첨 add tiān 텐 氵 氵 汢 添 添		添附 [첨부] 別添 [별첨]
妾 334 女·5·8	첩 첩 concubine qiè 체 亠 立 妾 妾		妾室 [첩실] 愛妾 [애첩]
晴 335 日·8·12	갤 청 clear up qíng 칭 日 日一 日十 晴 晴		晴天 [청천] 快晴 [쾌청]
替 336 日·8·12	바꿀 체 change tì 티 二 夫 扶 替		交替 [교체] 代替 [대체]

* 3급 가나다순 쓰기 *

滯	막힐 체 stop / zhì 즈	氵氵汁洪滯滯	停滯 [정체] 沈滯 [침체]
337 氵·11·14			

逮	잡을 체 arrest / dǎi 다이	ㄱ 彐 尹 隶 逮	逮捕 [체포] 逮繫 [체계]
338 辶·8·12			

遞	갈마들 체 take turns / dì 디	厂 疒 庐 虒 遞	遞減 [체감] 交遞 [교체]
339 辶·10·14			

抄	베낄 초 copy / chāo 차오	一 扌 扌 扚 抄	抄錄 [초록] 抄本 [초본]
340 扌·4·7			

秒	초 second / miǎo 먀오	二 千 禾 秒 秒	秒速 [초속] 秒針 [초침]
341 禾·4·9			

燭	촛불 촉 candle light / zhú 주	灬 灯 灼 燭 燭	燭光 [촉광] 燭淚 [촉루]
342 火·13·17			

聰	귀밝을 총 clever / cōng 총	厂 耳 耵 聊 聰	聰氣 [총기] 聰明 [총명]
343 耳·11·17			

抽	뺄 추 draw / chōu 처우	一 扌 抽 抽 抽	抽象 [추상] 抽出 [추출]
344 扌·5·8			

醜	더러울 추 ugly / chǒu 처우	襾 酉 酌 醜 醜	醜聞 [추문] 美醜 [미추]
345 酉·10·17			

丑	소 축 cow / chǒu 처우	ㄱ ㄇ 丑 丑	丑時 [축시] 丑坐 [축좌]
346 一·3·4			

畜	가축 축 cattle / chù 추	亠 玄 斉 畜 畜	畜舍 [축사] 牧畜 [목축]
347 田·5·10			

逐	쫓을 축 expel / zhú 주	厂 丆 豕 豖 逐	逐出 [축출] 驅逐 [구축]
348 辶·7·11			

臭	냄새 취 stink / chòu 처우	丿 自 臭 臭 臭	臭氣 [취기] 體臭 [체취]
349 自·4·10			

漆	옻칠할 칠 lacquer / qī 치	氵 汁 浐 漆 漆	漆器 [칠기] 漆黑 [칠흑]
350 氵·11·14			

* 3급 가나다순 쓰기 *

枕	베개 침 pillow zhěn 전	枕上 [침상] 木枕 [목침]
351 木·4·8	一 十 木 朴 枕	

浸	젖을 침 soak jìn 진	浸染 [침염] 浸水 [침수]
352 氵·7·10	氵 汀 浔 浸	

妥	온당할 타 proper tuǒ 퉈	妥結 [타결] 妥協 [타협]
353 女·4·7	爫 妥 妥	

墮	떨어질 타 fall duò 둬	墮落 [타락] 墮胎 [타태]
354 土·12·15	阝 阡 阼 隋 墮	

托	받칠 탁 hold tuō 퉈	茶托 [다탁] 托盤 [탁반]
355 扌·3·6	一 十 扌 扌 托	

濁	흐릴 탁 muddy zhuó 줘	濁流 [탁류] 淸濁 [청탁]
356 氵·13·16	氵 氵 浔 濁 濁	

濯	씻을 탁 wash zhuó 줘	濯足 [탁족] 洗濯 [세탁]
357 氵·14·17	氵 氵 浐 潤 濯	

誕	태어날 탄 be born dàn 단	誕生 [탄생] 聖誕 [성탄]
358 言·7·14	訁 訢 訢 誕 誕	

奪	빼앗을 탈 deprive duó 둬	奪取 [탈취] 强奪 [강탈]
359 大·11·14	一 大 奞 奪 奪	

貪	탐낼 탐 covet tān 탄	貪慾 [탐욕] 食貪 [식탐]
360 貝·4·11	人 今 슘 貪	

湯	끓일 탕 boil tāng 탕	湯泉 [탕천] 再湯 [재탕]
361 氵·9·12	氵 沮 湯 湯	

怠	게으를 태 lazy dài 다이	怠慢 [태만] 倦怠 [권태]
362 心·5·9	厶 台 怠 怠	

吐	토할 토 vomit tù 투	吐瀉 [토사] 嘔吐 [구토]
363 口·3·6	口 口 吐 吐	

透	통할 투 transparent tòu 터우	透過 [투과] 浸透 [침투]
364 辶·7·11	二 千 禾 秀 透	

3급 가나다순 쓰기

把 365 扌·4·7	잡을 파 hold bǎ 바	一 ナ 扌 扚 把	把握 [파악] 把筆 [파필]
頗 366 頁·5·14	자못 파 very pō 포	丿 厂 皮 頗 頗	頗多 [파다] 偏頗 [편파]
罷 367 网·10·15	파할 파 cease bà 바	罒 罒 罥 罷 罷	罷市 [파시] 罷場 [파장]
播 368 扌·12·15	씨뿌릴 파 sow bō 보	一 十 扌 播 播	播種 [파종] 播植 [파식]
販 369 貝·4·11	팔 판 sell fàn 판	月 貝 貝 販 販	販路 [판로] 總販 [총판]
貝 370 貝·0·7	조개 패 shell bèi 베이	冂 月 貝	貝殼 [패각] 貝塚 [패총]
偏 371 亻·9·11	치우칠 편 lean piān 펜	亻 伊 伊 偏 偏	偏見 [편견] 偏狹 [편협]

遍 372 辶·9·13	두루 편 everywhere biàn 뻰	广 扃 扁 扁 遍	遍歷 [편력] 普遍 [보편]
編 373 糸·9·15	엮을 편 compile biān 삐엔	糸 紀 紵 絹 編	編輯 [편집] 改編 [개편]
廢 374 广·12·15	폐할 폐 abolish fèi 페이	广 庐 庐 廖 廢	廢址 [폐지] 荒廢 [황폐]
幣 375 巾·12·15	비단 폐 silk bì 비	丿 小 㡀 敝 幣	幣物 [폐물] 幣帛 [폐백]
蔽 376 艹·12·16	덮을 폐 cover bì 비	丶 十 芍 萨 蔽	蔽塞 [폐색] 掩蔽 [엄폐]
抱 377 扌·5·8	안을 포 embrace bào 바오	一 ナ 扌 扚 抱	抱擁 [포옹] 懷抱 [회포]
飽 378 食·5·14	배부를 포 surfeited bǎo 바오	丷 今 飠 飠 飽	飽滿 [포만] 飽食 [포식]

* 3급 가나다순 쓰기 *

捕 379 扌·7·10	잡을 포 catch bǔ 부	一 扌 捅 捕 捕	捕虜 [포로] 生捕 [생포]

| 幅 380 巾·9·12 | 폭 폭 width fú 푸 | 口 巾 幅 幅 幅 | 大幅 [대폭] 步幅 [보폭] |

| 漂 381 氵·11·14 | 뜰 표 float piāo 파오 | 氵 氵 漂 漂 漂 | 漂流 [표류] 漂風 [표풍] |

| 匹 382 匸·2·4 | 짝 필 mate pǐ 피 | 一 兀 匹 | 匹馬 [필마] 配匹 [배필] |

| 荷 383 艹·7·11 | 연 하 lotus hé 허 | 艹 艹 荷 荷 | 荷花 [하화] 出荷 [출하] |

| 汗 384 氵·3·6 | 땀 한 sweat hán 한 | 氵 氵 汗 | 汗腺 [한선] 汗蒸 [한증] |

| 旱 385 日·3·7 | 가물 한 drought hàn 한 | 日 旦 旱 | 旱災 [한재] 旱害 [한해] |

| 咸 386 口·6·9 | 다 함 all xián 셴 | 厂 后 咸 咸 咸 | 咸告 [함고] 咸卦 [함괘] |

| 巷 387 己·6·9 | 거리 항 street hàng 항 | 一 艹 共 荅 巷 | 巷間 [항간] 巷說 [항설] |

| 奚 388 大·7·10 | 어찌 해 why xī 시 | 一 爫 公 盔 奚 | 奚故 [해고] 奚必 [해필] |

| 亥 389 亠·4·6 | 돼지 해 pig hài 하이 | 一 亠 亥 亥 | 亥時 [해시] 亥生 [해생] |

| 該 390 言·6·13 | 그 해 that gāi 가이 | 言 訂 該 該 | 該當 [해당] 該地 [해지] |

| 享 391 亠·6·8 | 누릴 향 enjoy xiǎng 샹 | 亠 亨 享 | 享年 [향년] 享有 [향유] |

| 軒 392 車·3·10 | 추녀 헌 eaves xuān 쉬안 | 亘 車 軒 軒 | 軒頭 [헌두] 軒燈 [헌등] |

3급 가나다순 쓰기

No.	漢字	訓	音	병음	예시
393 (糸·5·11)	絃	악기줄	현	xián 셴	管絃 [관현], 絶絃 [절현]
394 (糸·10·16)	縣	고을	현	xiàn 셴	縣監 [현감], 縣令 [현령]
395 (穴·0·5)	穴	구멍	혈	xué 쉐	穴居 [혈거], 墓穴 [묘혈]
396 (女·10·13)	嫌	싫어할	혐	xián 셴	嫌忌 [혐기], 嫌惡 [혐오]
397 (亠·5·7)	亨	형통할	형	hēng 헝	亨通 [형통], 亨途 [형도]
398 (虫·10·16)	螢	개똥벌레	형	yíng 잉	螢光 [형광], 螢雪 [형설]
399 (行·10·16)	衡	저울대	형	héng 헝	銓衡 [전형], 均衡 [균형]
400 (八·2·4)	兮	어조사	혜	xī 시	兮呀 [혜하]
401 (二·2·4)	互	서로	호	hù 후	互惠 [호혜], 相互 [상호]
402 (丿·4·5)	乎	어조사	호	hū 후	斷乎 [단호], 嗟乎 [차호]
403 (毛·7·11)	毫	가는털	호	háo 하오	毫末 [호말], 毫髮 [호발]
404 (日·4·8)	昏	어두울	혼	hūn 훈	昏昏 [혼혼], 黃昏 [황혼]
405 (弓·2·5)	弘	넓을	홍	hóng 훙	弘報 [홍보], 弘益 [홍익]
406 (鳥·6·17)	鴻	큰기러기	홍	hóng 훙	鴻毛 [홍모], 鴻鴈 [홍안]

* 3급 가나다순 쓰기 *

	벼　　화 rice plant　hé 허	禾穀 [화곡] 禾苗 [화묘]
禾 407 禾·0·5	二 千 禾	

	거둘　　확 harvest　huò 훠	收穫 [수확] 秋穫 [추확]
穫 408 禾·14·19	禾 禾' 秆 秲 穫	

	넓힐　　확 expand　kuò 쿼	擴大 [확대] 擴充 [확충]
擴 409 扌·15·18	扩 扩 护 擴 擴	

	둥글　　환 ball　wán 완	丸藥 [환약] 彈丸 [탄환]
丸 410 丶·2·3	丿 九 丸	

	거칠　　황 wild　huāng 황	荒廢 [황폐] 荒野 [황야]
荒 411 艹·6·10	丶 卄 芒 芒 荒	

	새벽　　효 dawn　xiǎo 샤오	曉星 [효성] 通曉 [통효]
曉 412 日·12·16	月 日' 日' 暁 曉	

	제후　　후 feudal lord　hóu 허우	王侯 [왕후] 諸侯 [제후]
侯 413 亻·7·9	亻 伫 侈 侯	

	헐　　훼 destroy　huǐ 후이	毀損 [훼손] 毀謗 [훼방]
毀 414 殳·9·13	亻 白 臼 臼几 毀	

	빛날　　휘 shine　huī 후이	輝煌 [휘황] 光輝 [광휘]
輝 415 車·8·15	丿 小 光 煇 輝	

	가질　　휴 carry　xié 셰	携帶 [휴대] 提携 [제휴]
携 416 扌·10·13	一 扌 扩 攜 携	

	가슴　　흉 breast　xiōng 슝	胸部 [흉부] 胸中 [흉중]
胸 417 肉·6·10	月 肕 胸 胸 胸	

말썽꾸러기 원숭이가 시렁(시렁가 架)위의 바나나를 보고,

검은 눈동자를 돌리더니 단숨에 점프하여 안고 도망가는데,

뒤따르던 재주꾼 원숭이가 가슴(가슴흉 胸)을 치는구나.

* 2급 538字 가나다순 쓰면서 익히기 *

1	柯 (木·5·9)	가지 가 / branch / kē 커	一 十 オ 杧 柯 / 柯葉 [가엽]
2	軻 (車·5·12)	불우할 가 / unlucky / kē 커	亘 車 軻 軻 / 轗軻 [감가]
3	伽 (亻·5·7)	절 가 / temple / gā 가	亻 仃 伽 伽 / 伽藍 [가람] / 僧伽 [승가]
4	迦 (辶·5·9)	부처이름 가 / Buddha / jiā 쟈	力 加 迦 迦 / 釋迦 [석가] / 迦藍 [가람]
5	賈 (貝·6·13)	장사 고 / trade / gǔ 구	襾 覀 西 賈 / 賈人 [고인] / 商賈 [상고]
6	珏 (王·5·9)	쌍옥 각 / a pair of gem / jué 쮀	丁 千 王 珏 / 雙玉 [쌍옥]
7	杆 (木·3·7)	지레 간 / lever / gān 간	十 木 杆 杆 / 槓杆 [공간] / 杆棒 [간봉]
8	艮 (艮·0·6)	괘이름 간 / gèn 건	ㄱ ㅋ 艮 艮 / 艮卦 [간괘] / 艮坐 [간좌]
9	葛 (艹·9·13)	칡 갈 / arrowroot / gé 거	丨 一 苜 葛 葛 / 葛根 [갈근] / 葛布 [갈포]
10	鞨 (革·9·18)	종족이름 갈 / hé 허	一 廿 甚 鞨 鞨 / 靺鞨 [말갈]
11	邯 (阝·5·8)	땅이름 한 / Name of the land / hán 한	一 廿 甘 甘 邯 / 邯鄲 [한단] / 邯鄲之夢
12	憾 (忄·13·16)	한할 감 / regret / hàn 한	忄 忙 怵 憾 憾 / 私憾 [사감] / 遺憾 [유감]
13	岬 (山·5·8)	곶 갑 / cape / jiǎ 쟈	丨 山 岬 岬 / 岬角 [갑각] / 岬岫 [갑수]
14	鉀 (金·5·13)	갑옷 갑 / armor / jiǎ 쟈	牟 余 金 鉀 鉀 / 甲과 同字

2급 가나다순 쓰기

岡 15 山·5·8	언덕 강 hill gāng 강	冂 冂 岡 岡	岡陵 [강릉]
崗 16 山·8·11	언덕 강 hill gāng 강	丨 山 岂 崗 崗	岡의 俗字
姜 17 女·6·9	성 강 jiāng 장	丷 并 姜 姜	人姓字
彊 18 弓·13·16	굳셀 강 strong qiáng 창	彐 弓 弭 弭 彊	彊弩 [강노] 自彊 [자강]
疆 19 田·14·19	지경 강 border jiāng 장	彐 弓 畺 疆 疆	疆域 [강역] 疆土 [강토]
价 20 亻·4·6	착할 개 gentle jiè 제	亻 价 价	价婦 [개부] 价人 [개인]
塏 21 土·10·13	높은땅 개 height kǎi 카이	一 十 圠 塏 塏	爽塏 [상개]

坑 22 土·4·7	구덩이 갱 pit kēng 컹	一 十 圹 圢 坑	坑口 [갱구] 坑道 [갱도]
鍵 23 金·9·17	자물쇠 건 lock jiàn 젠	釒 釕 鍏 鍏 鍵	鍵盤 [건반] 關鍵 [관건]
桀 24 木·6·10	걸임금 걸 jié 제	夕 夕㇏ 夕ヰ 牪 桀	桀惡 [걸악] 桀紂 [걸주]
杰 25 木·4·8	뛰어날 걸 distinguished jié 제	一 十 木 杰	傑의 俗字
憩 26 心·12·16	쉴 게 rest qì 치	二 千 舌 憩 憩	休憩 [휴게]
揭 27 扌·9·12	들 게 hoist jiē 제	一 扌 揭 揭 揭	揭示 [게시] 揭載 [게재]
甄 28 瓦·9·14	질그릇 견 earthen ware zhēn 전	一 西 覀 甄 甄	甄工 [견공] 甄陶 [견도]

2급 가나다순 쓰기

한자	훈음	쓰기	용례
炅 29 火·4·8	빛날 **경** bright jiǒng 중	日 呈 炅	耿과 同字
璟 30 玉·12·16	옥빛 **경** jade jǐng 징	丁 王 理 琕 璟	璄과 同字
儆 31 亻·13·15	경계할 **경** guard jǐng 징	亻 亻 竹 僋 儆	儆儆 [경경]
瓊 32 玉·15·19	아름다운옥 **경** qióng 츙	丁 王 珔 瓊 瓊	瓊筵 [경연] 瓊瑤 [경요]
皐 33 白·6·11	늪 **고** hill gāo 가오	白 皐 皐 皐	皋의 俗字
雇 34 隹·4·12	품살 **고** hire out gù 구	厂 户 屏 雇 雇	雇用 [고용] 解雇 [해고]
串 35 丨·6·7	버릇 **관** habit guàn 관	丶 口 口 吕 串	串柹 [관시]
戈 36 戈·0·4	창 **과** spear gē 거	一 弋 戈 戈	戈劍 [과검] 兵戈 [병과]
瓜 37 瓜·0·5	오이 **과** cucumber guā 과	一 厂 瓜 瓜	瓜期 [과기] 瓜田 [과전]
菓 38 艹·8·12	과실 **과** fruit guǒ 귀	丶 艹 苩 菓 菓	菓品 [과품] 茶菓 [다과]
琯 39 玉·8·12	옥피리 **관** stone tube guǎn 곤	丁 王 玗 玗 琯	管과 同字
款 40 欠·8·12	정성 **관** sincere kuǎn 콴	一 十 圭 款 款	款待 [관대] 借款 [차관]
傀 41 亻·10·12	꼭두각시 **괴** puppet kuǐ 쿠이	亻 佃 佃 傀 傀	傀儡 [괴뢰] 傀然 [괴연]
槐 42 木·10·14	회화나무 **괴** pagoda tree huái 화이	十 𣐙 𣐙 槐 槐	槐木 [괴목] 槐位 [괴위]

2급 가나다순 쓰기

43 絞 — 목맬 교 / strangle / jiǎo 쟈오 — 糸·6·12
필순: 幺 糸 紅 紋 絞
絞殺 [교살] / 絞首 [교수]

44 僑 — 객지에살 교 / live away from home / qiáo 챠오 — 亻·12·14
필순: 亻 亻 僑 僑 僑
僑民 [교민] / 僑胞 [교포]

45 膠 — 아교 교 / glue / jiāo 쟈오 — 肉·11·15
필순: 刀 月 臸 膠 膠
膠着 [교착] / 阿膠 [아교]

46 玖 — 옥돌 구 / gemstone / jiǔ 주 — 王·3·7
필순: 一 二 王 玖 玖
玖璇 [구선]

47 邱 — 언덕 구 / hill / qiū 추 — 阝·5·8
필순: 厂 斤 丘 邱 邱
丘와 同字

48 歐 — 토할 구 / vomit / ōu 어우 — 欠·11·15
필순: 吅 品 區 歐 歐
歐美 [구미] / 東歐 [동구]

49 鷗 — 갈매기 구 / seagull / ōu 어우 — 鳥·11·22
필순: 品 區 歐 鷗 鷗
白鷗 [백구]

50 購 — 살 구 / buy / gòu 거우 — 貝·10·17
필순: 貝 貝 購 購 購
購買 [구매] / 購入 [구입]

51 鞠 — 기를 국 / nourish / jū 쥐 — 革·8·17
필순: 艹 苩 鞠 鞠 鞠
鞠躬 [국궁] / 鞠育 [국육]

52 掘 — 팔 굴 / dig / jué 줴 — 扌·8·11
필순: 扌 护 折 捆 掘
盜掘 [도굴] / 發掘 [발굴]

53 窟 — 움 굴 / cave / kū 쿠 — 穴·8·13
필순: 宀 穴 窄 窉 窟
洞窟 [동굴] / 土窟 [토굴]

54 圈 — 우리 권 / pen / juān 쥐안 — 口·8·11
필순: 冂 冏 圂 圂 圈
圈牢 [권뢰] / 商圈 [상권]

55 闕 — 대궐 궐 / palace / què 줴 — 門·10·18
필순: 厂 門 閂 闕 闕
大闕 [대궐] / 入闕 [입궐]

56 圭 — 홀 규 / mace / guī 구이 — 土·3·6
필순: 一 十 土 圭
圭角 [규각] / 刀圭 [도규]

* 2급 가나다순 쓰기 *

珪	모서리 guī 구이	一 T 王 王- 珪 珪	圭와 同字
57 玉·6·10			

奎	별이름 kuí 쿠이 star name	一 大 太 本 奎	奎文 [규문] 奎章 [규장]
58 大·6·9			

閨	안방 guī 구이 boudoir	冂 冂 門 閏 閨	閨房 [규방] 閨秀 [규수]
59 門·6·14			

揆	헤아릴 kuí 쿠이 calculate	扌 扌 扩 抄 揆	揆度 [규탁] 一揆 [일규]
60 扌·9·12			

槿	무궁화나무 jǐn 진 althaea	十 木 杧 样 槿	槿域 [근역] 槿花 [근화]
61 木·11·15			

瑾	붉은옥 jǐn 진 jade	一 T 王 瑾- 瑾	瑾瑜 [근유]
62 玉·11·15			

兢	조심할 jīng 징 cautious	一 十 古 克 兢	兢懼 [긍구] 兢兢 [긍긍]
63 儿·12·14			

岐	갈림길 qí 치 fork	丨 山 山- 屿 岐	岐路 [기로] 分岐 [분기]
64 山·4·7			

琦	옥이름 qí 치 jade name	一 T 王 琦- 琦	琦賂 [기뢰] 琦行 [기행]
65 玉·8·12			

沂	물이름·산명 yí 이 water name	氵 沪 沂 沂	沂水 [기수] 沂山 [기산]
66 氵·4·7			

淇	물이름·고을명 qí 치 town name	氵 氵 汁 汨 淇	淇水 [기수] 淇奧 [기오]
67 氵·8·11			

棋	바둑 qí 치 the game of go	十 木 村 枻 棋	棋局 [기국] 棋院 [기원]
68 木·8·12			

琪	옥이름 qí 치 jade name	一 T 王 珥 琪	琪樹 [기수] 琪花 [기화]
69 玉·8·12			

箕	키 jī 지 winnower	亠 竺 笲 笲 箕	箕山 [기산] 箕帚 [기추]
70 竹·8·14			

* 2급 가나다순 쓰기 *

한자	훈·음	필순	단어
騏 71 馬·8·18	얼룩말 기 piebald qí 치	一 厂 丌 駠 騏	騏驥 [기기]
麒 72 鹿·8·19	기린 기 giraffe qí 치	庁 庐 鹿 蘪 麒	麒麟 [기린] 麒麟兒 [기린아]
璣 73 玉·12·16	구슬 기 pearl jī 지	丁 王 璣 璣 璣	璣衡 [기형]
耆 74 耂·6·10	늙은이 기 old person qí 치	十 耂 耂 老 耆	耆年 [기년] 耆老 [기로]
冀 75 八·14·16	바랄 기 hope jì 지	丨 ᄏ ᅭ 冀 冀	冀圖 [기도] 冀望 [기망]
驥 76 馬·17·27	천리마 기 swift horse jì 지	馬 馬 騏 驥 驥	驥足 [기족] 驥尾 [기미]
濃 77 氵·13·16	짙을 농 thick nóng 눙	氵 沪 泄 潭 濃	濃淡 [농담] 濃厚 [농후]
尿 78 尸·4·7	오줌 뇨 urine niào 냐오	一 コ 尸 尿 尿	尿素 [요소] 排尿 [배뇨]
尼 79 尸·2·5	여승 니 Buddhist nun ní 니	一 コ 尸 尸 尼	尼寺 [이사] 尼僧 [이승]
溺 80 氵·10·13	빠질 닉·익 drown nì 니	氵 氵 氵 汈 溺	溺死 [익사] 耽溺 [탐닉]
湍 81 氵·9·12	여울 단 shallows tuān 퇀	氵 氵 沪 沪 湍	湍水 [단수] 急湍 [급단]
鍛 82 金·9·17	쇠불릴 단 temper duàn 똰	牟 余 釗 鈩 鍛	鍛造 [단조] 鍛鍊 [단련]
潭 83 氵·12·15	못 담 pond tán 탄	氵 沪 淠 潭 潭	潭水 [담수] 潭淵 [담연]
膽 84 肉·13·17	쓸개 담 gall dǎn 단	月 肝 膅 膽 膽	肝膽 [간담] 大膽 [대담]

2급 가나다순 쓰기

塘	못 당 pond táng 탕	十 圹 垆 塘 塘	池塘 [지당] 塘馬 [당마]
85 土·10·**13**			

垈	터 대 ground dài 다이	亻 代 代 代 垈	垈田 [대전] 垈地 [대지]
86 土·5·**8**			

戴	일 대 wear dài 다이	十 壴 壴 戴 戴	戴冠 [대관] 推戴 [추대]
87 戈·13·**17**			

悳	덕 덕 virtue dé 더	一 直 直 悳 悳	德의 古字
88 心·8·**12**			

悼	슬퍼할 도 grieve dào 다오	丶 忄 忄 悙 悼	哀悼 [애도] 追悼 [추도]
89 忄·8·**11**			

燾	비출 도 shine on tāo 타오	十 寿 壽 壽 燾	燾育 [도육]
90 灬·14·**18**			

惇	도타울 돈 cordial dūn 둔	忄 忄 悙 惇 惇	惇篤 [돈독] 惇厚 [돈후]
91 忄·8·**11**			

燉	불빛 돈 light dùn 둔	丶 火 焞 焞 燉	燉煌 [돈황]
92 火·12·**16**			

頓	조아릴 돈 kowtow dùn 둔	一 口 屯 頓 頓	頓首 [돈수] 整頓 [정돈]
93 頁·4·**13**			

乭	사람이름 돌 person's name tū 투	丆 石 乭	人名字
94 乙·5·**6**			

桐	오동나무 동 paulownia tóng 퉁	一 十 木 机 桐	桐梓 [동재] 梧桐 [오동]
95 木·6·**10**			

棟	마룻대 동 ridgepole dòng 둥	十 木 栢 柛 棟	棟幹 [동간] 棟梁 [동량]
96 木·8·**12**			

董	바로잡을 동 control dǒng 둥	丶 艹 菁 菫 董	董督 [동독] 董正 [동정]
97 艹·9·**13**			

杜	막을 두 shut dù 두	十 木 木 朴 杜	杜絶 [두절] 杜撰 [두찬]
98 木·3·**7**			

* 2급 가나다순 쓰기 *

鄧	나라이름 등 name of country　dèng　덩	鄧禹 [등우]
99 阝·12·15	ヌ ブミ 鄧 鄧	

謄	베낄 등 copy　téng　텅	謄本 [등본] 謄寫 [등사]
100 言·10·17	月 月 肸 肸 謄	

藤	등나무 등 rattan　téng　텅	藤架 [등가] 藤牌 [등패]
101 艹·15·19	丶 艹 萨 藤 藤	

裸	벌거숭이 라 naked　luǒ　뤄	裸體 [나체] 全裸 [전라]
102 衤·8·13	衤 衤 裎 裡 裸	

洛	물이름 락 water name　luò　뤄	洛書 [낙서] 洛水 [낙수]
103 氵·6·9	丶 氵 氵 洨 洛	

爛	빛날 란 bright　làn　란	爛漫 [난만] 絢爛 [현란]
104 火·17·21	丶 灯 炯 燗 爛	

藍	쪽 람 indigo　lán　란	藍實 [남실] 出藍 [출람]
105 艹·14·18	丶 艹 芦 蔮 藍	

拉	끌고갈 랍 drag　lā　라	拉致 [납치] 被拉 [피랍]
106 扌·5·8	一 亅 扌 扚 拉	

萊	명아주 래 goosefoot　lái　라이	萊蒸 [내증] 萊妻 [내처]
107 艹·8·12	丶 艹 芒 茇 萊	

輛	수레 량 cart　liàng　량	車輛 [차량]
108 車·8·15	亘 車 軒 輛 輛	

亮	밝을 량 bright　liàng　량	亮陰 [양음] 亮察 [양찰]
109 亠·7·9	亠 亮 亮	

樑	들보 량 beam　liáng　량	棟樑 [동량] 四樑 [사량]
110 木·11·15	十 木 杒 桹 樑	

呂	음률 려 tune　lǔ　뤄	六呂 [육려] 律呂 [율려]
111 口·4·7	口 므 呂	

廬	오두막집 려 hut　lú　루	廬舍 [여사] 草廬 [초려]
112 广·16·19	亠 庐 㡯 廬 廬	

* 2급 가나다순 쓰기 *

礪	숫돌 려 whetstone lì 리	石 矿 礪 礪 礪	礪石 [여석] 礪行 [여행]
113 石·15·20			

驪	가라말 려·리 black horse lí 리	一 丆 馿 驪 驪	驪駒 [여구] 驪龍 [이룡]
114 馬·19·29			

漣	잔물결 련 ripple lián 롄	氵 冱 渖 漣 漣	漣然 [연연] 漣漪 [연의]
115 氵·11·14			

煉	쇠불릴 련 refinc liàn 롄	丶 火 炟 煉 煉	煉乳 [연유] 煉炭 [연탄]
116 火·9·13			

濂	엷을 렴 thin lián 롄	氵 氵 淬 濂 濂	濂溪 [염계]
117 氵·13·16			

玲	옥소리 령 jade líng 링	丅 王 玪 玲 玲	玲瓏 [영롱]
118 王·5·9			

醴	단술 례 sweet wine lǐ 리	西 酉 酧 醴 醴	醴酪 [예락] 醴酒 [예주]
119 酉·13·20			

鷺	해오라기 로 egret lù 루	㸦 路 䳌 鷺 鷺	白鷺 [백로] 烏鷺 [오로]
120 鳥·12·23			

盧	검을 로 black lú 루	卜 广 庐 盧 盧	盧牟 [노모] 盧子 [노자]
121 皿·11·16			

蘆	갈대 로 reed lú 루	芦 芦 蘆 蘆 蘆	蘆笛 [노적] 蘆花 [노화]
122 艹·16·20			

魯	노둔할 로 stupid lǔ 루	乌 甪 鱼 魚 魯	魯鈍 [노둔] 魯朴 [노박]
123 魚·4·15			

籠	대그릇 롱 basket lǒng 룽	笁 筲 笼 籠 籠	籠球 [농구] 籠鳥 [농조]
124 竹·16·22			

遼	멀 료 distant liáo 랴오	大 夳 夺 尞 遼	遼遠 [요원] 遼河 [요하]
125 辶·12·16			

療	병고칠 료 cure liáo 랴오	亠 广 疒 疼 療	療養 [요양] 治療 [치료]
126 疒·12·17			

※ 2급 가나다순 쓰기 ※

劉	이길 류 liú 류	卯 卯 翆 鿏 劉	劉覽 [유람] 劉邦 [유방]
127 刂·13·15			

硫	유황 류 sulphur liú 류	丆 石 硫 硫 硫	硫酸 [유산] 硫黃 [유황]
128 石·7·12			

謬	그릇될 류 error miù 류	言 言 訬 謬 謬	謬習 [유습] 誤謬 [오류]
129 言·11·18			

崙	산이름 륜 name of mountain lún 륜	丨 山 屴 峇 崙	崑崙 [곤륜]
130 山·8·11			

楞	모서리 릉 edge léng 릉	十 木 柯 柯 楞	棱과 同字
131 木·9·13			

麟	기린 린 giraffe lín 린	广 鹿 麐 麐 麟	麟角 [인각] 麒麟 [기린]
132 鹿·12·23			

摩	갈 마 rub mó 모	亠 广 麻 麾 摩	摩擦 [마찰] 按摩 [안마]
133 手·11·15			

魔	마귀 마 devil mó 모	亠 麻 麼 魔 魔	魔窟 [마굴] 魔手 [마수]
134 鬼·11·21			

痲	홍역 마 measles má 마	亠 广 疒 痳 痲	痲疹 [마진] 痲醉 [마취]
135 疒·8·13			

膜	꺼풀 막 membrane mó 모	月 月' 肸 膞 膜	角膜 [각막] 肋膜 [늑막]
136 肉·11·15			

娩	해산할 만 bear miǎn 면	女 女 妡 娩 娩	分娩 [분만] 婉娩 [완만]
137 女·7·10			

蠻	오랑캐 만 savage mán 만	言 絲 絲 蠻 蠻	蠻勇 [만용] 野蠻 [야만]
138 虫·19·25			

灣	물굽이 만 bay wān 완	氵 湬 濸 灣 灣	灣入 [만입] 港灣 [항만]
139 氵·22·25			

靺	붉은끈 말 red string mò 모	一 艹 苴 靬 靺	靺鞨 [말갈]
140 革·5·14			

2급 가나다순 쓰기

漢字	訓	音	筆順	例
網 141 糸·8·14	그물	망 wǎng	糹 糸 絗 網 網	網羅 [망라] 投網 [투망]
枚 142 木·4·8	낱 piece	매 méi	一 十 木 朼 枚	枚擧 [매거] 枚數 [매수]
魅 143 鬼·5·15	도깨비 demon	매 mèi	甶 白 鬼 魅 魅	魅力 [매력] 魅了 [매료]
貊 144 豸·6·13	오랑캐 barbarian	맥 mò	⺤ 豸 豸 貊 貊	蠻貊 [만맥] 濊貊 [예맥]
覓 145 見·4·11	찾을 search for	멱 mì	爫 爫 肎 覔 覓	覓來 [멱래] 覓索 [멱색]
俛 146 亻·7·9	힘쓸 strive	면 miǎn	亻 亻 伯 俛 俛	俛首 [면수] 俛焉 [면언]
冕 147 冂·9·11	면류관 crown	면 miǎn	日 炅 昌 冕 冕	冕旒 [면류] 冕服 [면복]
沔 148 氵·4·7	물흐를	면 miǎn	氵 汀 沔 沔	沔水 [면수]
蔑 149 艹·11·15	업신여길 despise	멸 miè	丶 卝 蓲 蔑 蔑	蔑視 [멸시] 輕蔑 [경멸]
矛 150 矛·0·5	창 spear	모 máo	㇇ 孒 予 矛	矛戟 [모극] 矛盾 [모순]
茅 151 艹·5·9	띠 cogon	모 máo	丶 卝 艹 茅 茅	茅沙 [모사] 茅亭 [모정]
牟 152 牛·2·6	소우는소리 moo	모 móu	厶 亼 牟	牟利 [모리] 牟麥 [모맥]
帽 153 巾·9·12	모자 hat	모 mào	冂 巾 帄 帽 帽	帽子 [모자] 脫帽 [탈모]
謨 154 言·11·18	꾀 plan	모 mó	言 訁 訛 謹 謨	高謨 [고모] 謨訓 [모훈]

2급 가나다순 쓰기

번호	한자	훈음	필순	단어
155	沐 (氵·4·7)	머리감을 목 / have a shampoo / mù 무	氵 汁 沐	沐間 [목간] / 沐浴 [목욕]
156	穆 (禾·11·16)	화목할 목 / harmony / mù 무	千 禾 种 穆 穆	穆穆 [목목] / 穆然 [목연]
157	昴 (日·5·9)	별이름 묘 / pleiades / mǎo 마오	曰 旦 昴 昴 昴	昴星 [묘성]
158	汶 (氵·4·7)	더럽힐 문 / defile / wèn 원	氵 汸 汶	汶汶 [문문]
159	紊 (糸·4·10)	어지러울 문 / tangled / wěn 원	亠 文 紊 紊	紊亂 [문란] / 紊碎 [문쇄]
160	彌 (弓·14·17)	두루 미 / widely / mí 미	弓 弓ʼ 弥 彌 彌	彌漫 [미만] / 彌盛 [미성]
161	玟 (王·4·8)	옥돌 민 / gemstone / mín 민	丁 王 玒 玟	玟瑰 [민괴]
162	旻 (日·4·8)	하늘 민 / sky / mín 민	曰 旦 旻	旻天 [민천]
163	旼 (日·4·8)	온화할·하늘 민 / mild / mín 민	日 日 旷 旼	旻과 同字
164	閔 (門·4·12)	근심할 민 / sorry / mǐn 민	厂 尸 門 閂 閔	閔然 [민연]
165	珉 (王·5·9)	옥돌 민 / gemstone / mín 민	丁 王 珇 珉 珉	貞珉 [정민]
166	舶 (舟·5·11)	큰배 박 / big ship / bó 보	丿 月 舟 舶 舶	舶來 [박래]
167	搬 (扌·10·13)	옮길 반 / carry / bān 반	扌 扌 抈 搬 搬	搬出 [반출] / 運搬 [운반]
168	潘 (氵·12·15)	쌀뜨물 반 / pān 판	氵 氵 泙 潘 潘	潘沐 [반목]

* 2급 가나다순 쓰기 *

磻	강이름 반 name of river pán 판	厂 石 矽 磻 磻	磻溪 [반계]
169 石·12·17			

渤	바다이름 발 sea name bó 보	氵 氵 浡 渤 渤	渤海 [발해]
170 氵·9·12			

鉢	바리때 발 bowl bō 보	牟 金 針 鉢 鉢	鉢盂 [발우] 周鉢 [주발]
171 金·5·13			

紡	자을 방 spin fǎng 팡	糸 糸 紡 紡	紡絲 [방사] 綿紡 [면방]
172 糸·4·10			

旁	곁 방 side páng 팡	亠 㐱 㫄 旁	旁求 [방구] 扁旁 [편방]
173 方·6·10			

龐	클 방·롱 broad páng 팡	广 庁 庙 龐 龐	龐錯 [방착] 龐龐 [농롱]
174 龍·3·19			

賠	물어줄 배 compensate péi 페이	月 貝 貯 賠 賠	賠款 [배관] 賠償 [배상]
175 貝·8·15			

俳	광대 배 actor pái 파이	亻 俳 俳 俳 俳	俳優 [배우] 俳倡 [배창]
176 亻·8·10			

裵	옷치렁거릴 배 péi 페이	亠 丰 非 裵 裵	裵裵 [배배] 裵航 [배항]
177 衣·8·14			

柏	측백나무 백 arborvitae bǎi 바이	十 木 柏 柏 柏	松柏 [송백] 側柏 [측백]
178 木·5·9			

筏	떼 벌 raft fá 파	宀 竹 筏 筏 筏	筏舫 [벌방] 筏夫 [벌부]
179 竹·6·12			

閥	문벌 벌 lineage fá 파	尸 門 閥 閥 閥	閥族 [벌족] 門閥 [문벌]
180 門·6·14			

汎	뜰 범 float fàn 판	氵 氵 汎 汎	汎濫 [범람] 汎稱 [범칭]
181 氵·3·6			

范	거푸집 범 fàn 판	丶 艹 艻 范	范睢 [범수] 范鎔 [범용]
182 艹·5·9			

* 2급 가나다순 쓰기 *

僻 183 亻·13·15	궁벽 secluded 벽 pì 피	尸 伊 僻 僻 僻	僻地 [벽지] 窮僻 [궁벽]

卞 184 卜·2·4	조급할 hasty 변 biàn 볜	亠 亠 卞	卞急 [변급] 卞正 [변정]

弁 185 廾·2·5	고깔 conical cap 변 biàn 볜	厶 弁	弁裳 [변상] 武弁 [무변]

炳 186 火·5·9	빛날 bright 병 bǐng 빙	丶 火 炉 炳	炳然 [병연] 炳映 [병영]

昞 187 日·5·9	밝을·환할 bright 병 bǐng 빙	日 旷 昞 昞	昺과 同字

昺 188 日·5·9	밝을·환할 bright 병 bǐng 빙	曰 日 昺 昺	昞과 同字

柄 189 木·5·9	자루 handle 병 bǐng 빙	十 木 朽 柄	柄用 [병용] 斗柄 [두병]

秉 190 禾·3·8	잡을 grasp 병 bǐng 빙	二 禾 禾 秉 秉	秉權 [병권] 秉燭 [병촉]

倂 191 亻·8·10	나란히할 merge 병 bìng 빙	亻 伊 伊 併 倂	倂의 本字

甫 192 用·2·7	클 large 보 fǔ 푸	丆 甫 甫 甫	甫田 [보전] 章甫 [장보]

輔 193 車·7·14	도울 help 보 fǔ 푸	亠 車 斬 輔 輔	輔佐 [보좌] 輔弼 [보필]

潽 194 氵·12·15	물이름 waters 보 pū 푸	氵 汁 泔 浒 潽	人名字

馥 195 香·9·18	향기 fragrance 복 fù 푸	千 禾 香 馪 馥	馥郁 [복욱]

俸 196 亻·8·10	봉급 salary 봉 fēng 펑	亻 仁 佚 佟 俸	俸給 [봉급] 薄俸 [박봉]

2급 가나다순 쓰기

蓬	쑥 mugwort	봉 péng 펑	蓬廬 [봉려] 蓬蒿 [봉호]
197 艹·11·15	丶 艹 茔 莑 蓬		

縫	꿰맬 sew	봉 féng 펑	縫製 [봉제] 縫合 [봉합]
198 糸·11·17	糸 終 終 縫 縫		

阜	언덕 hill	부 fù 푸	阜陵 [부릉] 丘阜 [구부]
199 阜·0·8	厂 户 皀 阜		

釜	가마 cauldron	부 fǔ 푸	釜鬲 [부력]
200 金·2·10	八 父 条 爷 釜		

傅	스승 teacher	부 fù 푸	傅佐 [부좌] 師傅 [사부]
201 亻·10·12	亻 伂 俌 傅 傅		

膚	살갗 skin	부 fū 푸	膚淺 [부천] 皮膚 [피부]
202 肉·11·15	卜 广 虏 膚 膚		

敷	펼 lay	부 fū 푸	敷設 [부설] 敷地 [부지]
203 攵·11·15	冂 甫 尃 尃 敷		

芬	향기 perfume	분 fēn 펀	芬芳 [분방]
204 艹·4·8	丶 艹 芇 芬 芬		

弗	아닐·달러 not	불 fú 푸	弗豫 [불예] 弗貨 [불화]
205 弓·2·5	一 ㄱ 弓 弗		

鵬	붕새 a roc.	붕 péng 펑	鵬翼 [붕익] 鵬程 [붕정]
206 鳥·8·19	朋 朋 鵬 鵬 鵬		

丕	클 great	비 pī 피	丕基 [비기] 丕業 [비업]
207 一·4·5	一 丆 不 丕		

毘	도울 assist	비 pí 피	毗와 同字
208 田·5·9	罒 毘 毘 毘 毘		

毖	삼갈 prudent	비 bì 비	懲毖 [징비]
209 比·5·9	一 比 毕 毖 毖		

匪	도둑 bandit	비·분 fěi 페이	匪賊 [비적] 匪頒 [분반]
210 匚·8·10	匚 킈 킈 菲 匪		

* 2급 가나다순 쓰기 *

彬 211 彡·8·11	빛날 빈 brilliant bīn 빈 一 十 林 彬		彬彬 [빈빈] 彬蔚 [빈위]
泗 212 氵·5·8	물이름 사 water name sì 시 氵 氵 泗 泗		泗洙 [사수] 泗上 [사상]
飼 213 食·5·14	먹일 사 feed sì 시 ノ 今 食 飼 飼		飼料 [사료] 飼育 [사육]
唆 214 口·7·10	부추길 사 incite suō 쒀 口 叭 唩 唆		敎唆 [교사] 示唆 [시사]
赦 215 赤·4·11	용서할 사 forgive shè 서 + 赤 赤 赦 赦		赦免 [사면] 大赦 [대사]
傘 216 人·10·12	우산 산 umbrella sǎn 싼 人 仐 伞 傘 傘		傘下 [산하] 雨傘 [우산]
酸 217 酉·7·14	실 산 acid suān 쏸 丂 酉 酉 酸 酸		酸味 [산미] 辛酸 [신산]

蔘 218 艹·11·15	삼 삼 ginseng shēn 션 丿 艹 莁 莁 蔘		山蔘 [산삼] 人蔘 [인삼]
插 219 扌·9·12	꽂을 삽 insert chā 차 扌 扌 打 抈 插 插		插畫 [삽화] 插匙 [삽시]
箱 220 竹·9·15	상자 상 box xiāng 샹 ⺮ 竹 竿 箱 箱		箱子 [상자] 箱篋 [상거]
庠 221 广·6·9	학교 상 school xiáng 샹 亠 广 庠 庠		庠生 [상생] 庠序 [상서]
舒 222 舌·6·12	펼 서 unfold shū 수 仐 舍 舍 舒 舒		舒遲 [서지] 振舒 [진서]
瑞 223 王·9·13	상서로울 서 auspicious ruì 루이 T 王 王' 瑞 瑞		瑞光 [서광] 祥瑞 [상서]
碩 224 石·9·14	클 석 great shuò 숴 丆 石 硕 碩 碩		碩士 [석사] 碩學 [석학]

* 2급 가나다순 쓰기 *

晳	밝을 석 bright xī 시		明晳 [명석]
225	十 析 析 晳 晳		
日·8·12			

奭	클·성할 석 prosper shì 스		奭懌 [석역] 奭然 [석연]
226	一 ナ 大 奭 奭		
大·12·15			

錫	주석 석 tin xī 시		錫杖 [석장] 朱錫 [주석]
227	牟 余 鉅 鋦 錫		
金·8·16			

瑄	도리옥 선 xuān 쉬안		瑄玉 [선옥]
228	丁 干 王 瑄		
王·9·13			

璇	옥 선 jade xuán 쉬안		璇宮 [선궁] 璇瑰 [선괴]
229	丁 玛 琁 琁 璇		
王·11·15			

繕	기울 선 mend shàn 산		繕寫 [선사] 修繕 [수선]
230	纟 糸 紆 繕 繕		
糸·12·18			

璿	아름다운옥 선 xuán 쉬안		璿派 [선파]
231	丁 王 玙 琂 璿		
王·14·18			

卨	사람이름 설 xiè 세		殷國始祖名
232	卜 占 冎 卨 卨		
卜·9·11			

薛	나라이름 설 xuē 쉐		薛越 [설월] 薛炙 [설적]
233	丶 十 产 薛 薛		
艹·13·17			

陝	땅이름 섬 shǎn 산		河南省 地名
234	了 阝 阹 陝		
阝·7·10			

暹	해돋을 섬 sunrise xiān 쉬안		暹羅 [섬라]
235	日 旦 昂 星 暹		
日·12·16			

蟾	두꺼비 섬 toad chán 찬		蟾宮 [섬궁] 蟾兎 [섬토]
236	虫 虴 虴 蟾 蟾		
虫·13·19			

纖	가늘 섬 delicate xiān 쉬안		纖細 [섬세] 纖維 [섬유]
237	纟 紆 紆 纖 纖		
糸·17·23			

燮	화할 섭 harmonious xiè 세		燮和 [섭화] 燮理 [섭리]
238	言 焅 燅 燮 燮		
火·13·17			

2급 가나다순 쓰기

晟	밝을 성 bright　shèng 성 日 尸 昇 晟 晟	晠과 同字
239 日·7·11		
貰	세낼 세 hire　shì 스 一 卄 卅 貰 貰	貰赦 [세사] 傳貰 [전세]
240 貝·5·12		
沼	늪 소 swamp　zhǎo 자오 氵 氵 汈 沼	沼澤 [소택] 湖沼 [호소]
241 氵·5·8		
邵	땅이름 소 shào 사오 フ カ 召 召 邵	邵雍 [소옹]
242 阝·5·8		
紹	이을 소 join　shào 사오 纟 糹 紵 紹 紹	紹介 [소개] 紹述 [소술]
243 糹·5·11		
巢	새집 소 nest　cháo 차오 巛 巣 単 巢	歸巢 [귀소] 巢窟 [소굴]
244 巛·8·11		
宋	송나라 송 sòng 쑹 宀 宀 宋	宋板 [송판] 宋學 [송학]
245 宀·4·7		

洙	물이름 수 water name　zhū 주 氵 氵 汁 洙	洙泗學 [수사학]
246 氵·6·9		
銖	무게단위 수 weight unit　zhū 주 牟 余 針 銖 銖	銖兩 [수량] 銖分 [수분]
247 金·6·14		
隋	떨어질 타·수 fall　duò 둬 阝 阝 阝 陸 隋	隋煬帝 [수양제]
248 阝·9·12		
洵	참으로 순 truly　xún 쉰 氵 氵 洵	洵美 [순미] 洵涕 [순체]
249 氵·6·9		
珣	옥그릇 순 jade vessel　xún 쉰 王 玕 珣	人名字
250 王·6·10		
荀	풀이름 순 name of grass　xún 쉰 艹 艹 荀 荀	荀子 [순자] 荀況 [순황]
251 艹·6·10		
盾	방패 순 buckler　dùn 둔 厂 厂 厈 盾	矛盾 [모순] 盾鼻 [순비]
252 目·4·9		

2급 가나다순 쓰기

淳 253 氵·8·11	순박할 순 simple chún 춘	氵 氵 淳 淳	淳朴 [순박] 淳厚 [순후]	**軾** 260 車·6·13	수레앞턱가로나무 식 shì ㅅ 亘 車 軒 軾 軾	軾路馬 [식로마]
舜 254 舛·6·12	순임금 순 shùn 슌	⺈ 爫 孚 쭈 舜 舜	舜英 [순영] 堯舜 [요순]	**殖** 261 歹·8·12	번식할 식 breed zhí ㅈ 一 歹 歹 殖 殖	繁殖 [번식] 生殖 [생식]
瑟 255 玉·9·13	큰거문고 슬 sè 써	丅 王 珏 瑟 瑟	瑟韻 [슬운] 琴瑟 [금슬]	**湜** 262 氵·9·12	물맑을 식 clear shí ㅅ 氵 汩 淠 湜	湜湜 [식식]
升 256 十·2·4	되 승 measure shēng 성	一 千 升	升鑑 [승감] 斗升 [두승]	**紳** 263 糸·5·11	큰띠 신 girdle shēn 션	紳士 [신사] 紳笏 [신홀]
繩 257 糸·13·19	줄 승 rope shéng 성	糸 紀 紀 繩 繩	繩索 [승삭] 捕繩 [포승]	**腎** 264 肉·8·12	콩팥 신 kidney shèn 션 丆 臣 臤 腎	腎臟 [신장] 腎管 [신관]
柴 258 木·5·9	섶 시 brushwood chái 차이	卜 止 止 柴 柴	柴糧 [시량] 柴炭 [시탄]	**瀋** 265 氵·15·18	즙 심 juice shěn 션	氵 氵 浐 渒 瀋 瀋	瀋陽 [심양]
屍 259 尸·6·9	주검 시 corpse shī ㅅ	ㄱ 尸 屍 屍 屍	屍體 [시체] 檢屍 [검시]	**握** 266 扌·9·12	쥘 악 grasp wò 워	扌 扩 护 握 握	握手 [악수] 掌握 [장악]

2급 가나다순 쓰기

267	關	가로막을 알 / block / è 어	門 門 閂 閖 關	關塞 [알색]
	門·8·16			

268	癌	암 암 / cancer / ái 아이	亠 广 疒 疧 癌	胃癌 [위암] / 抗癌劑 [항암제]
	疒·12·17			

269	鴨	오리 압 / duck / yā 야	日 甲 町 鴨 鴨	鴨黃 [압황] / 鴨頭 [압두]
	鳥·5·16			

270	艾	쑥 애 / mugwort / ài 아이	丶 卝 艹 艾	艾餅 [애병] / 艾湯 [애탕]
	艹·2·6			

271	埃	티끌 애 / dust / āi 아이	一 十 垃 埃	塵埃 [진애] / 埃墨 [애묵]
	土·7·10			

272	碍	막을 애 / hinder / ài 아이	厂 石 碍 碍 碍	拘碍 [구애] / 障碍 [장애]
	石·8·13			

273	倻	땅이름 야 / yē 예	亻 仵 佴 倻 倻	伽倻 [가야]
	亻·9·11			

274	惹	이끌 야 / provoke / rě 러	丶 卝 芏 芏 惹	惹起 [야기] / 惹端 [야단]
	心·9·13			

275	襄	오를 양 / go up / xiāng 샹	吅 岦 宲 襄 襄	襄禮 [양례] / 襄奉 [양봉]
	衣·11·17			

276	孃	계집애 양 / girl / niáng 냥	女 女宀 孃 孃 孃	貴孃 [귀양] / 令孃 [영양]
	女·17·20			

277	彦	선비 언 / classical scholar / yàn 옌	亠 六 立 产 彦	彦士 [언사] / 諸彦 [제언]
	彡·6·9			

278	衍	퍼질 연 / spread / yǎn 옌	彳 彳 衍	衍義 [연의] / 蔓衍 [만연]
	行·3·9			

279	姸	고울 연 / beautiful / yán 옌	女 女 奵 妍 姸	姸艶 [연염] / 姸粧 [연장]
	女·6·9			

280	淵	못 연 / pond / yuān 위안	氵 氵 沪 沜 淵	淵藪 [연수] / 深淵 [심연]
	氵·9·12			

2급 가나다순 쓰기

硯	벼루 연 ink-slab yàn 옌	一 丆 石 碩 硯	硯滴 [연적] 硯池 [연지]
281 石·7·12			

閻	마을 염 village yán 옌	厂 門 閂 閻 閻	閻羅 [염라] 閻閻 [여염]
282 門·8·16			

厭	싫을 염 dislike yàn 옌	厂 肙 肙 厭 厭	厭世 [염세] 厭症 [염증]
283 厂·12·14			

燁	빛날 엽 shine yè 예	火 火´ 炉 煙 燁	燁然 [엽연] 燁燁 [엽엽]
284 火·12·16			

暎	비출 영 reflect yìng 잉	日 日´ 旷 昳 暎	映과 同字
285 日·9·13			

瑛	옥빛 영 yīng 잉	丁 王 王´ 环 瑛	瑛琚 [영거] 瑛瑤 [영요]
286 王·9·13			

盈	찰 영 full yíng 잉	丿 乃 孕 盈 盈	盈月 [영월] 盈虧 [영휴]
287 皿·4·9			

芮	풀뾰족뾰족날 예 ruì 루이	丨 卝 艹 芮 芮	芮芮 [예예]
288 艹·4·8			

預	미리 예 beforehand yù 위	7 予 預 預	預金 [예금] 預託 [예탁]
289 頁·4·13			

睿	슬기로울 예 wise ruì 루이	丶 卜 宊 宊 睿	睿德 [예덕] 睿旨 [예지]
290 目·9·14			

濊	더러울 예 dirty huì 후이	氵 浐 浐 濊 濊	濊貊 [예맥]
291 氵·13·16			

吳	오나라 오 wú 우	口 口 吕 吳	吳越 [오월] 吳吟 [오음]
292 口·4·7			

梧	벽오동나무 오 paulownia wú 우	十 木 栢 梧	梧桐 [오동] 梧葉 [오엽]
293 木·7·11			

墺	물가 오 shore ào 아오	十 圩 圳 墺 墺	墺地利 [오지리]
294 土·13·16			

* 2급 가나다순 쓰기 *

번호	漢字	訓音	筆順	用例
295 金·5·13	鈺	보배 옥 / treasure / yù 위	牟 余 釒 鈺 鈺	人名字
296 氵·4·7	沃	기름질 옥 / fertile / wò 우	氵 氵 沃	沃土 [옥토] / 肥沃 [비옥]
297 禾·14·19	穩	평온할 온 / calm / wěn 원	二 千 秆 穩 穩	穩健 [온건] / 平穩 [평온]
298 邑·3·10	邕	화목할 옹 / harmonious / yōng 융	巛 씅 쑝 쑝 邕	邕穆 [옹목] / 邕邕 [옹옹]
299 隹·5·13	雍	화락할 옹 / harmonious / yōng 융	亠 亥 夯 雍 雍	雍和 [옹화] / 雍睦 [옹목]
300 瓦·13·18	甕	단지·독 옹 / jar / wèng 웡	夯 雍 雍 甕 甕	甕器 [옹기] / 甕井 [옹정]
301 艹·7·11	莞	왕골 완·관 / sedge / wǎn 완	丨 丅 艹 莞 莞	莞簟 [완점] / 莞草 [관초]
302 氵·4·7	汪	넓을 왕 / vast / wāng 왕	氵 汀 汪	汪茫 [왕망] / 汪洋 [왕양]
303 日·4·8	旺	왕성할 왕 / prosperous / wàng 왕	月 日 旺 旺	旺盛 [왕성] / 旺運 [왕운]
304 亻·8·10	倭	왜국 왜 / Japan / wō 워	亻 亻 仟 倭 倭	倭亂 [왜란] / 倭政 [왜정]
305 止·5·9	歪	비뚤 왜·외 / distort / wāi 와이	丆 不 否 否 歪	歪曲 [왜곡]
306 女·4·7	妖	요망할 요 / strange / yāo 야오	夂 女 奵 妖	妖妄 [요망] / 妖邪 [요사]
307 女·6·9	姚	예쁠 요 / charming / yáo 야오	夂 女 女 妣 姚	姚冶 [요야] / 嫖姚 [표요]
308 土·9·12	堯	높을 요 / high and far / yáo 야오	十 土 垚 堯	堯舜 [요순] / 堯堯 [요요]

2급 가나다순 쓰기

309. 耀
빛날 요 / bright / yào / 야오
획순: 丨 业 光 輝 耀
羽 · 14 · 20
耀德 [요덕], 耀耀 [요요]

310. 傭
품팔이 용 / employed / yōng / 용
획순: 亻 𠂉 俨 傭 傭
亻 · 11 · 13
傭兵 [용병], 雇傭 [고용]

311. 鏞
큰쇠북 용 / large bell / yōng / 용
획순: 牟 余 鉡 鏞 鏞
金 · 11 · 19
笙鏞 [생용]

312. 溶
녹을 용 / melt / róng / 룽
획순: 氵 汈 汶 溶
氵 · 10 · 13
溶解 [용해], 溶液 [용액]

313. 瑢
패옥소리 용 / róng / 룽
획순: 一 丅 王 玪 瑢
王 · 10 · 14
琮瑢 [종용]

314. 熔
녹일 용 / melt / róng / 룽
획순: 丷 火 炉 炏 熔
火 · 10 · 14
熔劑 [용제]

315. 鎔
녹일 용 / melt / róng / 룽
획순: 牟 金 鉡 鎔
金 · 10 · 18
鎔巖 [용암], 鎔接 [용접]

316. 佑
도울 우 / help / yòu / 유
획순: 亻 亻 佑 佑
亻 · 5 · 7
佑啓 [우계], 保佑 [보우]

317. 祐
도울 우 / aid / yòu / 유
획순: 〒 示 礻 礽 祐
示 · 5 · 10
佑와 同字

318. 旭
아침해 욱 / rising sun / xù / 쉬
획순: 丿 九 旭
日 · 2 · 6
旭光 [욱광], 旭日 [욱일]

319. 禹
임금 우 / a king / yǔ / 위
획순: 一 𠂉 禹 禹 禹
内 · 4 · 9
禹貢 [우공], 禹域 [우역]

320. 郁
성할 욱 / flourishing / yù / 위
획순: 丿 𠂇 有 郁 郁
阝 · 6 · 9
郁郁 [욱욱], 馥郁 [복욱]

321. 昱
밝을 욱 / bright / yù / 위
획순: 日 昱 昱 昱
日 · 5 · 9
昱耀 [욱요], 昱昱 [욱욱]

322. 煜
빛날 욱 / shine / yù / 위
획순: 丷 火 煜 煜
火 · 9 · 13
煜煜 [욱욱], 煜灼 [욱작]

2급 가나다순 쓰기

한자	훈음	필순	용례
頊 323 頁·4·13	명할 욱 absentminded xū 쉬	丁 王 頊 頊	頊頊 [욱욱]
芸 324 艹·4·8	향초이름 운 yún 윈	丶 卝 芸 芸	芸窓 [운창] 芸香 [운향]
蔚 325 艹·11·15	풀이름 울 name of grass wèi 웨이	丶 卝 艹 蔚 蔚	蔚藍 [울람] 蔚興 [울흥]
鬱 326 鬯·19·29	막힐 울 depressed yù 위	木 楅 樊 鬱 鬱	鬱寂 [울적] 沈鬱 [침울]
熊 327 灬·10·14	곰 웅 bear xióng 슝	肻 肻 能 能 熊	熊膽 [웅담] 熊魚 [웅어]
苑 328 艹·5·9	동산 원 garden yuàn 위안	丶 卝 艿 芕 苑	苑囿 [원유] 祕苑 [비원]
袁 329 衣·4·10	옷길 원 yuán 위안	十 土 吉 袁 袁	袁樞 [원추]
媛 330 女·9·12	예쁠 원 beautiful yuán 위안	女 妒 媛 媛	才媛 [재원] 媛妃 [원비]
瑗 331 王·9·13	도리옥 원 yuàn 위안	丁 王 玗 瑗 瑗	人名字
韋 332 韋·0·9	가죽 위 leather wéi 웨이	丶 卝 吉 音 韋	韋革 [위혁] 韋帶 [위대]
魏 333 鬼·8·18	위나라·높을 위 lofty wèi 웨이	二 千 豺 魏 魏	魏闕 [위궐] 魏魏 [위위]
渭 334 氵·9·12	강이름 위 wèi 웨이	氵 沪 渭 渭	渭陽丈 [위양장]
尉 335 寸·8·11	벼슬이름 위 wèi 웨이	フ 尸 屌 尉 尉	尉官 [위관] 正尉 [정위]
兪 336 人·7·9	그러할 유 such yú 위	入 스 肏 兪	兪兪 [유유] 兪允 [유윤]

2급 가나다순 쓰기

榆	느릅나무 유 elm yú 위 十 才 朮 榆 榆	榆柳 [유류] 榆塞 [유새]
337 木·9·13		

蹂	넘을 유 overpass yú 위 口 足 趴 踰 踰	踰年 [유년] 踰越 [유월]
338 足·9·16		

庾	노적가리 유 yǔ 위 亠 广 庐 庾 庾	庾積 [유적] 倉庾 [창유]
339 广·9·12		

尹	다스릴 윤 govern yǐn 인 フ ⇒ 尹	府尹 [부윤] 判尹 [판윤]
340 尸·1·4		

允	진실로 윤 sincere yǔn 원 厶 允	允當 [윤당] 允許 [윤허]
341 儿·2·4		

鈗	병기 윤 spear yǔn 원 午 余 金 鈗 鈗	人名字
342 金·4·12		

胤	맏아들 윤 eldest son yìn 인 丿 肯 胤	胤玉 [윤옥] 胤子 [윤자]
343 肉·5·9		

融	녹을 융 melt róng 룽 弓 鬲 鬲 融 融	融合 [융합] 融和 [융화]
344 虫·10·16		

垠	끝 은 border yín 인 十 土 圫 垠 垠	垠界 [은계] 垠際 [은제]
345 土·6·9		

殷	성할·은나라 은 abundant yīn 인 厂 戶 身 舧 殷	殷盛 [은성] 殷殷 [은은]
346 殳·6·10		

誾	온화할 은 agreeable yín 인 阝 門 誾	誾誾 [은은]
347 言·8·15		

鷹	매 응 hawk yīng 잉 广 雁 雁 鷹 鷹	鷹犬 [응견] 鷹揚 [응양]
348 鳥·13·24		

伊	저 이 he yī 이 亻 伊 伊 伊	伊吾 [이오] 伊伊 [이이]
349 亻·4·6		

珥	귀고리 이 earring ěr 얼 一 王 玡 珥 珥	珥璫 [이당] 珥笄 [이계]
350 王·6·10		

* 2급 가나다순 쓰기 *

怡	기쁠 이 pleased yí 이	怡顔 [이안]
	忄 忄 忄 怡	怡悅 [이열]
351 忄·5·**8**		

妊	임신할 임 pregnant rèn 런	妊婦 [임부]
	女 女 妊 妊 妊	妊娠 [임신]
358 女·4·**7**		

貳	둘 이 two èr 얼	貳臣 [이신]
	二 貳 貳 貳	貳心 [이심]
352 貝·5·**12**		

諮	물을 자 consult about zī 쯔	諮問 [자문]
	言 言 詝 諮	諮議 [자의]
359 言·9·**16**		

翊	도울 익 assist yì 이	翊戴 [익대]
	二 刁 刕 翊 翊	翊贊 [익찬]
353 羽·5·**11**		

雌	암컷 자 female cí 츠	雌雄 [자웅]
	卜 止 此 斯 雌	雌黃 [자황]
360 隹·5·**13**		

刃	칼날 인 edge rèn 런	刃傷 [인상]
	丁 刀 刃	自刃 [자인]
354 刀·1·**3**		

滋	불을 자 increase zī 쯔	人名字
	氵 氵 滋 滋	
361 氵·9·**12**		

佾	춤출 일 dancing turn yì 이	佾舞 [일무]
	亻 亻 佾	佾舞生 [일무생]
355 亻·6·**8**		

磁	자석 자 magnet cí 츠	磁氣 [자기]
	石 石 磁 磁	磁石 [자석]
362 石·9·**14**		

壹	한 일 one yī 이	壹是 [일시]
	一 十 士 壹 壹	壹意 [일의]
356 士·9·**12**		

庄	장중할 장 solemn zhuāng 쫭	莊의 俗字
	亠 广 庄 庄	
363 广·3·**6**		

鎰	중량 일 weight yì 이	人名字
	金 金 鎰 鎰 鎰	
357 金·10·**18**		

璋	반쪽홀 장 zhāng 장	璋瓚 [장찬]
	丁 王 璋 璋	
364 王·11·**15**		

* 2급 가나다순 쓰기 *

獐	노루 장 roe　zhāng 장	ノ 犭 猹 獐 獐	獐角 [장각] 獐茸 [장용]

365　犭·11·14

蔣	줄 장 water-oat　jiǎng 장	丶 十 艹 蔣 蔣	蔣茅 [장모]

366　艹·11·15

蠶	누에 잠 silkworm　cán 찬	二 死 朁 朁 蠶	蠶絲 [잠사] 蠶室 [잠실]

367　虫·18·24

沮	막을 저 stop　jǔ 쥐	氵 沂 沮	沮止 [저지] 沮害 [저해]

368　氵·5·8

甸	경기 전 imperial domain　diàn 뎬	勹 甸 甸	畿甸 [기전]

369　田·2·7

汀	물가 정 waterside　tīng 팅	氵 汀	汀線 [정선] 汀渚 [정저]

370　氵·2·5

呈	보일 정 show　chéng 청	口 旦 呈 呈	露呈 [노정] 贈呈 [증정]

371　口·4·7

珽	옥이름·옥홀 정 jade tablet　tǐng 팅	T 王二 玨 珽 珽	人名字

372　王·7·11

艇	거룻배 정 boat　tǐng 팅	力 月 舟二 舟千 艇	小艇 [소정] 漕艇 [조정]

373　舟·7·13

偵	정탐할 정 spy　zhēn 전	亻 亻 偵 偵	偵探 [정탐] 密偵 [밀정]

374　亻·9·11

楨	광나무 정 wax tree　zhēn 전	一 十 木' 楨 楨	人名字

375　木·9·13

禎	상서 정 auspicious　zhēn 전	干 示 礻 禎	禎祥 [정상]

376　示·9·14

旌	기 정 banner　jīng 징	亠 方 方 旌 旌	旌旗 [정기] 銘旌 [명정]

377　方·7·11

晶	수정 정 crystal　jīng 징	口 日 晶	晶光 [정광] 水晶 [수정]

378　日·8·12

* 2급 가나다순 쓰기 *

379 鼎 — 솥 정 / tripod / dǐng / 딩 — 鼎立 [정립], 鼎席 [정석]
鼎 · 0 · 13

380 鄭 — 나라이름 정 / zhèng / 정 — 鄭重 [정중]
⻏ · 12 · 15

381 劑 — 약지을 제 / prepare / jì / 지 — 藥劑 [약제], 調劑 [조제]
刂 · 14 · 16

382 祚 — 복 조 / bless / zuò / 쭤 — 登祚 [등조], 福祚 [복조]
示 · 5 · 10

383 曹 — 성 조 / family name / cáo / 차오 — 曺와 同字
日 · 6 · 10

384 措 — 둘 조 / put / cuò / 춰 — 措處 [조처], 擧措 [거조]
扌 · 8 · 11

385 釣 — 낚시 조 / fishhook / diào / 댜오 — 釣竿 [조간], 釣況 [조황]
金 · 3 · 11

386 彫 — 새길 조 / carve / diāo / 댜오 — 彫刻 [조각], 彫琢 [조탁]
彡 · 8 · 11

387 趙 — 조나라 조 / zhào / 자오 — 人名字
走 · 7 · 14

388 琮 — 옥홀 종 / cóng / 충 — 人名字
王 · 8 · 12

389 綜 — 모을 종 / gather / zōng / 쭝 — 綜合 [종합], 綜核 [종핵]
糸 · 8 · 14

390 駐 — 머무를 주 / stay / zhù / 주 — 駐屯 [주둔], 駐車 [주차]
馬 · 5 · 15

391 疇 — 무리 주 / companions / chóu / 처우 — 範疇 [범주], 疇輩 [주배]
田 · 14 · 19

392 准 — 승인할 준 / grant / zhǔn / 준 — 准行 [준행], 認准 [인준]
冫 · 8 · 10

2급 가나다순 �기

浚	칠 준 dredge jùn 쥔	氵 汈 浐 浐 浚	浚渫 [준설] 浚井 [준정]
393 氵·7·10			

埈	가파를 준 steep jùn 쥔	一 十 土 圢 埈	陖과 同字
394 土·7·10			

峻	높을 준 lofty jùn 쥔	丨 屵 峈 峻	峻嶺 [준령] 峻險 [준험]
395 山·7·10			

晙	밝을 준 bright jùn 쥔	日 旷 旷 晙 晙	人名字
396 日·7·11			

駿	준마 준 fine horse jùn 쥔	一 厂 馬 駗 駿	駿馬 [준마] 駿足 [준족]
397 馬·7·17			

濬	깊을 준 deep jùn 쥔	氵 氵 浐 濬	濬水 [준수] 濬川 [준천]
398 氵·14·17			

芝	지초 지 zhī 즈	丨 丬 艹 艼 芝	芝蘭 [지란] 芝草 [지초]
399 艹·4·8			

址	터 지 site zhǐ 즈	一 土 圠 圵 址	址臺 [지대] 寺址 [사지]
400 土·4·7			

旨	뜻 지 purpose zhǐ 즈	一 匕 旨 旨	要旨 [요지] 趣旨 [취지]
401 日·2·6			

脂	비계 지 fat zhī 즈	月 月 肝 胙 脂	脂肪 [지방] 油脂 [유지]
402 肉·6·10			

稷	기장 직 millet jì 지	二 千 禾 秏 稷	黍稷 [서직] 社稷 [사직]
403 禾·10·15			

稙	올벼 직 early rice zhí 즈	二 千 禾 稙 稙	稙禾 [직화]
404 禾·8·13			

津	나루 진 ferry jīn 진	氵 氵 汀 津 津	津渡 [진도] 津船 [진선]
405 氵·6·9			

秦	진나라 진 qín 친	三 夫 垶 奉 秦	先秦 [선진]
406 禾·5·10			

2급 가나다순 쓰기

407 晉
- 나라이름 진 / jìn 진
- 丅 亚 亞 晉
- 晉의 俗字
- 日·6·10

408 診
- 진찰할 진 / examine / zhěn 전
- 言 言 診 診
- 診療 [진료]
- 診察 [진찰]
- 言·5·12

409 塵
- 티끌 진 / dust / chén 천
- 亠 广 庐 鹿 塵
- 塵土 [진토]
- 風塵 [풍진]
- 土·11·14

410 窒
- 막을 질 / block / zhì 즈
- 广 宀 空 窒 窒
- 窒塞 [질색]
- 窒息 [질식]
- 穴·6·11

411 輯
- 모을 집 / collect / jí 지
- 亘 車 車 輯 輯
- 特輯 [특집]
- 編輯 [편집]
- 車·9·16

412 遮
- 막을 차 / obstruct / zhē 저
- 亠 广 庐 庶 遮
- 遮斷 [차단]
- 遮日 [차일]
- 辶·11·15

413 餐
- 먹을 찬 / eat / cān 찬
- 卜 歺 奴 餐 餐
- 晚餐 [만찬]
- 午餐 [오찬]
- 食·7·16

414 燦
- 빛날 찬 / brilliant / càn 찬
- 丶 火 灿 燦 燦
- 燦爛 [찬란]
- 燦然 [찬연]
- 火·13·17

415 璨
- 옥의빛 찬 / lustrous / càn 찬
- 丁 王 珍 璨 璨
- 璨瑳 [찬차]
- 王·13·17

416 瓚
- 술그릇 찬 / a bowl of rice wine / zàn 짠
- 王 王' 珒 瑂 瓚
- 玉瓚 [옥찬]
- 王·19·23

417 鑽
- 뚫을 찬 / bore / zuān 쫜
- 余 金 金 鑚 鑽
- 鑽燧 [찬수]
- 研鑽 [연찬]
- 金·19·27

418 札
- 편지 찰 / letter / zhá 자
- 一 十 木 札
- 書札 [서찰]
- 標札 [표찰]
- 木·1·5

419 刹
- 절 찰 / temple / chà 차
- 丿 乂 羊 杀 刹
- 古刹 [고찰]
- 寺刹 [사찰]
- 刂·6·8

420 斬
- 벨 참 / behead / zhǎn 잔
- 亘 車 車' 斬 斬
- 斬殺 [참살]
- 斬首 [참수]
- 斤·7·11

2급 가나다순 쓰기

한자	훈	음	필순	예
滄 421 氵·10·13	푸를	창 cāng	氵 冷 泠 滄	滄茫 [창망] 滄波 [창파]
敞 422 攵·8·12	드러날	창 chǎng	丨 小 尙 尙 敞	高敞 [고창] 敞然 [창연]
昶 423 日·5·9	밝을	창 chǎng	丿 亅 永 永 昶	昶衍 [창연]
彰 424 彡·11·14	밝힐	창 zhāng	亠 立 章 章 彰	彰德 [창덕] 表彰 [표창]
采 425 采·1·8	캘	채 cǎi	一 ⺈ ⺥ 乎 采	喝采 [갈채] 風采 [풍채]
埰 426 土·8·11	영지	채 cài	十 圹 圹 坪 埰	人名字
蔡 427 艹·11·15	나라이름	채 cài	丶 艹 芍 萃 蔡	人名字
悽 428 忄·8·11	슬퍼할	처 qī	丶 忄 忄 悷 悽	悽絶 [처절] 悽愴 [처창]
隻 429 隹·2·10	외짝	척 zhī	亻 亻 仹 隹 隻	隻手 [척수]
陟 430 阝·7·10	오를	척 zhì	阝 阝 阡 阯 陟	陟降 [척강] 進陟 [진척]
釧 431 金·3·11	팔찌	천 chuàn	𠂆 𠂎 金 釧	玉釧 [옥천]
喆 432 口·9·12	밝을	철 zhé	十 士 吉 喆	哲과 同字
撤 433 扌·12·15	걷을 clear up	철 chè	扌 扌 捎 撤 撤	撤去 [철거] 撤回 [철회]
澈 434 氵·12·15	물맑을 clear	철 chè	氵 氵 清 澈 澈	清澈 [청철]

2급 가나다순 쓰기

번호	한자	훈	음(병음)	부수·획·총획	필순	용례
435	瞻	볼	첨 zhān 잔	目·13·18	目 睁 睁 瞻 瞻	瞻望 [첨망], 瞻仰 [첨앙]
436	諜	염탐할	첩 dié 데	言·9·16	言 許 許 諜 諜	諜報 [첩보], 間諜 [간첩]
437	締	맺을	체 dì 디	糸·9·15	糹 糸 紵 締 締	締結 [체결], 締約 [체약]
438	哨	망볼	초 shào 사오	口·7·10	口 叮 吣 哨	哨戒 [초계], 步哨 [보초]
439	焦	그을릴	초 jiāo 자오	灬·8·12	亻 仁 佳 佳 焦	焦思 [초사], 焦燥 [초조]
440	楚	초나라	초 chǔ 추	木·9·13	十 木 楚 楚 楚	苦楚 [고초], 淸楚 [청초]
441	蜀	촉나라	촉 shǔ 수	虫·7·13	罒 罗 罖 蜀 蜀	蜀客 [촉객], 蜀魂 [촉혼]
442	崔	높을	최 chī 츠	山·8·11	丿 屵 岸 崔 崔	崔嵬 [최외], 崔崒 [최줄]
443	楸	가래나무	추 qiū 추	木·9·13	十 木 朾 枞 楸	楸木 [추목], 楸枰 [추평]
444	鄒	나라이름	추 zōu 쩌우	阝·10·13	勹 匀 匈 鄒 鄒	鄒魯 [추로], 鄒査 [추사]
445	趨	달릴	추 qū 취	走·10·17	十 走 赺 赺 趨	趨步 [추보], 歸趨 [귀추]
446	軸	굴대	축 zhóu 저우	車·5·12	亘 車 軕 軸 軸	機軸 [기축], 車軸 [차축]
447	蹴	찰	축 cù 추	足·12·19	足 跻 踪 蹴 蹴	蹴球 [축구], 一蹴 [일축]
448	椿	참죽나무	춘 chūn 춘	木·9·13	十 木 朾 枺 椿	椿堂 [춘당], 椿壽 [춘수]

* 2급 가나다순 쓰기 *

沖	온화할 충 gentle chōng 총	沖氣 [충기]
449 ⅰ·4·**7**	冫 冮 沖	沖虛 [충허]

衷	정성 충 sincerity zhōng 중	衷心 [충심]
450 衣·4·**10**	一 古 吏 吏 衷	衷情 [충정]

炊	불땔 취 boil chuī 추이	炊事 [취사]
451 火·4·**8**	丶 火 炌 炊	自炊 [자취]

聚	모일 취 assemble jù 쥐	聚合 [취합]
452 耳·8·**14**	厂 耳 聚 聚 聚	類聚 [유취]

峙	산우뚝설 치 towering zhì 즈	峙積 [치적]
453 山·6·**9**	丨 山 屵 峙 峙	對峙 [대치]

雉	꿩 치 pheasant zhì 즈	雉堞 [치첩]
454 隹·5·**13**	亠 矢 知 知 雉	春雉 [춘치]

託	부탁할 탁 entrust tuō 퉈	託送 [탁송]
455 言·3·**10**	言 訐 託	委託 [위탁]

灘	여울 탄 rapids tān 탄	灘聲 [탄성]
456 ⅰ·19·**22**	冫 汁 漠 灘 灘	

琢	쫄 탁 cut zhuó 줘	琢句 [탁구]
457 玉·8·**12**	丆 玛 玚 琢 琢	琢磨 [탁마]

耽	즐길 탐 indulge dān 단	耽溺 [탐닉]
458 耳·4·**10**	厂 王 耳 耳 耽	耽美 [탐미]

台	별이름 태 tāi 타이	台臨 [태림]
459 口·2·**5**	厶 台	台覽 [태람]

胎	아이밸 태 pregnancy tāi 타이	胎夢 [태몽]
460 肉·5·**9**	刀 月 肛 胎	孕胎 [잉태]

颱	태풍 태 typhoon tái 타이	颱風 [태풍]
461 風·5·**14**	几 凡 風 風 颱	

兌	바꿀 태 exchange duì 두이	兌卦 [태괘]
462 儿·5·**7**	八 台 兌	兌換 [태환]

* 2급 가나다순 쓰기 *

坡 463 土·5·8	고개 파 slope pō 포	十 土 圵 圹 坡	坡岸 [파안] 坡陀 [파타]
阪 464 阝·4·7	산비탈 판 slope bǎn 반	了 阝 阝 阪 阪	阪泉 [판천]
覇 465 西·13·19	으뜸 패 chief bà 바	一 西 覀 霏 覇	覇權 [패권] 制覇 [제패]
彭 466 彡·9·12	땅이름 팽 péng 펑	十 壴 彭	彭湃 [팽배] 彭祖 [팽조]
扁 467 戶·5·9	치우칠 편 lean to biǎn 볜	丶 冂 户 肩 扁	扁舟 [편주] 扁平 [편평]
坪 468 土·5·8	땅평평할 평 plain píng 핑	十 土 圫 坪	坪當 [평당] 建坪 [건평]
鮑 469 魚·5·16	절인고기 포 salted fish bào 바오	鱼 鱼 鲂 鮑 鮑	鮑魚 [포어] 鮑尺 [포척]
抛 470 扌·4·7	던질 포 throw pāo 파오	一 十 扌 执 抛	抛擲 [포척] 抛棄 [포기]
葡 471 艹·9·13	포도 포 grape pú 푸	丶 一 艹 芍 葡 葡	葡萄 [포도] 葡萄糖 [포도당]
鋪 472 金·7·15	펼 포 pave pū 푸	釒 釘 銅 鋪 鋪	鋪裝 [포장] 店鋪 [점포]
怖 473 忄·5·8	두려워할 포 fear bù 부	丶 忄 忄 怖 怖	怖駭 [포해] 恐怖 [공포]
杓 474 木·3·7	자루·구기 표·작 handle biāo 뱌오	一 十 木 杓 杓	斗杓 [두표] 杓子 [작자]
馮 475 馬·2·12	탈 빙·풍 mount píng 핑	一 厂 冫 馮 馮	馮氣 [빙기] 馮夷 [풍이]
泌 476 氵·5·8	분비할 비 secrete bì 비	氵 氵 泌 泌 泌	泌尿器 [비뇨기] 分泌 [분비]

2급 가나다순 쓰기

한자	훈 / 뜻	음 / 독음	필순	용례
弼	도울 aid	필 bì 비	丁 丂 弨 弨 弼	輔弼 [보필] 弼成 [필성]
477 弓·9·12				
虐	사나울 cruel	학 nüè 눼	ㅣ ㅏ 上 虐 虐	虐殺 [학살] 暴虐 [포학]
478 虍·3·9				
翰	붓 writing brush	한 hàn 한	十 卓 車 幹 翰 翰	翰墨 [한묵] 文翰 [문한]
479 羽·10·16				
艦	싸움배 warship	함 jiàn 젠	月 舟 舟 艦 艦	艦隊 [함대] 艦砲 [함포]
480 舟·14·20				
陜	좁을 narrow	협·합 xiá 샤	了 阝 阿 陜	陜川 [합천]
481 阝·7·10				
亢	높아질 heighten	항 kàng 캉	亠 亠 亢	亢進 [항진] 亢龍 [항룡]
482 亠·2·4				
沆	넓을 wide	항 hàng 항	氵 氵 沆	沆瀣 [항해]
483 氵·4·7				
杏	살구 apricot	행 xìng 싱	十 木 杏	杏林 [행림] 杏仁 [행인]
484 木·3·7				
赫	붉을 red	혁 hè 허	十 土 产 赤 赫	赫怒 [혁노] 赫赫 [혁혁]
485 赤·7·14				
爀	불빛 light	혁 hè 허	丶 火 火 灶 灶 爀	人名字
486 火·14·18				
峴	재 ridge	현 xiàn 센	丨 山 岬 峴	人名字
487 山·7·10				
弦	활시위 string	현 xián 셴	一 丂 弓 弦	弦矢 [현시] 上弦 [상현]
488 弓·5·8				
炫	빛날 bright	현 xuàn 쉬안	丶 火 火 炫 炫	炫耀 [현요] 炫惑 [현혹]
489 火·5·9				
鉉	솥귀	현 xuàn 쉬안	午 金 鉉 鉉	三鉉 [삼현]
490 金·5·13				

* 2급 가나다순 쓰기 *

491 峽 山·7·10	골짜기 협 valley xiá 샤	丨 山 帅 峽 峽	峽谷 [협곡] 山峽 [산협]

| 498 扈 戶·7·11 | 뒤따를 호 follow hù 후 | 丆 戶 扂 扈 扈 | 扈駕 [호가] 扈從 [호종] |

| 492 型 土·6·9 | 거푸집 형 mold xíng 싱 | 二 开 刑 型 型 | 模型 [모형] 鑄型 [주형] |

| 499 昊 日·4·8 | 하늘 호 sky hào 하오 | 日 旲 昊 | 昊天 [호천] |

| 493 邢 阝·4·7 | 나라이름 형 xíng 싱 | 二 开 邢 邢 | 邢疏 [형소] |

| 500 濠 氵·14·17 | 해자 호 moat háo 하오 | 氵 澅 濠 濠 濠 | 外濠 [외호] 濠水 [호수] |

| 494 炯 火·5·9 | 빛날 형 bright jiǒng 중 | 丷 火 炯 炯 | 炯眼 [형안] 炯炯 [형형] |

| 501 壕 土·14·17 | 참호 호 moat háo 하오 | 十 塆 壕 壕 壕 | 塹壕 [참호] |

| 495 瑩 王·10·15 | 옥 영·형 gem yíng 잉 | 丷 火 瑩 瑩 瑩 | 瑩鏡 [영경] 瑩徹 [영철] |

| 502 鎬 金·10·18 | 냄비 호 pan gǎo 가오 | 乍 舎 金 鎬 鎬 | 鎬京 [호경] |

| 496 瀅 氵·15·18 | 맑을 형 clear yíng 잉 | 氵 氵 浐 瀅 瀅 | 汀瀅 [정형] |

| 503 祜 示·5·10 | 복 호 blessing hù 후 | 干 禾 礻 祜 | 祜休 [호휴] |

| 497 馨 香·11·20 | 향기 형 fragrant xīn 신 | 青 殸 馨 馨 馨 | 馨香 [형향] |

| 504 晧 日·7·11 | 밝을 호 bright hào 하오 | 日 昈 晧 晧 | 晧旰 [호간] |

* 2급 가나다순 쓰기 *

한자	훈	음	용례
皓 505 白·7·12	흴 white	호 hào 하오	皓雪 [호설] 皓齒 [호치]
澔 506 氵·12·15	큰 vast	호 hào 하오	浩와 同字
酷 507 酉·7·14	혹독할 cruel	혹 kù 쿠	酷使 [혹사] 苛酷 [가혹]
泓 508 氵·5·8	물깊을 deep	홍 hóng 훙	泓量 [홍량] 深泓 [심홍]
靴 509 革·4·13	신 shoes	화 xuē 쉐	洋靴 [양화] 製靴 [제화]
嬅 510 女·12·15	여자이름 girl's name	화 huà 화	人名字
樺 511 木·12·16	자작나무 birch	화 huà 화	樺木 [화목] 樺皮 [화피]
幻 512 幺·1·4	허깨비 illusion	환 huàn 환	幻想 [환상] 幻影 [환영]
桓 513 木·6·10	굳셀 vigorous	환 huán 환	盤桓 [반환] 桓桓 [환환]
煥 514 火·9·13	불꽃 flame	환 huàn 환	煥發 [환발]
滑 515 氵·10·13	미끄러울 slippery	활 huá 화	滑降 [활강] 滑走 [활주]
晃 516 日·6·10	밝을 dazzling	황 huǎng 황	晃朗 [황랑] 晃然 [황연]
滉 517 氵·10·13	물깊고넓을	황 huàng 황	滉漾 [황양]
廻 518 廴·6·9	돌 turn	회 huí 후이	廻轉 [회전] 迂廻 [우회]

* 2급 가나다순 쓰기 *

淮 519 氵·8·11	물이름 회 huái 화이	氵 氵 汢 淮	淮水 [회수]
檜 520 木·13·17	전나무 회 fir guì 구이	十 朴 檜 檜	檜木 [회목] 檜皮 [회피]
后 521 口·3·6	임금 후 empress hòu 허우	厂 厂 后	后妃 [후비] 后王 [후왕]
喉 522 口·9·12	목구멍 후 throat hóu 허우	口 吖 咿 喉	喉頭 [후두] 咽喉 [인후]
熏 523 灬·10·14	연기낄 훈 fumigate xūn 쉰	禾 禾 重 熏	熏煮 [훈자] 熏灼 [훈작]
勳 524 力·14·16	공로 훈 merits xūn 쉰	禾 禾 重 勳 勳	勳功 [훈공] 敍勳 [서훈]
壎 525 土·14·17	질나발 훈 xūn 쉰	十 坩 埍 壎	壎篪 [훈지]

薰 526 艹·14·18	향기 훈 fragrance xūn 쉰	丶 艹 菁 薰 薰	香薰 [향훈] 薰薰 [훈훈]
徽 527 彳·14·17	아름다울 휘 beautiful huī 후이	彳 徉 律 徽 徽	徽言 [휘언] 徽章 [휘장]
烋 528 灬·6·10	아름다울 휴 beautiful xiāo 샤오	亻 什 休 烋	人名字
匈 529 勹·4·6	오랑캐 흉 savage xiōng 슝	勹 勺 匂 匈	匈奴 [흉노] 匈匈 [흉흉]
欽 530 欠·8·12	공경할 흠 respectful qīn 친	钅 金 釒 欽	欽慕 [흠모] 欽仰 [흠앙]
噫 531 口·13·16	탄식할 희·애 alas yī 이	口 唒 噎 噫	噫嗚 [희오] 噫欠 [애흠]
姬 532 女·6·9	아가씨 희 girl jī 시	女 女 妁 妑 姬	舞姬 [무희] 美姬 [미희]

* 2급 가나다순 쓰기 *

嬉	즐길 희 enjoy xī 시	女 女＂ 女喜 嬉 嬉	嬉笑 [희소] 嬉遊 [희유]	熹	성할 희 brilliant xī 시	十 吉 壴 喜 熹	熹微 [희미]
533 女·12·15				536 灬·12·16			
憙	기뻐할 희 pleasant xī 시	十 吉 壴 喜 憙	人名字	熙	빛날 희 bright xī 시	丆 卍 𦣞 臣灬 熙	熙朝 [희조] 熙熙 [희희]
534 心·12·16				537 灬·9·13			
禧	복 희 blessing xī 시	丅 示 礻 祀 禧	禧賀 [희하] 新禧 [신희]	羲	복희 희 xī 시	乊 差 养 羛 羲	羲經 [희경] 羲農 [희농]
535 示·12·17				538 羊·10·16			

키가 크고 잎이 푸른 상록 교목 가지(가지가 柯) 위에 산새들이 날고.

땅위엔 향기로운 풀이 성하니(성할 희 熹) 꾀꼴꾀꼴 꾀꼬리는 울려 퍼지고.

나무위엔 노란색 꾀꼬리가 황금조각을 이루고.

황금조각의 빛나는(빛날희 熙) 무리는 떠날줄 모르네.

* 1급 1,145字 가나다순 쓰면서 익히기 *

#	字	訓	음	拼音	획순	부수·획·총획	用例
1	呵	꾸짖을	가	hē 허	ロ ロ 叮 呵	口·5·8	呵禁 [가금] / 呵責 [가책]
2	苛	가혹할	가	kē 커	丶 十 艹 苦 苛	艹·5·9	苛細 [가세] / 苛酷 [가혹]
3	哥	소리	가	gē 거	一 可 哥 哥	口·7·10	哥哥 [가가]
4	袈	가사	가	jiā 자	一 加 架 架 袈	衣·5·11	袈裟 [가사]
5	嘉	아름다울	가	jiā 자	十 壴 享 嘉 嘉	口·11·14	嘉言 [가언] / 嘉肴 [가효]
6	駕	부릴	가	jià 자	一 加 架 架 駕	馬·5·15	凌駕 [능가] / 御駕 [어가]
7	嫁	시집갈	가	jià 자	ㄣ 女 娇 嫁 嫁	女·10·13	改嫁 [개가] / 出嫁 [출가]
8	稼	심을	가	jià 자	二 千 秽 稼 稼	禾·10·15	稼動 [가동] / 稼穡 [가색]
9	恪	삼갈	각	kè 커	丶 忄 忄 㤗 恪	忄·6·9	恪虔 [각건] / 恪謹 [각근]
10	殼	껍질	각	ké 커	十 声 壳 殼 殼	殳·8·12	舊殼 [구각] / 地殼 [지각]
11	奸	범할	간	jiān 젠	ㄑ 女 妒 奸	女·3·6	奸計 [간계] / 弄奸 [농간]
12	竿	장대	간	gān 간	丶 竹 竿 竿	竹·3·9	竿頭 [간두] / 釣竿 [조간]
13	墾	개간할	간	kěn 컨	丶 千 豹 貇 墾	土·13·16	墾田 [간전] / 開墾 [개간]
14	艱	어려울	간	jiān 젠	一 卄 堇 堇 艱	艮·11·17	艱難 [간난] / 艱辛 [간신]

177

1급 가나다순 쓰기

한자	뜻/음	필순	용례
揀 (15) 扌·9·12	가릴 간 / distinguish / jiǎn 젠	扌 扌 扣 挓 揀	揀擇 [간택] / 分揀 [분간]
諫 (16) 言·9·16	간할 간 / remonstrate / jiàn 젠	言 訶 諫 諫	諫爭 [간쟁] / 忠諫 [충간]
澗 (17) 氵·12·15	산골물 간 / jiàn 젠	汀 汀 泗 澗 澗	澗溪 [간계] / 澗壑 [간학]
癎 (18) 疒·12·17	경기 간 / fit / xián 셴	亠 广 疒 疒 癎	癎의 俗字
喝 (19) 口·9·12	꾸짖을 갈 / rebuke / hè 허	口 吲 喝 喝 喝	喝破 [갈파] / 恐喝 [공갈]
竭 (20) 立·9·14	다할 갈 / exhaust / jié 제	立 竘 竭 竭 竭	竭力 [갈력] / 竭誠 [갈성]
褐 (21) 衤·9·14	굵은베옷 갈 / hemp clothes / hè 허	冫 衤 褐 褐 褐	褐巾 [갈건] / 褐夫 [갈부]
柑 (22) 木·5·9	감귤 감 / orange / gān 간	十 木 朾 柑 柑	柑子 [감자] / 蜜柑 [밀감]
疳 (23) 疒·5·10	감질 감 / scab / gān 간	亠 广 疒 疳 疳	疳病 [감병] / 疳疾 [감질]
紺 (24) 糸·5·11	감색 감 / dark blue / gàn 간	幺 糸 紺 紺 紺	紺色 [감색] / 紺青 [감청]
瞰 (25) 目·12·17	볼 감 / look down / kàn 칸	目 盱 眤 睉 瞰	瞰射 [감사] / 俯瞰 [부감]
勘 (26) 力·9·11	헤아릴 감 / consider / kān 칸	廾 甚 甚 勘 勘	勘案 [감안] / 校勘 [교감]
堪 (27) 土·9·12	견딜 감 / endure / kān 칸	十 圤 堪 堪 堪	堪耐 [감내] / 堪當 [감당]
匣 (28) 匚·5·7	갑 갑 / case / xiá 샤	甲 匣 匣	文匣 [문갑]

1급 가나다순 쓰기

閘 29 門·5·13	수문 water gate / 갑 zhá 자	厂 門 門 閘 閘	閘頭 [갑두] 閘門 [갑문]
腔 30 肉·8·12	빈속 hollow / 강 qiāng 창	刀 月 腔 腔 腔	口腔 [구강] 腹腔 [복강]
慷 31 忄·11·14	강개할 indignant / 강 kāng 창	忄 忄 忄 忄 慷 慷	慷慨 [강개]
糠 32 米·11·17	겨 chaff / 강 kāng 창	亠 米 粐 糠 糠	糠粃 [강비] 糟糠 [조강]
薑 33 艹·13·17	생강 ginger / 강 jiāng 장	丶 艹 芇 薑 薑	薑汁 [강즙] 生薑 [생강]
芥 34 艹·4·8	겨자 mustard / 개 gài 가이	丶 艹 艻 芥 芥	芥子 [개자] 草芥 [초개]
箇 35 竹·8·14	낱 piece / 개 gè 거	亻 卜 竹 筒 箇	箇箇 [개개] 箇數 [개수]
凱 36 几·10·12	개선할 triumph / 개 kǎi 카이	丨 山 豈 凱 凱	凱歌 [개가] 凱旋 [개선]
漑 37 氵·11·14	물댈 irrigate / 개 gài 가이	氵 沪 泹 漑 漑	灌漑 [관개] 漑田 [개전]
愾 38 忄·10·13	성낼 angry / 개 kài 카이	丶 忄 忾 愾 愾	愾然 [개연] 敵愾心 [적개심]
羹 39 羊·13·19	국 soup / 갱 gēng 겅	丷 羔 羔 羮 羹	羹粥 [갱죽] 肉羹 [육갱]
渠 40 氵·9·12	도랑 ditch / 거 qú 취	氵 汇 泸 渠 渠	渠輩 [거배] 渠水 [거수]
倨 41 亻·8·10	거만할 haughty / 거 jù 쥐	亻 伊 伊 倨 倨	倨慢 [거만] 箕倨 [기거]
醵 42 酉·13·20	갹출할 collect money / 갹·거 jù 쥐	酉 酉 醵 醵 醵	醵金 [갹/거·금] 醵出 [갹/거·출]

* 1급 가나다순 쓰기 *

한자	훈음/병음	필순	예
巾	수건 건 towel jīn 진	ㅣ 冂 巾	巾帨 [건세] 手巾 [수건]
43 巾·0·3			
腱	힘줄 건 tendon jiàn 졘	月 月⁻ 月ᵌ 肂 腱	腱反射 [건반사] 腱膜 [건막]
44 肉·9·13			
虔	삼갈 건 sincere qián 첸	丨 ト 广 虍 虔	敬虔 [경건] 虔誠 [건성]
45 虍·4·10			
劫	위협할 겁 plunder jié 졔	十 土 去 劫	劫迫 [겁박] 劫奪 [겁탈]
46 力·5·7			
怯	겁낼 겁 fear qiè 체	忄 忄 忄 怯 怯	怯夫 [겁부] 卑怯 [비겁]
47 忄·5·8			
偈	중의글귀 게 Buddhist hymn jì 지	亻 伊 偈 偈	偈頌 [게송] 偈句 [게구]
48 亻·9·11			
膈	흉격 격 diaphragm gé 거	月 膈 膈 膈	膈膜 [격막] 胸膈 [흉격]
49 肉·10·14			
覡	박수 격 wizard xí 시	巫 巫 覡 覡	巫覡 [무격]
50 見·7·14			
檄	격문 격 written appeal xí 시	十 朴 椁 樢 檄	檄文 [격문] 檄書 [격서]
51 木·13·17			
鵑	두견이 견 cuckoo juān 쥐안	月 貝 䏦 鵑 鵑	杜鵑 [두견]
52 鳥·7·18			
譴	꾸짖을 견 reprimand qiǎn 첸	言 訁 訜 譴 譴	譴責 [견책] 譴罷 [견파]
53 言·14·21			
繭	고치 견 cocoon jiǎn 졘	丨 十 艿 繭 繭	繭絲 [견사] 繭蠶 [견잠]
54 糸·13·19			
憬	깨달을 경 realize jǐng 징	忄 忄 忄 憬 憬	憬悟 [경오] 憧憬 [동경]
55 忄·12·15			
鯨	고래 경 whale jīng 징	刍 魚 魚 鯨 鯨	鯨船 [경선] 捕鯨 [포경]
56 魚·8·19			

1급 가나다순 쓰기

번호	한자	뜻	음	병음	필순	예시
57 (力·7·9)	勁	강할	경 / jìng 징	strong	一 ⼆ 巠 勁 勁	勁健 [경건], 勁直 [경직]
58 (肉·7·11)	脛	정강이	경 / jìng 징	shinbone	月 脛 脛 脛	脛骨 [경골], 脛巾 [경건]
59 (艹·7·11)	莖	줄기	경 / jìng 징	stalk	丶 十 莁 莖 莖	莖葉 [경엽], 莖柯 [경가]
60 (疒·7·12)	痙	힘줄땅길	경 / jìng 징	convulsion	亠 广 疒 痙 痙	痙攣 [경련]
61 (頁·7·16)	頸	목	경 / jǐng 징	neck	巠 巠 巠 頸 頸	頸骨 [경골], 頸椎 [경추]
62 (木·7·11)	梗	대개	경 / gěng 겅	generally	十 木 桓 梗 梗	梗槪 [경개], 剛梗 [강경]
63 (石·11·16)	磬	경쇠	경 / qìng 칭		十 吉 殸 殸 磬	風磬 [풍경], 編磬 [편경]
64 (忄·8·11)	悸	두근거릴	계 / jì 지	throb	丶 忄 忤 悸 悸	動悸 [동계], 心悸 [심계]
65 (口·2·5)	叩	두드릴	고 / kòu 커우	knock	口 叩 叩	叩頭 [고두], 叩謝 [고사]
66 (扌·6·9)	拷	때릴	고 / kǎo 카오	beat	一 扌 拌 拷 拷	拷問 [고문], 拷決 [고결]
67 (疒·8·13)	痼	고질	고 / gù 구	chronic	亠 广 疒 痼 痼	痼疾 [고질], 痼癖 [고벽]
68 (金·8·16)	錮	땜질할	고 / gù 구	tinker	牟 金 錮 錮 錮	禁錮 [금고], 錮疾 [고질]
69 (辛·5·12)	辜	허물	고 / gū 구	crime	一 十 辜 辜 辜	無辜 [무고], 辜負 [고부]
70 (肉·4·8)	股	넓적다리	고 / gǔ 구	thigh	月 月 肌 股 股	股間 [고간], 股肱 [고굉]

1급 가나다순 쓰기

呱	울 고 / cry / gū 구	呱呱 [고고]	
71 口·5·8	口 叭 呱 呱		
敲	두드릴 고 / knock / qiāo 챠오	敲門 [고문] / 推敲 [퇴고]	
72 攴·10·14	高 高 高 敲		
膏	기름 고 / fat / gāo 가오	膏血 [고혈] / 膏肓 [고황]	
73 肉·10·14	亠 高 高 膏 膏		
袴	바지 고 / trousers / kù 쿠	袴衣 [고의] / 袴下 [고하]	
74 衤·6·11	衤 衤 衤 袴 袴		
梏	수갑 곡 / handcuff / gù 구	桎梏 [질곡] / 梏亡 [곡망]	
75 木·7·11	十 木 木 木 梏		
鵠	고니 곡 / swan / hú 후	正鵠 [정곡] / 鴻鵠 [홍곡]	
76 鳥·7·18	亠 牛 皓 鵠 鵠		
昆	형 곤 / eldest / kūn 쿤	昆季 [곤계] / 昆孫 [곤손]	
77 日·4·8	日 旦 昆 昆		
棍	몽둥이 곤 / club / gùn 군	棍棒 [곤봉] / 棍杖 [곤장]	
78 木·8·12	十 木 柑 棍 棍		
袞	곤룡포 곤 / royal robe / gǔn 군	袞의 俗字	
79 衣·5·11	六 夲 寒 寒 袞		
汨	빠질 골 / sink / gǔ 구	汨沒 [골몰]	
80 氵·4·7	氵 汨 汨		
拱	팔짱낄 공 / gǒng 궁	拱木 [공목] / 拱手 [공수]	
81 扌·6·9	十 扌 拌 拱 拱		
鞏	굳을 공 / firm / gǒng 궁	鞏固 [공고] / 鞏膜 [공막]	
82 革·6·15	工 巩 珳 鞏 鞏		
顆	낟알 과 / kernel / kē 커	顆粒 [과립]	
83 頁·8·17	旦 甲 果 顆 顆		
廓	클·둘레 확·곽 / large / kuò 쿼	廓大 [확대] / 城廓 [성곽]	
84 广·11·14	亠 广 庠 廓 廓		

* 1급 가나다순 쓰기 *

85. 槨
- 덧널 outer coffin / guǒ 귀
- 木·11·15
- 十 榔 榔 槨 槨
- 槨柩 [곽구]

86. 藿
- 콩잎 bean leaves / huò 훠
- 艹·16·20
- 藿羹 [곽갱]
- 藿湯 [곽탕]

87. 棺
- 널 coffin / guān 관
- 木·8·12
- 十 木 柊 柊 棺
- 棺柩 [관구]
- 入棺 [입관]

88. 灌
- 물댈 irrigate / guàn 관
- 氵·18·21
- 氵 氵 氵 灌 灌
- 灌漑 [관개]
- 灌腸 [관장]

89. 刮
- 비빌 rub / guā 과
- 刂·6·8
- 二 千 舌 刮
- 刮摩 [괄마]
- 刮目 [괄목]

90. 括
- 묶을 wrap / kuò 쿼
- 扌·6·9
- 十 扌 扩 括
- 一括 [일괄]
- 包括 [포괄]

91. 匡
- 바를 correct / kuāng 쾅
- 匚·4·6
- 丅 王 匡
- 匡正 [광정]
- 匡濟 [광제]

92. 胱
- 오줌통 bladder / guāng 광
- 肉·6·10
- 刂 肌 胖 胱
- 膀胱 [방광]

93. 壙
- 광 tomb / kuàng 쾅
- 土·15·18
- 十 圹 圹 壙 壙
- 壙中 [광중]
- 壙穴 [광혈]

94. 曠
- 넓을 extensive / kuàng 쾅
- 日·15·19
- 旷 旷 昿 曠 曠
- 曠野 [광야]
- 曠闊 [광활]

95. 卦
- 점괘 divination / guà 과
- 卜·6·8
- 一 十 圭 卦 卦
- 占卦 [점괘]
- 八卦 [팔괘]

96. 罫
- 줄 cross line / guà 과
- 网·8·13
- 罒 罒 罣 罫 罫
- 罫紙 [괘지]
- 方罫 [방괘]

97. 乖
- 어그러질 deviate / guāi 과이
- 丿·7·8
- 二 千 千 乖 乖
- 乖離 [괴리]
- 乖違 [괴위]

98. 拐
- 속일 deceive / guǎi 과이
- 扌·5·8
- 十 扌 拐 拐
- 拐騙 [괴편]
- 誘拐 [유괴]

1급 가나다순 쓰기

魁	우두머리 괴 chief　kuí 쿠이	魁首 [괴수] 賊魁 [적괴]
99 鬼·4·14	由 甶 鬼 魁 魁	

轟	울릴 굉 rumble　hōng 훙	轟音 [굉음] 轟醉 [굉취]
100 車·14·21	亘 車 軐 轟	

宏	클 굉 great　hóng 훙	宏壯 [굉장] 宏闊 [굉활]
101 宀·4·7	宀 宀 宁 宏	

肱	팔뚝 굉 forearm　gōng 궁	肱膂 [굉려] 肱骨 [굉골]
102 肉·4·8	月 肝 肱	

咬	깨물 교 bite　yǎo 야오	咬咬 [교교] 咬傷 [교상]
103 口·6·9	口 吽 咬	

狡	교활할 교 sly　jiǎo 쟈오	狡猾 [교활] 狡詐 [교사]
104 犭·6·9	丿 犭 犭 狩 狡	

皎	흴 교 white　jiǎo 쟈오	皎皎 [교교] 皎月 [교월]
105 白·6·11	白 白 皎 皎	

蛟	교룡 교 dragon　jiāo 쟈오	蛟龍 [교룡] 蛟蛇 [교사]
106 虫·6·12	口 中 蚊 蛟	

喬	높을 교 tall　qiáo 챠오	喬木 [교목] 喬松 [교송]
107 口·9·12	二 天 喬 喬	

嬌	아리따울 교 lovely　jiāo 쟈오	嬌態 [교태] 愛嬌 [애교]
108 女·12·15	女 女 妒 嬌 嬌	

轎	가마 교 sedan chair　jiào 쟈오	轎軍 [교군] 轎子 [교자]
109 車·12·19	亘 車 軯 轎 轎	

驕	교만할 교 proud　jiāo 쟈오	驕慢 [교만] 驕奢 [교사]
110 馬·12·22	丨 厂 丌 驕 驕	

攪	어지러울 교 disturb　jiǎo 쟈오	攪亂 [교란] 攪拌 [교반]
111 扌·20·23	扌 扌 扩 擤 攪	

仇	원수 구 enemy　chóu 처우	仇敵 [구적] 仇恨 [구한]
112 亻·2·4	亻 亻 仇	

1급 가나다순 쓰기

113
鳩 — 비둘기 구 / pigeon / jiū 주
ノ 九 鴻 鳩 鳩
鳩巢 [구소]
鳩首 [구수]
鳥·2·13

114
枸 — 구기자 구 / boxthorn / gǒu 거우
十 木 枸 枸
枸杞子 [구기자]
枸杞菜 [구기채]
木·5·9

115
鉤 — 갈고리 구 / hook / gōu 거우
牟 金 金 釣 鉤
鉤狀 [구상]
鉤引 [구인]
金·5·13

116
駒 — 망아지 구 / foal / jū 쥐
一 厂 几 駒 駒
駒隙 [구극]
千里駒 [천리구]
馬·5·15

117
灸 — 뜸 구 / moxibustion / jiǔ 주
ノ 久 久 灸
灸點 [구점]
鍼灸 [침구]
火·3·7

118
柩 — 널 구 / coffin / jiù 주
十 木 柩 柩
柩衣 [구의]
運柩 [운구]
木·5·9

119
臼 — 절구 구 / mortar / jiù 주
ノ ト 臼 臼
臼狀 [구상]
臼齒 [구치]
臼·0·6

120
舅 — 시아버지 구 / father-in-law / jiù 주
´ ㅋㅋ 臼 舅 舅
舅姑 [구고]
舅婦 [구부]
白·7·13

121
垢 — 때 구 / dirt / gòu 거우
十 土 圻 圻 垢
垢汚 [구오]
無垢 [무구]
土·6·9

122
矩 — 법 구 / rule / jǔ 쥐
ᅩ 矢 矢 矩 矩
矩度 [구도]
規矩 [규구]
矢·5·10

123
寇 — 도둑 구 / bandit / kòu 커우
宀 完 完 寇
寇掠 [구략]
倭寇 [왜구]
宀·8·11

124
嘔 — 토할 구 / vomit / ǒu 어우
口 呵 嘔 嘔
嘔逆 [구역]
嘔吐 [구토]
口·11·14

125
嶇 — 가파를 구 / steep / qū 취
丨 山 岠 嶇
崎嶇 [기구]
嶇路 [구로]
山·11·14

126
毆 — 칠 구 / beat / ōu 어우
ᄆ 品 區 毆
毆殺 [구살]
毆打 [구타]
殳·11·15

1급 가나다순 쓰기

謳	노래할 구 sing ōu 어우	言 訂 諨 謳	謳歌 [구가] 謳吟 [구음]	穹	하늘 궁 sky qióng 충	宀 穴 穸 穹	穹窖 [궁교] 穹蒼 [궁창]
127 言·11·18				134 穴·3·8			
軀	몸 구 body qū 취	亻 身 軀 軀	軀幹 [구간] 巨軀 [거구]	倦	게으를 권 lazy juàn 쥐안	亻 仁 侏 倦 倦	倦厭 [권염] 倦怠 [권태]
128 身·11·18				135 亻·8·10			
廐	마구 구 stable jiù 주	亠 广 庐 廐 廐	馬廐 [마구] 廐舍 [구사]	捲	말 권 roll up juǎn 쥐안	扌 扌 扴 捲 捲	捲簾 [권렴] 席捲 [석권]
129 广·11·14				136 扌·8·11			
溝	도랑 구 ditch gōu 거우	氵 洴 洢 溝 溝	溝渠 [구거] 溝洫 [구혁]	眷	돌아볼 권 look back juàn 쥐안	丷 半 养 眷 眷	眷顧 [권고] 眷愛 [권애]
130 氵·10·13				137 目·6·11			
衢	거리 구 crossroad qú 취	彳 徆 徆 徸 衢	衢巷 [구항] 衢街 [구가]	顴	광대뼈 관·권 cheek bone quán 취안	丶 寸 萈 顴 顴	顴骨 [관골]
131 行·18·24				138 頁·18·27			
窘	군색할 군 distressed jiǒng 중	宀 穸 窀 窘 窘	窘塞 [군색] 窘乏 [군핍]	蹶	넘어질 궐 fall down juě 줴	甲 趴 跖 蹶 蹶	蹶起 [궐기] 蹶失 [궐실]
132 穴·7·12				139 足·12·19			
躬	몸 궁 body gōng 궁	亻 身 身 身 躬	躬行 [궁행] 鞠躬 [국궁]	几	안석(案席) 궤 armrest jī 지	丿 几	几席 [궤석] 几案 [궤안]
133 身·3·10				140 几·0·2			

1급 가나다순 쓰기

141 机 (木·2·6)
책상 jī 케 지
desk
机 案 [케안]
机 下 [케하]
十 木 朾 机

142 詭 (言·6·13)
속일 guǐ 케 구이
cheat
詭辯 [케변]
詭遇 [케우]
言 許 許 詾 詭

143 潰 (氵·12·15)
무너질 kuì 케 쿠이
collapse
潰決 [케결]
潰滅 [케멸]
氵 沖 浩 清 潰

144 櫃 (木·14·18)
함 guì 케 구이
box
櫃封 [케봉]
十 枦 榵 榵 櫃

145 硅 (石·6·11)
규소 guī 규 구이
silicon
硅酸 [규산]
硅素 [규소]
厂 石 矽 硅

146 逵 (辶·8·12)
한길 kuí 규 쿠이
thoroughfare
逵路 [규로]
十 圥 坴 坴 逵

147 窺 (穴·11·16)
엿볼 kuī 규 쿠이
peep
窺管 [규관]
窺視 [규시]
穴 突 窺 窺

148 葵 (艹·9·13)
해바라기 kuí 규 쿠이
sunflower
葵傾 [규경]
錦葵 [금규]
艹 艹 艼 苂 葵

149 橘 (木·12·16)
귤나무 jú 귤 쥐
orange
柑橘 [감귤]
橘顆 [귤과]
一 十 杯 橘 橘

150 剋 (刂·7·9)
이길 kè 극 커
overcome
相剋 [상극]
下剋上 [하극상]
十 古 克 剋

151 戟 (戈·8·12)
갈래진창 jǐ 극 지
spear
刺戟 [자극]
戟盾 [극순]
十 卓 卓 戟 戟

152 棘 (木·8·12)
가시나무 jí 극 지
thorn
棘刺 [극자]
荊棘 [형극]
戸 市 棘

153 隙 (阝·10·13)
틈 xì 극 시
crack
隙孔 [극공]
間隙 [간극]
了 阝 阝 隙 隙

154 覲 (見·11·18)
뵐 jìn 근 진
see
覲參 [근참]
覲親 [근친]
一 革 董 覲 覲

1급 가나다순 쓰기

한자	훈	음	병음	독음	단어
饉 155 食·11·20	흉년들	근	jǐn	舎 숟 숟 饉 饉	饑饉 [기근]
衾 156 衣·4·10	이불	금	qīn	今 숢 숢 衾 衾	衾褥 [금욕] 衾枕 [금침]
擒 157 扌·13·16	사로잡을	금	qín	扌 扌 拾 擒 擒	擒縱 [금종] 生擒 [생금]
襟 158 衤·13·18	옷깃	금	jīn	衤 衤 衤 襟 襟	襟帶 [금대] 襟章 [금장]
扱 159 扌·4·7	미칠	급	xī	扌 扌 扱 扱	取扱 [취급] 稻扱機 [도급기]
汲 160 氵·4·7	물길을	급	jí	氵 氵 汲 汲	汲汲 [급급] 汲水 [급수]
亙 161 二·4·6	뻗칠	긍	gèn	一 百 亙	亙古 [긍고]
矜 162 矛·4·9	자랑할	긍	jīn	了 孑 矛 矜	矜持 [긍지] 自矜 [자긍]
杞 163 木·3·7	구기자	기	qǐ	十 木 杞 杞 杞	杞柳 [기류] 枸杞子 [구기자]
伎 164 亻·4·6	재주	기	jì	亻 亻 伎	伎倆 [기량] 伎癢 [기양]
妓 165 女·4·7	기생	기	jì	女 女 妓 妓	妓生 [기생] 名妓 [명기]
肌 166 肉·2·6	살가죽	기	jī	刀 月 肌 肌	肌骨 [기골] 雪肌 [설기]
崎 167 山·8·11	산길험할	기	qí	丨 山 山 崎 崎	崎嶇 [기구] 崎崟 [기음]
畸 168 田·8·13	뙈기밭	기	jī	田 田 田 畸 畸	畸人 [기인] 畸形 [기형]

1급 가나다순 쓰기

169	綺	비단 기 / silk / qǐ / 치	糹 糸 綺 綺	綺羅 [기라] / 綺麗 [기려]
糸·8·14				

| 170 | 朞 | 돌 기 / anniversary / jī / 지 | 一 卄 其 朞 | 朞年 [기년] / 杖朞 [장기] |
| 月·8·12 | | | | |

| 171 | 譏 | 나무랄 기 / censure / jī / 지 | 言 詳 譏 譏 譏 | 譏謗 [기방] / 譏察 [기찰] |
| 言·12·19 | | | | |

| 172 | 嗜 | 즐길 기 / be fond of / shì / 스 | 口 吐 咘 咘 嗜 | 嗜僻 [기벽] / 嗜好 [기호] |
| 口·10·13 | | | | |

| 173 | 羈 | 굴레 기 / halter / jī / 지 | 罒 罨 罨 羈 羈 | 羈縻 [기미] / 羈束 [기속] |
| 网·19·24 | | | | |

| 174 | 拮 | 바쁘게일할 길 / work / jié / 제 | 扌 扌 扩 拈 拮 | 拮据 [길거] / 拮抗 [길항] |
| 扌·6·9 | | | | |

| 175 | 喫 | 마실 끽 / drink / chī / 츠 | 口 叻 叻 喫 | 喫煙 [끽연] / 滿喫 [만끽] |
| 口·9·12 | | | | |

| 176 | 拏 | 붙잡을 나 / arrest / ná / 나 | 夕 奴 奴 拏 | 拿의 本字 |
| 手·5·9 | | | | |

| 177 | 拿 | 붙잡을 나 / arrest / ná / 나 | 合 侴 拿 | 拿入 [나입] / 拿捕 [나포] |
| 手·6·10 | | | | |

| 178 | 懦 | 나약할 나 / feeble / nuò / 눠 | 忄 忄 懦 懦 懦 | 懦怯 [나겁] / 懦夫 [나부] |
| 忄·14·17 | | | | |

| 179 | 儺 | 역귀쫓을 나 / exorcise / nuó / 눠 | 亻 僅 儺 儺 儺 | 儺禮 [나례] / 儺者 [나자] |
| 亻·19·21 | | | | |

| 180 | 煖 | 따뜻할 난 / warm / nuǎn / 놘 | 丶 火 炉 炉 煖 | 煖坑 [난갱] / 煖房 [난방] |
| 火·9·13 | | | | |

| 181 | 涅 | 개흙 널 / black mud / niè / 녜 | 氵 汩 涅 涅 | 涅槃 [열반] / 涅齒 [열치] |
| 氵·7·10 | | | | |

| 182 | 捏 | 반죽할 날 / knead / niē / 녜 | 扌 扌 担 捏 捏 | 捏造 [날조] |
| 扌·7·10 | | | | |

1급 가나다순 쓰기

捺	누를 날 / press / nà 나	捺染 [날염] / 捺印 [날인]
183 / 扌·8·11	一 扌 扒 捺 捺	

衲	기울 납 / patch up / nà 나	衲衣 [납의] / 衲子 [납자]
184 / 衤·4·9	衤 衤 衲 衲	

囊	주머니 낭 / bag / náng 낭	背囊 [배낭] / 行囊 [행낭]
185 / 口·19·22	一 壺 彙 囊 囊	

弩	쇠뇌 노 / crossbow / nǔ 누	弩手 [노수] / 弩砲 [노포]
186 / 弓·5·8	女 女 奴 弩 弩	

駑	둔한말 노 / dull horse / nú 누	駑鈍 [노둔] / 駑馬 [노마]
187 / 馬·5·15	女 奴 奴 努 駑	

膿	고름 농 / pus / nóng 눙	膿瘍 [농양] / 化膿 [화농]
188 / 肉·13·17	月 胪 胪 膿 膿	

訥	말더듬을 눌 / stammer / nè 너	訥辯 [눌변] / 語訥 [어눌]
189 / 言·4·11	言 訓 訥	

紐	맬 뉴 / tie / niǔ 뉴	紐帶 [유대] / 結紐 [결뉴]
190 / 糸·4·10	糸 紐 紐 紐	

匿	숨길 닉 / hide / nì 니	匿名 [익명] / 隱匿 [은닉]
191 / 匚·9·11	一 二 匹 若 匿	

緞	비단 단 / silk / duàn 돤	緋緞 [비단] / 紬緞 [주단]
192 / 糸·9·15	糸 糽 絆 絆 緞	

蛋	새알 단 / bird's egg / dàn 단	蛋白 [단백] / 蛋黃 [단황]
193 / 虫·5·11	一 疋 呑 蛋 蛋	

簞	도시락 단 / lunch basket / dān 단	簞瓢 [단표] / 簞食 [단사]
194 / 竹·12·18	竹 笛 簞 簞	

疸	황달 달 / jaundice / dǎn 단	黃疸 [황달] / 疸病 [달병]
195 / 疒·5·10	亠 广 疒 疒 疸	

撻	매질할 달 / cane / tà 타	撻楚 [달초] / 鞭撻 [편달]
196 / 扌·13·16	扌 扌 捺 捺 撻	

1급 가나다순 쓰기

197 痰 — 가래 담 / phlegm / tán 탄
亠 广 广 疒 痰
痰結 [담결]
血痰 [혈담]
疒·8·13

198 譚 — 이야기 담 / talk / tán 탄
言 訂 評 譚 譚
奇譚 [기담]
民譚 [민담]
言·12·19

199 憺 — 편안할 담 / tranquil / dàn 단
丶 忄 忄 憺 憺
憺然 [담연]
憺畏 [담외]
忄·13·16

200 澹 — 담박할 담 / light / dàn 단
氵 氵 沪 澹 澹
澹澹 [담담]
澹泊 [담박]
氵·13·16

201 曇 — 구름낄 담 / cloudy / tán 탄
昙 昙 昙 曇 曇
曇天 [담천]
晴曇 [청담]
日·12·16

202 遝 — 몰릴 답 / throng / tà 타
罒 甲 罞 眔 遝
遝至 [답지]
辶·10·14

203 螳 — 사마귀 당 / mantis / táng 탕
虫 虫 虮 螳 螳
螳螂 [당랑]
虫·11·17

204 棠 — 아가위 당 / hawthorn / táng 탕
丨 ⺌ 堂 棠 棠
棠毬子 [당구자]
棠梨 [당리]
木·8·12

205 撞 — 칠 당 / strike / zhuàng 쫭
扌 扌 揎 撞 撞
撞球 [당구]
撞着 [당착]
扌·12·15

206 袋 — 자루 대 / sack / dài 다이
亻 代 伐 袋 袋
麻袋 [마대]
布袋 [포대]
衣·5·11

207 擡 — 들 대 / raise / tái 타이
扌 扌 擡 擡 擡
擡擧 [대거]
擡頭 [대두]
扌·14·17

208 鍍 — 도금할 도 / plate / dù 두
金 鈩 鈩 鏟 鍍
鍍金 [도금]
鍍金液 [도금액]
金·9·17

209 搗 — 찧을 도 / grind / dǎo 다오
扌 扩 押 搗 搗
搗精 [도정]
搗砧 [도침]
扌·10·13

210 掉 — 흔들 도 / wag / diào 댜오
扌 扌 扩 扵 掉
掉頭 [도두]
掉尾 [도미]
扌·8·11

1급 가나다순 쓰기

淘 211 氵·8·11	일 scour / táo 타오	淘金 [도금] / 淘汰 [도태]
葡 212 艹·8·12	포도 grape / táo 타오	葡萄 [포도] / 萄乾 [도건]
屠 213 尸·9·12	죽일 butcher / tú 투	屠殺 [도살] / 屠漢 [도한]
堵 214 土·9·12	담 wall / dǔ 두	堵列 [도열] / 堵牆 [도장]
睹 215 目·9·14	볼 look / dǔ 두	目睹 [목도] / 逆睹 [역도]
賭 216 貝·9·16	노름 gamble / dǔ 두	賭租 [도조] / 賭地 [도지]
滔 217 氵·10·13	물 넘칠 overflow / tāo 타오	滔滔 [도도] / 滔天 [도천]
蹈 218 足·10·17	밟을 tread / dǎo 다오	蹈破 [도파] / 舞蹈 [무도]
濤 219 氵·14·17	큰물결 billow / tāo 타오	怒濤 [노도] / 波濤 [파도]
禱 220 示·14·19	빌 pray / dǎo 다오	禱祀 [도사] / 祈禱 [기도]
禿 221 禾·2·7	대머리 bald / tū 투	禿頭 [독두] / 禿翁 [독옹]
瀆 222 氵·15·18	더럽힐 defile / dú 두	瀆職 [독직] / 冒瀆 [모독]
沌 223 氵·4·7	어두울 dark / dùn 둔	混沌 [혼돈]
疼 224 疒·5·10	아플 ache / téng 텅	疼痛 [동통] / 疼腫 [동종]

1급 가나다순 쓰기

번호	한자	훈음	영문	독음	필순	용례
225	胴	큰창자 동	lask intestine	dòng 둥	月 肌 胴	胴體 [동체] / 胴部 [동부]
		肉·6·10				
226	憧	그리워할 동	miss	chōng 총	忄 忄 憧 憧	憧憬 [동경] / 憧憧 [동동]
		忄·12·15				
227	瞳	눈동자 동	pupil	tóng 퉁	目 暗 瞳 瞳 瞳	瞳孔 [동공] / 瞳子 [동자]
		目·12·17				
228	痘	마마 두	smallpox	dòu 더우	一 广 疒 痘 痘	痘瘡 [두창] / 水痘 [수두]
		疒·7·12				
229	兜	투구 두·도	helmet	dōu 더우	白 白 兜 兜	兜率 [두솔] / 兜率天 [도솔천]
		儿·9·11				
230	遁	달아날 둔	escape	dùn 둔	厂 斤 盾 遁	遁世 [둔세] / 隱遁 [은둔]
		辶·9·13				
231	臀	볼기 둔	buttocks	tún 퉁	尸 尸 屈 殿 臀	臀部 [둔부] / 臀腫 [둔종]
		肉·13·17				
232	橙	등자나무 등	orange tree	chéng 청	十 朳 朳 柗 橙	橙色 [등색] / 橙子 [등자]
		木·12·16				
233	螺	소라 라	turbanshell	luó 뤄	中 虫 虮 螺 螺	螺角 [나각] / 螺鈿 [나전]
		虫·11·17				
234	邏	돌 라	patrol	luó 뤄	罒 罗 羅 羅 邏	巡邏 [순라] / 巡邏軍 [순라군]
		辶·19·23				
235	懶	게으를 라	lazy	lǎn 란	忄 忄 怖 懒 懶	懶農 [나농] / 懶怠 [나태]
		忄·16·19				
236	癩	문둥병 라	leprosy	lài 라이	一 广 痄 癩 癩	癩病 [나병] / 癩漢 [나한]
		疒·16·21				
237	烙	지질 락	brand	lào 라오	丶 火 炒 炫 烙	烙印 [낙인] / 烙刑 [낙형]
		火·6·10				
238	酪	유즙 락	milk	lào 라오	襾 酉 酌 酌 酪	酪農 [낙농] / 酪母 [낙모]
		酉·6·13				

1급 가나다순 쓰기

239 駱
낙타 락 / camel / luò 뤄
一 厂 冂 馿 駱
馬・6・16
- 駱馬 [낙마]
- 駱駝 [낙타]

240 瀾
큰물결 란 / billow / lán 란
氵 沪 澗 瀾 瀾
氵・17・20
- 狂瀾 [광란]
- 波瀾 [파란]

241 鸞
난새 란 / phoenix / luán 롼
絲 䜌 䜌 鸞 鸞
鳥・19・30
- 鸞鳥 [난조]
- 鸞鳳 [난봉]

242 剌
어그러질 랄・라 / deviate / là 라
曰 申 束 剌
刂・7・9
- 潑剌 [발랄]
- 水剌 [수라]

243 辣
매울 랄 / pungent / là 라
立 辛 辛 辢 辣
辛・7・14
- 辛辣 [신랄]
- 惡辣 [악랄]

244 籃
대바구니 람 / basket / lán 란
𠂉 竹 笁 箆 籃
竹・14・20
- 籃輿 [남여]
- 搖籃 [요람]

245 臘
납향 랍 / year-end / là 라
月 臘 臘 臘 臘
肉・15・19
- 臘日 [납일]
- 舊臘 [구랍]

246 蠟
밀 랍 / wax / là 라
虫 蝍 蝍 蠟 蠟
虫・15・21
- 蠟書 [납서]
- 蜜蠟 [밀랍]

247 狼
이리 랑 / wolf / láng 랑
丿 犭 犭 狼 狼
犭・7・10
- 狼藉 [낭자]
- 狼狽 [낭패]

248 倆
재주 량 / skill / liǎ 라
亻 亻 佴 倆 倆
亻・8・10
- 技倆 [기량]

249 粱
기장 량 / millet / liáng 량
氵 氿 㳄 粱 粱
米・7・13
- 粱肉 [양육]
- 粱米 [양미]

250 侶
짝 려 / companion / lǚ 루
亻 伊 侶
亻・7・9
- 伴侶 [반려]
- 僧侶 [승려]

251 閭
마을 려 / village / lú 루
厂 門 閭 閭
門・7・15
- 閭門 [여문]
- 閭閻 [여염]

252 戾
어그러질 려 / be against / lì 리
𠂇 户 戾 戾
户・4・8
- 返戾 [반려]
- 悖戾 [패려]

1급 가나다순 쓰기

253
黎 — 검을 려 / black / lí 리
千 利 利 黎 黎
黎明 [여명]
黎民 [여민]
黍·3·15

254
濾 — 걸러낼 려 / filter / lǜ 루
氵 汢 濾 濾 濾
濾過 [여과]
氵·15·18

255
瀝 — 거를 력 / filter / lì 리
氵 沂 湃 瀝 瀝
瀝滴 [역적]
瀝靑 [역청]
氵·16·19

256
礫 — 조약돌 력 / pebble / lì 리
丆 碌 碌 礫 礫
礫巖 [역암]
瓦礫 [와력]
石·15·20

257
輦 — 손수레 련 / emperor's carriage / niǎn 녠
二 扶 輦 輦
輦輿 [연여]
輦下 [연하]
車·8·15

258
簾 — 발 렴 / screen / lián 롄
𥫗 笁 簾 簾 簾
簾政 [염정]
珠簾 [주렴]
竹·13·19

259
斂 — 거둘 렴 / gather / liǎn 롄
亼 僉 斂 斂 斂
收斂 [수렴]
斂襟 [염금]
攵·13·17

260
殮 — 염할 렴 / shroud / liàn 롄
歹 殄 殮 殮
殮襲 [염습]
殮布 [염포]
歹·13·17

261
囹 — 옥 령 / prison / líng 링
冂 冈 囹 囹 囹
囹圄 [영어]
囗·5·8

262
鈴 — 방울 령 / bell / líng 링
余 金 鈴 鈴
搖鈴 [요령]
鈴鈴 [영령]
金·5·13

263
齡 — 나이 령 / age / líng 링
卜 止 齿 齢 齡
年齡 [연령]
適齡 [적령]
齒·5·20

264
逞 — 쾌할 령 / willful / chěng 청
旦 早 呈 逞 逞
逞志 [영지]
不逞 [불령]
辶·7·11

265
撈 — 잡을 로 / fish up / lāo 라오
扌 扌 拷 撈 撈
漁撈 [어로]
撈救 [노구]
扌·12·15

266
虜 — 사로잡을 로 / capture / lǔ 루
亠 广 虏 虜 虜
虜獲 [노획]
捕虜 [포로]
虍·6·12

1급 가나다순 쓰기

擄 267 (扌·13·16)	노략질할 로 rob / lǔ 루	擄掠 [노략]
麓 268 (鹿·8·19)	산기슭 록 foot / lù 루	山麓 [산록]
碌 269 (石·8·13)	돌많을 록 stony / lù 루	碌碌 [녹록] / 碌青 [녹청]
壟 270 (土·16·19)	밭두둑 롱 ridge / lǒng 룽	壟斷 [농단] / 壟畝 [농묘]
瓏 271 (王·16·20)	환할 롱 clear / lóng 룽	玲瓏 [영롱] / 瓏瓏 [농롱]
聾 272 (耳·16·22)	귀머거리 롱 deaf / lóng 룽	聾啞 [농아] / 耳聾 [이롱]
牢 273 (牛·3·7)	우리 뢰 prison / láo 라오	牢拒 [뇌거] / 牢獄 [뇌옥]
賂 274 (貝·6·13)	뇌물줄 뢰 bribe / lù 루	賂物 [뇌물] / 受賂 [수뢰]
磊 275 (石·10·15)	돌무더기 뢰 pile of stones / lěi 레이	磊落 [뇌락] / 磊砢 [뇌가]
傀 276 (亻·15·17)	꼭두각시 뢰 puppet / lěi 레이	傀傀 [뇌뢰] / 傀儡 [괴뢰]
寮 277 (宀·12·15)	동료 료 co-worker / liáo 랴오	寮舍 [요사] / 同寮 [동료]
燎 278 (火·12·16)	불놓을 료 set fire / liáo 랴오	燎原 [요원] / 燎火 [요화]
瞭 279 (目·12·17)	밝을 료 clear-sighted / liǎo 랴오	瞭然 [요연] / 明瞭 [명료]
廖 280 (宀·11·14)	공허할 료 empty / liáo 랴오	廖廓 [요곽] / 廖廖 [요요]

1급 가나다순 쓰기

聊	애오라지 료 somewhat liáo 랴오	厂 F 耳 聊 聊	聊爾 [요이] 無聊 [무료]
281 耳·5·11			
陋	더러울 루 obscene lòu 러우	了 阝 阿 陋 陋	陋醜 [누추] 陋屋 [누옥]
282 阝·6·9			
壘	진 루 fort lěi 레이	口 田 田 畾 壘	壘塊 [누괴] 堡壘 [보루]
283 土·15·18			
溜	물방울 류 drip liū 류	氵 汈 汹 溜 溜	溜槽 [유조] 蒸溜 [증류]
284 氵·10·13			
瘤	혹 류 tumor liú 류	亠 广 疒 瘤 瘤	瘤腫 [유종] 瘤贅 [유췌]
285 疒·10·15			
琉	유리 류 glass liú 류	T 王 珒 玩 琉	琉璃 [유리] 琉璃窓 [유리창]
286 王·7·11			
戮	죽일 륙 kill lù 루	7 크 翏 戮 戮	屠戮 [도륙] 殺戮 [살륙]
287 戈·11·15			
淪	빠질 륜 sink lún 룬	氵 氵 洽 淪	淪沒 [윤몰] 沈淪 [침륜]
288 氵·8·11			
綸	인끈 륜 seal-chain lún 룬	幺 糸 給 給 綸	綸綬 [윤수] 釣綸 [조륜]
289 糸·8·14			
慄	두려울 률 tremble lì 리	丷 忄 忾 忾 慄	戰慄 [전율] 慄然 [율연]
290 忄·10·13			
肋	갈빗대 륵 ribs lèi 레이	刀 月 肋 肋	肋骨 [늑골] 肋膜 [늑막]
291 肉·2·6			
勒	굴레 륵 bridle lè 러	一 卝 苩 勒 勒	勒絆 [늑반] 勒奪 [늑탈]
292 力·9·11			
凜	찰 름 cold lǐn 린	氵 冫 㓁 澶 凜	凜冽 [늠렬] 凜凜 [늠름]
293 冫·13·15			
凌	능가할 릉 exceed líng 링	氵 冫 冼 凌 凌	凌駕 [능가] 凌雲 [능운]
294 冫·8·10			

1급 가나다순 쓰기

한자	뜻/음	필순	단어
菱 295 艹·8·12	마름 릉 water chestnut líng 링	丷 艹 艹 莠 菱	菱歌 [능가] 菱荷 [능하]
稜 296 禾·8·13	모서리 릉 corner léng 렁	二 千 禾 稜 稜	稜角 [능각] 稜線 [능선]
綾 297 糸·8·14	비단 릉 silk líng 링	纟 糸 糿 綾 綾	綾羅 [능라] 綾扇 [능선]
悧 298 忄·7·10	영리할 리 clever lì 리	丶 忄 忄 忊 悧	俐와 同字
痢 299 疒·7·12	이질 리 dysentery lì 리	二 广 疒 疜 痢	痢疾 [이질] 赤痢 [적리]
俚 300 亻·7·9	속될 리 vulgar lǐ 리	亻 但 俚 俚	俚言 [이언] 俚歌 [이가]
厘 301 厂·7·9	리 리 lí 리	一 厂 厈 厍 厘	厘毛 [이모]
裡 302 衤·7·12	속 리 reverse lǐ 리	丶 衤 衵 袒 裡	人名字
罹 303 罒·11·16	걸릴 리 incur lí 리	罒 罒 罜 罹 罹	罹病 [이병] 罹災 [이재]
籬 304 竹·19·25	울타리 리 fence lí 리	𥫗 竺 篙 籬 籬	籬垣 [이원] 籬墻 [이장]
吝 305 口·4·7	아낄 린 stingy lìn 린	亠 文 吝	吝嗇 [인색] 吝惜 [인석]
燐 306 火·12·16	도깨비불 린 elf fire lín 린	丶 炉 炏 燐 燐	燐火 [인화] 燐光 [인광]
鱗 307 魚·12·23	비늘 린 scale lín 린	鱼 魲 鮮 鱗 鱗	鱗甲 [인갑] 片鱗 [편린]
躪 308 足·20·27	짓밟을 린 trample lìn 린	𧾷 趵 跻 跻 躪	蹂躪 [유린]

*　1급　가나다순 쓰기　*

淋	물뿌릴　림 drip　lín 린	淋漓 [임리] 淋汗 [임한]	瞞	속일　만 deceive　mán 만	瞞過 [만과] 欺瞞 [기만]
	氵氵汁沐淋			旷 眵 瞒 瞒 瞞	
309 氵·8·11			316 目·11·16		

粒	낟알　립 grain　lì 리	粒米 [입미] 粒子 [입자]	蔓	덩굴　만 vine　màn 만	蔓生 [만생] 蔓延 [만연]
	丷半米粒粒			丶一 茁 蒚 蔓	
310 米·5·11			317 艹·11·15		

笠	삿갓　립 a bamboo hat　lì 리	笠帽 [입모] 簑笠 [사립]	饅	만두　만 dumpling　mán 만	饅頭 [만두]
	ノ 𥫗 筝 笠			今 食 倌 馒 饅	
311 竹·5·11			318 食·11·20		

寞	쓸쓸할　막 lonely　mò 모	寞寞 [막막] 寂寞 [적막]	鰻	뱀장어　만 eel　mán 만	鰻鱺 [만리]
	宀 宀 宀 寞 寞			刍 魚 鯇 鰮 鰻	
312 宀·11·14			319 魚·11·22		

卍	만자　만 swastika　wàn 완	卍崩 [만붕] 卍字 [만자]	彎	굽을　만 bend　wān 완	彎曲 [만곡] 彎月 [만월]
	一 ㄱ 乙 卍 卍			結 䜌 彎 彎	
313 十·4·6			320 弓·19·22		

挽	당길　만 draw　wǎn 완	挽留 [만류] 挽回 [만회]	抹	바를　말 smear　mò 모	塗抹 [도말] 一抹 [일말]
	扌 扌 挣 挣 挽			扌 扌 扩 扞 抹	
314 扌·7·10			321 扌·5·8		

輓	끌　만 pull　wǎn 완	輓詞 [만사] 推輓 [추만]	沫	거품　말 foam　mò 모	噴沫 [분말] 泡沫 [포말]
	亘 車 軡 軡 輓			氵 氵 汁 沫	
315 車·7·14			322 氵·5·8		

1급 가나다순 쓰기

한자	훈·음	필순	용례
襪 323 衤·15·20	버선 말 / socks / wà 와	衤 衤 襪 襪 襪	洋襪 [양말] 襪線 [말선]
芒 324 艹·3·7	까끄라기 망 / awn / máng 망	丶 艹 芒 芒	芒種 [망종] 芒鞋 [망혜]
惘 325 忄·8·11	멍할 망 / stupefied / wǎng 왕	丶 忄 怕 惘 惘	惘惘 [망망] 惘然 [망연]
呆 326 口·4·7	지킬·어리석을 보·매 / keep / bǎo 바오	口 呆 呆	保의 古字
昧 327 日·5·9	어두울 매 / obscure / mèi 메이	日二 昿 昧	昧事 [매사] 愚昧 [우매]
寐 328 宀·9·12	잠잘 매 / sleep / mèi 메이	宀 宀 宀 寐 寐	夢寐 [몽매] 寐語 [매어]
煤 329 火·9·13	그을음 매 / soot / méi 메이	丶 灯 炒 煤 煤	煤煙 [매연] 煤炭 [매탄]
罵 330 网·10·15	욕할 매 / abuse / mà 마	罒 罒 罵 罵 罵	罵倒 [매도] 唾罵 [타매]
邁 331 辶·13·17	갈 매 / proceed / mài 마이	艹 萬 萬 邁	邁進 [매진] 高邁 [고매]
萌 332 艹·8·12	싹 맹 / bud / méng 멍	丶 艹 莳 萌	萌動 [맹동] 萌芽 [맹아]
棉 333 木·8·12	목화 면 / cotton / mián 몐	十 木 柯 棉 棉	棉作 [면작] 棉花 [면화]
眄 334 目·4·9	결눈질할 면 / squint / miàn 몐	目 盯 眄 眄	眄睞 [면래] 眄視 [면시]
緬 335 糸·9·15	멀 면 / distant / miǎn 몐	糹 絈 緬 緬 緬	緬奉 [면봉] 緬然 [면연]
麵 336 麥·9·20	밀가루 면 / flour / miàn 몐	十 麦 麥 麵 麵	麵과 同字

* 1급 가나다순 쓰기 *

皿 337 皿·0·5	그릇 vessel / 명 mǐn 민	口 皿 皿	器皿 [기명]	牡 344 牛·3·7	수컷 male / 모 mǔ 무	ㅗ 4 牝 牡	牡瓦 [모와] 牡牛 [모우]
酩 338 酉·6·13	술취할 get drunk / 명 mǐng 밍	丌 酉 酊 酩 酩	酩酊 [명정]	摸 345 扌·11·14	찾을 grope / 모 mō 모	丿 扌 扌 捁 摸	摸倣 [모방] 摸索 [모색]
溟 339 氵·10·13	바다 sea / 명 míng 밍	氵 冖 洍 溟	溟洲 [명주] 溟海 [명해]	糢 346 米·11·17	모호할 vague / 모 mó 모	㐄 米 米 糡 糢	模의 俗字
瞑 340 目·10·15	눈감을 close eyes / 명 míng 밍	目 眃 瞑	瞑目 [명목] 瞑想 [명상]	歿 347 歹·4·8	죽을 die / 몰 mò 모	一 歹 列 歿 歿	戰歿 [전몰]
螟 341 虫·10·16	마디충 pearl moth / 명 míng 밍	虫 虴 螟 螟	螟蛉 [명령] 螟蟲 [명충]	杳 348 木·4·8	어두울 obscure / 묘 yǎo 야오	十 木 杳	杳冥 [묘명] 杳然 [묘연]
袂 342 衤·4·9	소매 sleeve / 메 mèi 메이	礻 衤 衤 袂	袂別 [메별] 分袂 [분메]	描 349 扌·9·12	그릴 draw / 묘 miáo 먀오	丿 扌 扌 描 描	描寫 [묘사] 素描 [소묘]
耗 343 耒·4·10	줄일 diminish / 모 hào 하오	㐄 耒 耒 耗	耗盡 [모진] 消耗 [소모]	猫 350 犭·9·12	고양이 cat / 묘 māo 마오	丿 犭 犭 犳 猫	猫兒 [묘아] 猫睛 [묘정]

* 1급 가나다순 쓰기 *

渺 351 氵·9·12	아득할 묘 / dim / miǎo 먀오	氵 汋 泖 渺 渺	渺茫 [묘망] / 渺然 [묘연]
毋 352 毋·0·4	말 무 / not / wǔ 우	𠃌 勹 丹 毋	毋慮 [무려] / 毋論 [무론]
拇 353 扌·5·8	엄지손가락 무 / thumb / mǔ 무	扌 払 扨 拇 拇	拇印 [무인] / 拇指 [무지]
巫 354 工·4·7	무당 무 / witch / wū 우	丁 巫 巫	巫堂 [무당] / 巫俗 [무속]
誣 355 言·7·14	무고할 무 / innocent / wū 우	言 訂 誣 誣	誣告 [무고] / 誣陷 [무함]
畝 356 田·5·10	이랑 묘 / ridge / mǔ 무	亠 亩 亩 畝 畝	畎畝 [견묘] / 田畝 [전묘]
撫 357 扌·12·15	위로할 무 / stroke / fǔ 푸	扌 扌 拧 撫 撫	撫摩 [무마] / 宣撫 [선무]
憮 358 忄·12·15	어루만질 무 / caress / wǔ 우	忄 忄 忙 憮 憮	憮然 [무연] / 懷憮 [회무]
蕪 359 艹·12·16	거칠 무 / harsh / wú 우	丶 艹 芏 菰 蕪	蕪穢 [무예] / 蕪菁 [무정]
蚊 360 虫·4·10	모기 문 / mosquito / wén 원	口 中 虫 蚊 蚊	蚊蝱 [문맹] / 蚊帳 [문장]
媚 361 女·9·12	아첨할 미 / flatter / mèi 메이	女 妒 妒 妒 媚	媚笑 [미소] / 媚態 [미태]
薇 362 艹·13·17	고비 미 / osmund / wēi 웨이	丶 艹 芝 薇 薇	薔薇 [장미] / 採薇 [채미]
靡 363 非·11·19	쓰러질 미 / wave / mǐ 미	亠 广 庠 靡 靡	靡寧 [미녕] / 風靡 [풍미]
悶 364 心·8·12	번민할 민 / agonize / mèn 먼	冂 門 悶 悶	苦悶 [고민] / 煩悶 [번민]

1급 가나다순 쓰기

번호	한자	훈	음	병음	획	필순	예
365 (言·10·17)	謐	고요할	밀	mì		言 訂 訟 謐 謐	靜謐 [정밀], 謐然 [밀연]
366 (玉·5·9)	珀	호박	박	pò 포		丅 王 珀 珀 珀	琥珀 [호박]
367 (米·5·11)	粕	지게미	박	pò 포		丷 斗 米 粕 粕	大豆粕 [대두박], 糟粕 [조박]
368 (竹·8·14)	箔	발	박	bó 보		⺮ 笁 笝 箔	金箔 [금박], 蠶箔 [잠박]
369 (刂·8·10)	剝	벗길	박	bāo 바오		⺂ 彔 彔 彔 剝	剝製 [박제], 剝奪 [박탈]
370 (扌·10·13)	搏	칠	박	bó 보		扌 拍 捕 捕 搏	搏擊 [박격], 脈搏 [맥박]
371 (肉·10·14)	膊	포·어깨뼈	박	pò 포		胆 膊 膊 膊 膊	膊膊 [박박], 上膊 [상박]
372 (糸·10·16)	縛	묶을	박	fù 푸		糹 緷 緷 縛 縛	結縛 [결박], 捕縛 [포박]
373 (馬·4·14)	駁	얼룩말	박	bó 보		一 厂 馭 駁 駁	駁馬 [박마], 駁雜 [박잡]
374 (扌·12·15)	撲	칠	박	pū 푸		扌 扩 扩 撲 撲	撲殺 [박살], 打撲 [타박]
375 (木·12·16)	樸	순박할	박	pǔ 푸		十 木 栏 樸 樸	樸桷 [박각], 質樸 [질박]
376 (扌·5·8)	拌	버릴	반	bàn 반		扌 扌 扚 拌	攪拌 [고반]
377 (田·5·10)	畔	두둑	반	pàn 판		皿 田 畔 畔	畔路 [반로], 湖畔 [호반]
378 (糸·5·11)	絆	옭아맬	반	bàn 반		糹 糸 絆 絆	絆瘡膏 [반창고], 絆拘 [반구]

203

1급 가나다순 쓰기

斑	얼룩 stain	반 bān 반	斑點 [반점] / 斑指 [반지]
379 文·8·12			
槃	쟁반 tray	반 pán 판	槃盂 [반우] / 涅槃 [열반]
380 木·10·14			
頒	나눌 promulgate	반 bān 반	頒賜 [반사] / 頒布 [반포]
381 頁·4·13			
蟠	서릴 coil	반 pán 판	蟠踞 [반거] / 蟠龍 [반룡]
382 虫·12·18			
攀	더위잡을 climb up	반 pān 판	攀桂 [반계] / 登攀 [등반]
383 手·15·19			
礬	명반 alum	반 fán 판	明礬 [명반] / 白礬 [백반]
384 石·15·20			
跋	밟을 tread	발 bá 바	跋涉 [발섭] / 跋扈 [발호]
385 足·5·12			
魃	가물귀신 drought demon	발 bá 바	魃蜮 [발역] / 旱魃 [한발]
386 鬼·5·15			
勃	우뚝일어날 spirited	발 bó 보	勃發 [발발] / 勃興 [발흥]
387 力·7·9			
撥	다스릴 rule	발 bō 보	撥亂 [발란] / 反撥 [반발]
388 扌·12·15			
潑	뿌릴 sprinkle	발 pō 포	潑水 [발수] / 活潑 [활발]
389 氵·12·15			
醱	술괼 brew	발 pō 포	醱酵 [발효] / 醱醅 [발배]
390 酉·12·19			
彷	거닐 wander	방 páng 팡	彷彿 [방불] / 彷徨 [방황]
391 彳·4·7			
坊	동네 village	방 fāng 팡	坊間 [방간] / 坊店 [방점]
392 土·4·7			

昉 393 日·4·8	밝을 방 bright fǎng 팡 日 旷 昉 昉	人名字	
肪 394 肉·4·8	비계 방 animal fat fáng 팡 月 厂 肪 肪	脂肪 [지방] 肪脆 [방취]	
枋 395 木·4·8	박달나무 방 birch fāng 팡 木 朽 枋	引枋 [인방] 中枋 [중방]	
榜 396 木·10·14	방붙일 방 placard bǎng 방 十 柠 椿 榜 榜	榜文 [방문] 放榜 [방방]	
膀 397 肉·10·14	오줌통 방 bladder páng 팡 月 胪 胯 膀 膀	膀胱 [방광] 膀胱炎 [방광염]	
謗 398 言·10·17	헐뜯을 방 speak ill of others bàng 방 言 訢 諍 謗 謗	誹謗 [비방] 毁謗 [훼방]	
尨 399 尢·4·7	삽살개 방 shaggy dog máng 망 𠂉 尤 尨 尨	尨犬 [방견] 尨大 [방대]	
幫 400 巾·14·17	도울 방 help bāng 방 𠆢 圭 封 幇 幫	幫助 [방조]	
胚 401 肉·5·9	아이밸 배 pregnant pēi 페이 月 肝 胚 胚	胚芽 [배아] 胚胎 [배태]	
湃 402 氵·9·12	물결칠 배 wave pài 파이 氵 浐 沣 浐 湃	澎湃 [팽배] 湃湃 [배배]	
陪 403 阝·8·11	모실 배 assist péi 페이 阝 阝 陪 陪	陪席 [배석] 陪侍 [배시]	
徘 404 彳·8·11	어정거릴 배 wander pái 파이 彳 彳 彳 徘 徘	徘徊 [배회]	
帛 405 巾·5·8	비단 백 silk bó 보 白 帛 帛	帛書 [백서] 布帛 [포백]	
魄 406 鬼·5·15	넋 백 soul bó 보 白 帥 帥 魄 魄	氣魄 [기백] 魂魄 [혼백]	

* 1급 가나다순 쓰기 *

蕃	무성할 thick	번 fán 판	蕃茂 [번무] 蕃族 [번족]
407 ⾋·12·16	⼀ ⾋ 苎 蕃 蕃		

藩	울타리 fence	번 fān 판	藩籬 [번리] 藩邦 [번방]
408 ⾋·15·19	⼀ 艹 萍 藩 藩		

帆	돛 sail	범 fān 판	帆船 [범선] 出帆 [출범]
409 ⼱·3·6	⼝ 巾 帆 帆 帆		

梵	범어 Sanskrit	범 fàn 판	梵閣 [범각] 梵僧 [범승]
410 ⽊·7·11	⼗ ⽊ 梵 梵		

泛	뜰 float	범 fàn 판	泛舟 [범주] 泛稱 [범칭]
411 ⽔·5·8	⼀ ⼆ 氵 汎 泛		

汎	넘칠 overflow	범 fàn 판	汎濫 [범람] 汎然 [범연]
412 ⽔·2·5	氵 汀 汎		

劈	쪼갤 rend	벽 pī 피	劈開 [벽개] 劈頭 [벽두]
413 ⼑·13·15	⼀ ⼸ 辟 劈 劈		

擘	엄지손가락 thumb	벽 bò 보	巨擘 [거벽] 擘指 [벽지]
414 ⼿·13·17	⼸ ⼾ 辟 擘 擘		

璧	둥근옥 ring jade	벽 bì 비	璧玉 [벽옥] 完璧 [완벽]
415 ⽟·13·18	⼾ 辟 璧 璧 璧		

癖	버릇 habit	벽 pǐ 피	盜癖 [도벽] 酒癖 [주벽]
416 ⽧·13·18	⼀ 广 疒 癖 癖		

闢	열 open	벽 pì 피	闢墾 [벽간] 開闢 [개벽]
417 ⾨·13·21	⼾ 門 閂 闢 闢		

瞥	슬쩍볼 glance at	별 piē 폐	瞥見 [별견] 一瞥 [일별]
418 ⽬·12·17	⼩ 市 肖 敝 瞥		

鼈	자라 turtle	별 biē 베	鼈甲 [별갑] 魚鼈 [어별]
419 ⿃·12·25	市 敝 鼈 鼈 鼈		

瓶	병 bottle	병 píng 핑	瓶梅 [병매] 花瓶 [화병]
420 ⽡·8·13	⼁ ⼲ 并 瓶 瓶		

* 1급 가나다순 쓰기 *

번호	한자	훈	음(병음)	필순	단어
421	餅 (食·6·15)	떡	병 bǐng 빙	今 飠 飣 餅 餅	餅湯 [병탕] / 煎餅 [전병]
422	堡 (土·9·12)	작은성 fort	보 bǎo 바오	仔 俘 保 堡 堡	堡壘 [보루] / 橋頭堡 [교두보]
423	洑 (氵·6·9)	돌아흐를 meander	복·보 fú 푸	氵 氵 洑 洑	洑流 [복류] / 洑稅 [보세]
424	菔 (艹·11·15)	무 radish	복 bo 보	艹 艿 菔 菔	菔鮑 [복포]
425	菩 (艹·8·12)	보살 Bodhisattva	보 pú 푸	丶 艹 苙 菩	菩薩 [보살] / 菩提 [보제]
426	鰒 (魚·9·20)	전복 ear shell	복 fù 푸	帘 魚 鮑 鮪 鰒	全鰒 [전복] / 鰒魚 [복어]
427	匐 (勹·9·11)	길 crawl	복 fú 푸	勹 匋 匐 匐	匐枝 [복지]
428	輻 (車·9·16)	바퀴살 spoke	복 fú 푸	亘 車 輻 輻	輻射 [복사] / 輻輳 [복주]
429	僕 (亻·12·14)	종 servant	복 pú 푸	亻 伴 僙 僕	奴僕 [노복] / 忠僕 [충복]
430	捧 (扌·8·11)	받들 hold up	봉 pěng 펑	扌 扌 扌 捧 捧	捧納 [봉납] / 捧讀 [봉독]
431	棒 (木·8·12)	몸둥이 club	봉 bàng 방	十 木 柊 棒	棒鋼 [봉강] / 棍棒 [곤봉]
432	烽 (火·7·11)	봉화 beacon	봉 fēng 펑	丶 火 炉 烽 烽	烽火 [봉화] / 烽火臺 [봉화대]
433	鋒 (金·7·15)	칼날 blade	봉 fēng 펑	牟 金 鋒 鋒	鋒刃 [봉인] / 銳鋒 [예봉]
434	芙 (艹·4·8)	연꽃 lotus flower	부 fú 푸	丶 艹 艻 芙	芙蕖 [부거] / 芙蓉 [부용]

1급 가나다순 쓰기

한자	뜻/음	병음	예시
斧	도끼 부 / axe	fǔ 푸	斧柯 [부가], 斧鉞 [부월]
435 斤·4·8			
咐	분부할 부 / command	fù 푸	咐囑 [부촉], 吩咐 [분부]
436 口·5·8			
俯	구부릴 부 / bend	fǔ 푸	俯瞰 [부감], 俯仰 [부앙]
437 亻·8·10			
腑	장부 부 / bowels	fǔ 푸	六腑 [육부], 臟腑 [장부]
438 肉·8·12			
駙	곁마 부 / extra horse	fù 푸	駙馬 [부마]
439 馬·5·15			
埠	선창 부 / wharf	bù 부	埠頭 [부두]
440 土·8·11			
訃	부고 부 / obituary	fù 푸	訃告 [부고], 訃音 [부음]
441 言·2·9			
孵	알깔 부 / hatch	fū 푸	孵卵 [부란], 孵化 [부화]
442 子·11·14			
剖	쪼갤 부 / split	pōu 퍼우	剖檢 [부검], 解剖 [해부]
443 刂·8·10			
賻	부의 부 / contribute	fù 푸	賻儀 [부의], 賻助 [부조]
444 貝·10·17			
吩	분부할 분 / command	fēn 펀	吩咐 [분부]
445 口·4·7			
扮	꾸밀 분 / dress up	bàn 반	扮裝 [분장], 扮飾 [분식]
446 扌·4·7			
忿	성낼 분 / angry	fèn 펀	忿激 [분격], 忿怒 [분노]
447 心·4·8			
盆	동이 분 / basin	pén 펀	盆景 [분경], 花盆 [화분]
448 皿·4·9			

* 1급 가나다순 쓰기 *

霧	안개 무 fog fēn 편	霧霧 [무무] 雰圍氣 [분위기]
449 一 二 干 乘 雰 雰 雨·4·12		

焚	불사를 분 burn fén 펀	焚身 [분신] 焚香 [분향]
450 十 木 林 埜 焚 火·8·12		

噴	뿜을 분 spout pēn 펀	噴霧 [분무] 噴出 [분출]
451 口 口 叶 唯 噴 噴 口·12·15		

糞	똥 분 excrements fèn 펀	糞尿 [분뇨] 人糞 [인분]
452 一 米 峯 糞 糞 米·11·17		

佛	비슷할 불 similar fú 푸	彷彿 [방불]
453 彳 彴 彿 彿 彳·5·8		

繃	묶을 붕 bind bēng 벙	繃帶 [붕대] 繃帶液 [붕대액]
454 纟 糹 紣 絹 繃 糸·11·17		

棚	시렁 붕 shelf péng 펑	大陸棚 [대륙붕] 棚棧 [붕잔]
455 十 木 朷 枆 棚 木·8·12		

硼	붕사 붕 borax péng 펑	硼砂 [붕사] 硼素 [붕소]
456 厂 石 砢 砌 硼 石·8·13		

匕	비수 비 dagger bǐ 비	匕首 [비수] 匕箸 [비저]
457 ノ 匕 匕·0·2		

妣	죽은어미 비 deceased mother bǐ 비	先妣 [선비] 顯妣 [현비]
458 ㄥ 女 女 妑 妣 女·4·7		

庇	덮을 비 shelter pí 피	庇佑 [비우] 庇護 [비호]
459 一 广 庀 庇 庇 广·4·7		

秕	쭉정이 비 chaff bǐ 비	秕糠 [비강] 秕政 [비정]
460 千 禾 禾 秅 秕 禾·4·9		

砒	비상 비 arsenic pī 피	砒霜 [비상] 砒石 [비석]
461 厂 石 石 矴 砒 石·4·9		

琵	비파 비 lute pí 피	琵琶 [비파] 琵琶歌 [비파가]
462 т 天 珡 琵 琵 王·8·12		

1급 가나다순 쓰기

463 扉 | 문짝 비 door / fēi 페이 | 戶·8·12 | 柴扉 [시비] / 扉戶 [비호]

464 蜚 | 바퀴 비 cockroach / fēi 페이 | 虫·8·14 | 蜚騰 [비등] / 蜚蠊 [비렴]

465 緋 | 비단 비 red silk / fēi 페이 | 糸·8·14 | 緋緞 [비단] / 緋玉 [비옥]

466 翡 | 물총새 비 kingfisher / fēi 페이 | 羽·8·14 | 翡玉 [비옥] / 翡翠 [비취]

467 誹 | 헐뜯을 비 slander / fēi 페이 | 言·8·15 | 誹謗 [비방] / 誹笑 [비소]

468 脾 | 지라 비 spleen / pí 피 | 肉·8·12 | 脾胃 [비위] / 脾臟 [비장]

469 痺 | 암메추라기 비 quail / bì 비 | 疒·8·13 | 痺病 [비병]

470 裨 | 도울 비 aid / bì 비 | 衤·8·13 | 裨益 [비익] / 裨將 [비장]

471 沸 | 끓을 비·불 boil / fèi 페이 | 氵·5·8 | 沸騰 [비등] / 沸沸 [불불]

472 憊 | 고달플 비 tired out / bèi 베이 | 心·12·16 | 憊色 [비색] / 困憊 [곤비]

473 鄙 | 더러울 비 dirty / bǐ 비 | 阝·11·14 | 鄙劣 [비열] / 野鄙 [야비]

474 臂 | 팔 비 arm / bì 비 | 肉·13·17 | 臂環 [비환] / 攘臂 [양비]

475 譬 | 비유할 비 compare / pì 피 | 言·13·20 | 譬喩 [비유]

476 嬪 | 궁녀 빈 lady-in-waiting / pín 핀 | 女·14·17 | 嬪宮 [빈궁] / 妃嬪 [비빈]

1급 가나다순 쓰기

477 濱
물가 빈 / beach / bīn 빈
氵 氵 浐 浐 濱 濱
濱涯 [빈애]
砂濱 [사빈]
氵·14·17

478 殯
초빈할 빈 / mortuary / bìn 빈
歹 殡 殯 殯 殯
殯所 [빈소]
草殯 [초빈]
歹·14·18

479 瀕
물가·임박할 빈 / beach / bīn 빈
氵 氵 沖 潮 瀕
瀕死 [빈사]
瀕海 [빈해]
氵·16·19

480 嚬
찡그릴 빈 / frown / pín 핀
口 咻 咻 嚬 嚬
嚬呻 [빈신]
嚬蹙 [빈축]
口·16·19

481 憑
기댈 빙 / rely / píng 핑
冫 冫 冯 憑 憑
信憑 [신빙]
證憑 [증빙]
心·12·16

482 祠
사당 사 / shrine / cí 츠
亍 示 礻 祠 祠
祠堂 [사당]
神祠 [신사]
示·5·10

483 嗣
이을 사 / succeed / sì 쓰
吕 䀢 嗣 嗣
嗣子 [사자]
後嗣 [후사]
口·10·13

484 娑
춤출 사 / dance / suō 쒀
氵 氵 沙 娑 娑
娑婆 [사바]
婆娑 [파사]
女·7·10

485 紗
얇은비단 사 / thin silk / shā 사
纟 糸 紅 紗 紗
紗帽 [사모]
紗窓 [사창]
糸·4·10

486 些
적을 사 / a little / xiē 셰
卜 止 止 此 些
些少 [사소]
些些 [사사]
二·5·7

487 麝
사향노루 사 / musk deer / shè 서
亠 庐 麋 麝 麝
麝香 [사향]
麝香鹿 [사향록]
鹿·10·21

488 獅
사자 사 / lion / shī 스
丿 犭 犷 狮 獅
獅子 [사자]
獅子吼 [사자후]
犭·10·13

489 徙
옮길 사 / remove / xǐ 시
彳 彳 徙 徙 徙
徙邊 [사변]
移徙 [이사]
彳·8·11

490 奢
사치할 사 / luxury / shē 서
大 奁 奢 奢
奢侈 [사치]
奢泰 [사태]
大·9·12

* 1급 가나다순 쓰기 *

491. 蓑
- 도롱이 사 / straw raincoat / suō 쒀
- 艹 → 艹 → 莁 → 蓑 → 蓑
- 蓑笠 [사립]
- 蓑衣 [사의]
- 艹 · 10 · 14

492. 瀉
- 쏟을 사 / vomit / xiè 셰
- 氵 → 氵 → 泻 → 瀉 → 瀉
- 瀉出 [사출]
- 吐瀉 [토사]
- 氵 · 15 · 18

493. 疝
- 산증 산 / lumbago / shàn 산
- 亠 → 广 → 广 → 疒 → 疝
- 疝症 [산증]
- 疝痛 [산통]
- 疒 · 3 · 8

494. 刪
- 깎을 산 / cut / shān 산
- 冂 → 冊 → 冊 → 刪
- 刪蔓 [산만]
- 刪削 [산삭]
- 刂 · 5 · 7

495. 珊
- 산호 산 / coral / shān 산
- 丅 → 王 → 珊
- 珊瑚 [산호]
- 珊瑚珠 [산호주]
- 王 · 5 · 9

496. 煞
- 죽일 살 / kill / shā 사
- 丶 → 夕 → 敘 → 煞
- 凶煞 [흉살]
- 灬 · 9 · 13

497. 撒
- 뿌릴 살 / scatter / sǎ 사
- 扌 → 扌 → 扩 → 撒 → 撒
- 撒水 [살수]
- 撒布 [살포]
- 扌 · 12 · 15

498. 薩
- 보살 살 / buddhist saint / sà 싸
- 一 → 艹 → 萨 → 薩 → 薩
- 菩薩 [보살]
- 薩埵 [살타]
- 艹 · 14 · 18

499. 滲
- 물스밀 삼 / soak / shèn 선
- 氵 → 氵 → 渗 → 滲
- 滲水 [삼수]
- 滲出 [삼출]
- 氵 · 11 · 14

500. 澁
- 떫을 삽 / rough / sè 써
- 氵 → 汁 → 汁 → 澁
- 澁味 [삽미]
- 澁語 [삽어]
- 氵 · 12 · 15

501. 孀
- 과부 상 / widow / shuāng 솽
- 女 → 妒 → 妒 → 嬻 → 孀
- 孀婦 [상부]
- 靑孀 [청상]
- 女 · 17 · 20

502. 翔
- 빙돌아날 상 / soar / xiáng 샹
- 羊 → 羊 → 翔 → 翔
- 翔空 [상공]
- 飛翔 [비상]
- 羽 · 6 · 12

503. 爽
- 시원할 상 / refreshing / shuǎng 솽
- 爻 → 爽 → 爽
- 爽達 [상달]
- 豪爽 [호상]
- 爻 · 7 · 11

504. 觴
- 잔 상 / goblet / shāng 상
- 夕 → 角 → 觚 → 觴 → 觴
- 觴詠 [상영]
- 濫觴 [남상]
- 角 · 11 · 18

1급 가나다순 쓰기

505 璽 (玉·14·19)	도장 새 imperial seal xǐ 시	一 下 西 爾 璽	國璽 [국새] 玉璽 [옥새]
506 嗇 (口·10·13)	아낄 색 stingy sè 써	十 ホ 卉 쵬 嗇	嗇夫 [색부] 吝嗇 [인색]
507 牲 (牛·5·9)	희생 생 sacrifice shēng 성	丿 牛 牛 牪 牲	牲犢 [생독] 犧牲 [희생]
508 甥 (生·7·12)	생질 생 nephew shēng 성	丿 生 甥 甥 甥	甥姪 [생질] 外甥 [외생]
509 抒 (扌·4·7)	펼 서 state shū 수	丿 扌 扌 扞 抒	抒情 [서정] 抒情詩 [서정시]
510 胥 (肉·5·9)	서로 서 mutually xū 쉬	丆 疋 胥	胥失 [서실] 胥吏 [서리]
511 婿 (女·9·12)	사위 서 son-in-law xù 쉬	女 女 妒 妒 婿	壻와 同字
512 黍 (黍·0·12)	기장 서 millet shǔ 수	千 禾 禾 黍 黍	黍穀 [서곡] 黍粟 [서속]
513 棲 (木·8·12)	깃들일 서 roost qī 치	十 木 杧 栖 棲	棲息 [서식] 同棲 [동서]
514 犀 (牛·8·12)	무소 서 rhinoceros xī 시	一 尸 尸 屖 犀	犀角 [서각] 犀牛 [서우]
515 曙 (日·14·18)	새벽 서 dawn shǔ 수	日 旷 晠 曙 曙	曙光 [서광] 曙天 [서천]
516 薯 (艹·14·18)	마 서 yam shǔ 수	艹 䒑 荳 薯 薯	薯蕷 [서시] 薯蕷 [서여]
517 鼠 (鼠·0·13)	쥐 서 rat shǔ 수	臼 臼 鼡 鼠 鼠	鼠技 [서기] 鼠盜 [서도]
518 粹 (米·8·14)	순수할 수 pure chì 추이	丶 丷 粒 粹	粹美 [수미] 純粹 [순수]

* 1급 가나다순 쓰기 *

蒐	모을 수 collect sǒu 수	蒐集 [수집]
519 ⼁⺾·10·14	艹 艻 苗 蒐 蒐	蒐討 [수토]

穗	이삭 수 ear of grain suì 쒸이	落穗 [낙수]
520 禾·12·17	千 秆 秪 穗 穗	發穗 [발수]

嶼	섬 서 islet yǔ 위	島嶼 [도서]
521 山·14·17	丨 峁 峪 崩 嶼	

潟	개펄 석 tideland xì 시	干潟地 [간석지]
522 氵·12·15	汙 沪 泻 潟 潟	潟口 [석구]

扇	부채 선 fan shàn 산	扇形 [선형]
523 戶·6·10	丶 户 庁 肩 扇	秋扇 [추선]

煽	부추길 선 agitate shān 산	煽動 [선동]
524 火·10·14	丶 炉 炉 煒 煽	煽惑 [선혹]

羨	부러워할 선 envy xiàn 쎈	羨望 [선망]
525 羊·7·13	丷 羊 羑 羨 羨	羨餘 [선여]

銑	끌 선 chisel xiǎn 쎈	銑鐵 [선철]
526 金·6·14	牟 金 釒 銑	銑鋧 [선현]

膳	반찬 선 savoury food shàn 산	膳物 [선물]
527 肉·12·16	月 胪 胖 膳 膳	膳賜 [선사]

腺	샘 선 gland xiàn 쎈	腺毛 [선모]
528 肉·9·13	月 胪 腭 腺 腺	淚腺 [누선]

泄	샐 설 leak xiè 쎄	漏泄 [누설]
529 氵·5·8	氵 沚 泄 泄	排泄 [배설]

渫	칠 설 dredge xiè 쎄	浚渫 [준설]
530 氵·9·12	氵 沜 渫 渫 渫	渫雲 [설운]

洩	샐 설 leak xiè 쎄	漏洩 [누설]
531 氵·6·9	氵 汩 洩 洩	

屑	가루 설 fragment xién 쎈	屑塵 [설진]
532 尸·7·10	冂 尸 尸 屑 屑	瑣屑 [쇄설]

1급 가나다순 쓰기

閃 533 門·2·10	번쩍할 섬 flash shǎn 산 ㄱ 門 門 閃	閃光 [섬광] 閃電 [섬전]	
殲 534 歹·17·21	몰살할 섬 annihilate jiān 젠 歹 殲 殯 殲 殲	殲滅 [섬멸] 殲撲 [섬박]	
醒 535 酉·9·16	슬깰 성 sober xǐng 싱 酉 酲 醒 醒	醒酒 [성주] 覺醒 [각성]	
宵 536 宀·7·10	밤 소 night xiāo 샤오 宀 宁 宕 宵	元宵 [원소] 晝宵 [주소]	
逍 537 辶·7·11	거닐 소 ramble xiāo 샤오 丨 小 肖 消 逍	逍遙 [소요] 逍風 [소풍]	
疎 538 疋·7·12	성길 소 sparse shū 수 丆 丂 丆 疎 疎	疎隔 [소격] 疎外 [소외]	
梳 539 木·7·11	빗 소 comb shū 수 十 朼 梳 梳 梳	梳洗 [소세] 月梳 [월소]	
搔 540 扌·10·13	긁을 소 scratch sāo 싸오 扌 扩 扠 搖 搔	搔癢 [소양] 搔爬 [소파]	
瘙 541 疒·10·15	종기 소 tumor sào 싸오 亠 广 疒 痞 瘙	瘙痒 [소양]	
塑 542 土·10·13	토우 소 clay image sù 쑤 兰 䒑 朔 塑 塑	塑像 [소상] 彫塑 [조소]	
遡 543 辶·10·14	거슬러올라갈 소 go back to sù 쑤 兰 䒑 朔 溯 遡	遡及 [소급] 遡源 [소원]	
蕭 544 艹·13·17	맑은대쑥 소 mugwort xiāo 샤오 萨 萨 蕃 蕭 蕭	蕭瑟 [소슬] 蕭然 [소연]	
簫 545 竹·13·19	퉁소 소 bamboo flute xiāo 쎈 笁 笁 簫 簫 簫	簫管 [소관] 洞簫 [통소]	
甦 546 生·7·12	소생할 소 revive sū 쑤 甴 更 甦 甦 甦	蘇의 俗字	

1급 가나다순 쓰기

한자	훈음	필순	단어
贖 547 貝·15·22	속바칠 속 / redeem / shú 수	貝 贖 贖 贖	贖罪 [속죄] / 代贖 [대속]
遜 548 辶·10·14	겸손할 손 / humble / xùn 쉰	了 孫 孫 遜 遜	恭遜 [공손] / 謙遜 [겸손]
悚 549 忄·7·10	두려워할 송 / fear / sǒng 쑹	忄 忄 悚 悚	悚懼 [송구] / 罪悚 [죄송]
碎 550 石·8·13	부술 쇄 / crush / suì 쑤이	厂 石 砕 砕 碎	碎身 [쇄신] / 粉碎 [분쇄]
灑 551 氵·19·22	뿌릴 쇄 / sprinkle / sǎ 싸	氵 灑 灑 灑 灑	灑落 [쇄락] / 灑掃 [쇄소]
戍 552 戈·2·6	수자리 수 / shù 수	厂 厃 戍 戍 戍	戍樓 [수루] / 戍兵 [수병]
狩 553 犭·6·9	사냥 수 / hunt / shòu 서우	丿 犭 犭 狩 狩	狩獵 [수렵] / 巡狩 [순수]
袖 554 衤·5·10	소매 수 / sleeve / xiù 슈	衤 衤 袖 袖 袖	袖傳 [수전] / 領袖 [영수]
羞 555 羊·5·11	부끄러워할 수 / ashamed / xiū 슈	丷 羊 羞 羞	羞恥 [수치] / 羞悔 [수회]
髓 556 骨·12·23	골수 수 / marrow / suǐ 쑤이	冎 骨 骨 骨 髓	骨髓 [골수] / 精髓 [정수]
嫂 557 女·10·13	형수 수 / elder brother's wife / sǎo 싸오	女 女 女 嫂 嫂	弟嫂 [제수] / 兄嫂 [형수]
瘦 558 疒·10·15	파리할 수 / lean / shòu 서우	亠 疒 疒 瘦 瘦	瘦面 [수면] / 瘦瘠 [수척]
竪 559 立·8·13	애송이 수 / lad / shù 수	豆 臣 臤 竪	豎의 俗字
酬 560 酉·6·13	갚을 수 / repay / chóu 처우	酉 酉 酬	酬酌 [수작] / 報酬 [보수]

1급 가나다순 쓰기

繡	수 embroider	수 xiù 슈	繡工 [수공]
561 糸·13·19	糸 糹 繡 繡 繡		刺繡 [자수]

讐	원수 enemy	수 chóu 처우	讎와 同字
562 言·16·23	亻 亻 隹 雔 讐		

夙	일찍 early	숙 sù 쑤	夙成 [숙성]
563 夕·3·6	丿 几 凡 夙 夙		夙夜 [숙야]

菽	콩 pulse	숙 shū 수	菽麥 [숙맥]
564 艹·8·12	艹 尗 荌 菽		菽水 [숙수]

塾	글방 school	숙 shú 수	私塾 [사숙]
565 土·11·14	亨 享 孰 孰 塾		義塾 [의숙]

筍	죽순 bamboo shoot	순 sǔn 쑨	筍芽 [순아]
566 竹·6·12	𠂉 𠂉 竹 笁 筍		竹筍 [죽순]

醇	순수할 pure	순 chún 춘	醇朴 [순박]
567 酉·8·15	酉 酉 醇 醇		醇化 [순화]

馴	길들 tame	순 xùn 쉰	馴鹿 [순록]
568 馬·3·13	一 厂 𠃍 馬 馴		馴致 [순치]

膝	무릎 knee	슬 xī 시	膝下 [슬하]
569 肉·11·15	月 肚 膝 膝 膝		膝行 [슬행]

丞	정승 minister	승 chéng 청	丞相 [승상]
570 一·5·6	了 㐆 氶 丞 丞		政丞 [정승]

柿	감 persimmon	시 shì 스	沈柿 [침시]
571 木·5·9	木 朴 枾 柿		紅柿 [홍시]

匙	순가락 spoon	시 chí 츠	匙箸 [시저]
572 匕·9·11	日 旱 是 是 匙		插匙 [삽시]

豺	승냥이 wolf	시 chái 차이	豺狼 [시랑]
573 豸·3·10	𠂉 ⺁ 豸 豺 豺		豺虎 [시호]

猜	샘할 jealous	시 cāi 차이	猜忌 [시기]
574 犭·8·11	丿 犭 犴 猜 猜		猜妬 [시투]

* 1급 가나다순 쓰기 *

한자	훈음	필순	예시
媤 575 女·9·12	시집 시 husband's home	女 女 如 妙 媤	媤宅 [시댁] 媤叔 [시숙]
弒 576 弋·10·13	죽일 시 regicide shì ㅅ	杀 杀 紅 弒 弒	弒害 [시해] 弒殺 [시살]
諡 577 言·9·16	시호 시 posthumous epithet shì ㅅ	言 諡 諡 諡	諡號 [시호] 諡冊文 [시책문]
拭 578 扌·6·9	닦을 식 wipe shì ㅅ	扌 扌 拉 拭 拭	拭目 [식목] 拂拭 [불식]
蝕 579 虫·9·15	좀먹을 식 be worm eaten shí ㅅ	今 仐 触 蝕	腐蝕 [부식] 侵蝕 [침식]
熄 580 火·10·14	불꺼질 식 extinguish xī ㅅ	灬 火 灯 熄 熄	熄滅 [식멸] 終熄 [종식]
迅 581 辶·3·7	빠를 신 quick xùn ㅅ	乙 卂 迅 迅	迅速 [신속] 迅捷 [신첩]
訊 582 言·3·10	물을 신 inquire xùn ㅅ	言 訊 訊	訊鞫 [신국] 訊問 [신문]
呻 583 口·5·8	끙끙거릴 신 moan shēn ㅅ	口 呷 呻	呻吟 [신음] 呻呼 [신호]
薪 584 艹·13·17	땔나무 신 firewood xīn ㅅ	丶 艹 菥 薪 薪	薪木 [신목] 薪炭 [신탄]
宸 585 宀·7·10	집 신 palace chén ㅊ	宀 宀 宸 宸 宸	宸襟 [신금] 宸筆 [신필]
娠 586 女·7·10	애밸 신 pregnant shēn ㅅ	女 女 妒 娠 娠	妊娠 [임신]
蜃 587 虫·7·13	대합조개 신 big shellfish shèn ㅅ	一 厂 辰 辱 蜃	蜃車 [신거] 蜃蛤 [신합]
燼 588 火·14·18	깜부기불 신 embers jìn ㅈ	灬 灯 煋 燼 燼	燼滅 [신멸] 灰燼 [회신]

* 1급 가나다순 쓰기 *

悉	다할 실 all　　xī 시	悉心 [실심] 知悉 [지실]	顎	턱 악 jaw　　è 어	顎骨 [악골]
	丆 平 采 悉 悉			罒 罗 顎 顎	
589 心·7·11			596 頁·9·18		

啞	벙어리 아 dumb　　yǎ 야	啞然 [아연] 盲啞 [맹아]	按	살필 안 inquire　　àn 안	按察 [안찰] 按排 [안배]
	口 吖 啞 啞			丨 扌 按 按	
590 口·8·11			597 扌·6·9		

俄	갑자기 아 suddenly　　é 어	俄館 [아관] 俄然 [아연]	晏	늦을 안 late　　yàn 옌	晏起 [안기] 晏眠 [안면]
	亻 亻 仟 俄 俄			日 旵 晏 晏	
591 亻·7·9			598 日·6·10		

訝	맞을 아 receive　　yà 야	訝賓 [아빈] 疑訝 [의아]	鞍	안장 안 saddle　　ān 안	鞍馬 [안마] 鞍轡 [안비]
	言 訐 訝 訝			一 莒 革 鞍 鞍	
592 言·4·11			599 革·6·15		

衙	마을 아 government office　yá 야	衙門 [아문] 官衙 [관아]	軋	삐걱거릴 알 creak　　yà 야	軋轢 [알력] 軋忽 [알홀]
	彳 衙 衙 衙			亘 車 軋	
593 行·7·13			600 車·1·8		

堊	백토 악 chalk　　è 어	堊室 [악실] 白堊 [백악]	斡	돌 알 go around　wò 워	斡旋 [알선] 斡流 [알류]
	厂 亞 堊 堊			十 古 斡 斡	
594 土·8·11			601 斗·10·14		

愕	놀랄 악 surprised　è 어	愕然 [악연] 驚愕 [경악]	庵	암자 암 hut　　ān 안	庵子 [암자] 庵主 [암주]
	丶 忄 愕 愕			亠 广 庆 庵 庵	
595 忄·9·12			602 广·8·11		

* 1급 가나다순 쓰기 *

闇	닫힌문 암 dark àn 안	闇鈍 [암둔]
603 門·9·17	厂 門 門 閉 闇	闇昧 [암매]

怏	원망할 앙 grudge yàng 앙	怏宿 [앙숙]
604 忄·5·8	丶 忄 忄 怏	怏心 [앙심]

秧	모 앙 young rice plants yāng 앙	秧苗 [앙묘]
605 禾·5·10	二 千 禾 和 秧	移秧 [이앙]

鴦	원앙새 앙 mandarin duck yāng 앙	鴦錦 [앙금]
606 鳥·5·16	一 夬 夬 鴦 鴦	鴛鴦 [원앙]

昂	높을 앙 high áng 앙	昂揚 [앙양]
607 日·4·8	旦 昂 昂 昂	激昂 [격앙]

崖	낭떠러지 애 cliff yá 야	斷崖 [단애]
608 山·8·11	' 屮 户 岸 崖	崖壁 [애벽]

曖	흐릴 애 obscure ài 아이	曖昧 [애매]
609 日·13·17	日 日 暖 曖 曖	曖曖 [애애]

隘	좁을 애 narrow ài 아이	隘路 [애로]
610 阝·10·13	阝 阝 阶 隘	狹隘 [협애]

靄	아지랑이 애 haze ǎi 아이	靄靄 [애애]
611 雨·16·24	宀 雫 雲 靄 靄	靄然 [애연]

扼	움켜질 액 clutch è 어	扼腕 [액완]
612 扌·4·7	一 扌 扩 扼 扼	扼喉 [액후]

腋	겨드랑이 액 armpit yè 예	腋臭 [액취]
613 肉·8·12	月 腋 腋 腋	扶腋 [부액]

縊	목맬 액 hang yì 이	縊死 [액사]
614 糸·10·16	幺 糸 絡 縊 縊	縊殺 [액살]

櫻	앵두나무 앵 cherry yīng 잉	櫻桃 [앵도]
615 木·17·21	十 柑 櫻 櫻	櫻花 [앵화]

鶯	꾀꼬리 앵 oriole yīng 잉	鶯谷 [앵곡]
616 鳥·10·21	` ` 䓖 䓖 鶯	鶯聲 [앵성]

1급 가나다순 쓰기

冶	불릴 야 smelt yě 예	冶金 [야금] 陶冶 [도야]
617 冫·5·7	冫 冫 冶	

挪	희롱할 야 ridicule yé 예	挪와 同字
618 扌·9·12	扌 扌 打 挪 挪	

爺	아비 야 father yé 예	老爺 [노야] 爺孃 [야양]
619 父·9·13	八 父 爷 爷 爺	

葯	꽃밥 약 anther yào 야오	葯胞 [약포]
620 艹·9·13	丶 艹 艻 葯 葯	

恙	근심 양 anxiety yàng 양	恙憂 [양우] 無恙 [무양]
621 心·6·10	丷 羊 恙	

癢	가려울 양 itchy yǎng 양	搔癢 [소양] 癢痛 [양통]
622 疒·15·20	亠 广 疒 瘖 癢	

瘍	종기 양 boil yáng 양	潰瘍 [궤양]
623 疒·9·14	亠 广 疒 瘍 瘍	

攘	물리칠 양 repel rǎng 랑	攘夷 [양이] 攘奪 [양탈]
624 扌·17·20	扌 挣 撞 攘 攘	

釀	술빚을 양 brew niàng 냥	釀酒 [양주] 家釀 [가양]
625 酉·17·24	酉 酻 醾 釀 釀	

瘀	멍들 어 get a bruise yū 위	瘀傷 [어상] 瘀血 [어혈]
626 疒·8·13	亠 广 疒 瘀 瘀	

圄	옥 어 prison yǔ 위	囹圄 [영어]
627 囗·7·10	冂 囝 囿 圄	

禦	막을 어 defend yù 위	禦寒 [어한] 防禦 [방어]
628 示·11·16	彳 彳 徂 御 禦	

臆	가슴 억 breast yì 이	臆說 [억설] 臆測 [억측]
629 肉·13·17	月 臆 臆 臆	

諺	속담 언 proverb yàn 옌	諺解 [언해] 俚諺 [이언]
630 言·9·16	言 訁 諺 諺	

* 1급 가나다순 쓰기 *

堰 631 土·9·12	방죽 언 dike yàn 옌	土 圹 堰 堰 堰	堰堤 [언제]	撚 638 扌·12·15	꿀 년 twist niǎn 녠	扌 扌 撚 撚 撚	撚絲 [연사] 撚紙 [연지]
奄 632 大·5·8	문득 엄 suddenly yǎn 옌	大 杳 奄	奄人 [엄인] 奄忽 [엄홀]	椽 639 木·9·13	서까래 연 rafter chuán 촨	十 十 朽 椽 椽	椽蓋板 [연개판] 椽木 [연목]
俺 633 亻·8·10	나 엄 I ǎn 안	亻 伏 倍 俺	俺拔 [엄발]	鳶 640 鳥·3·14	솔개 연 kite yuān 위안	弋 斉 査 鳶 鳶	鳶肩 [연견] 鳶絲 [연사]
儼 634 亻·20·22	근엄할 엄 stern yǎn 옌	亻 伊 偃 儼 儼	儼恪 [엄각] 儼然 [엄연]	焰 641 火·8·12	불꽃 염 flame yàn 옌	丷 火 炉 焰 焰	氣焰 [기염] 火焰 [화염]
繹 635 糸·13·19	풀 역 solve yì 이	糸 紉 繹 繹	絡繹 [낙역] 演繹 [연역]	艶 642 色·13·19	고울 염 beautiful yàn 옌	曲 曲 豊 艶 艶	艷의 俗字
筵 636 竹·7·13	대자리 연 bamboo mat yán 옌	𥫗 筌 筌 筵 筵	經筵 [경연] 筵席 [연석]	嬰 643 女·14·17	어릴 영 baby yīng 잉	月 貝 賏 嬰 嬰	嬰兒 [영아] 嬰孺 [영유]
捐 637 扌·7·10	버릴 연 abandon juān 쥐안	扌 扌 捐	捐棄 [연기] 出捐 [출연]	曳 644 曰·2·6	끌 예 drag yè 예	曰 电 曳	曳裾 [예거] 曳牛 [예우]

* 1급 가나다순 쓰기 *

裔	후손 descendant	예 yì 이	裔孫 [예손] 後裔 [후예]	蘊	쌓을 collect	온 yùn 온	蘊奧 [온오] 蘊蓄 [온축]
645 衣·7·13				652 艹·16·20			
穢	더러울 dirty	예 huì 후이	穢政 [예정] 穢土 [예토]	壅	막을 block	옹 yōng 융	壅塞 [옹색] 壅拙 [옹졸]
646 禾·13·18				653 土·13·16			
詣	나아갈 go to	예 yì 이	詣闕 [예궐] 造詣 [조예]	訛	그릇될 go wrong	와 é 어	訛言 [와언] 訛傳 [와전]
647 言·6·13				654 言·4·11			
伍	대오 rank	오 wǔ 우	隊伍 [대오] 行伍 [항오]	渦	소용돌이 whirlpool	와 wō 워	渦紋 [와문] 渦中 [와중]
648 亻·4·6				655 氵·9·12			
寤	깰 awake	오 wù 우	寤寐 [오매] 寤言 [오언]	蝸	달팽이 snail	와 wō 워	蝸角 [와각] 蝸牛 [와우]
649 宀·11·14				656 虫·9·15			
奧	속 interior	오 ào 아오	奧地 [오지] 深奧 [심오]	琓	옥돌	완 완	人名字
650 大·10·13				657 王·7·11			
懊	한할 regret	오 ào 아오	懊惱 [오뇌] 懊恨 [오한]	阮	나라이름	완 ruǎn 롼	阮丈 [완장] 阮咸 [완함]
651 忄·13·16				658 阝·4·7			

* 1급 가나다순 쓰기 *

	완고할 완 obstinate　wán　완	頑强 [완강] 頑固 [완고]
頑 659 頁·4·13	元 頑 頑	

	굽을 완 curved　wǎn　완	宛延 [완연] 宛轉 [완전]
宛 660 宀·5·8	宀 宀 宛 宛 宛	

	아름다울 완 beautiful　wǎn　완	婉曲 [완곡] 婉嬋 [완선]
婉 661 女·8·11	女 女 妒 妒 婉	

	팔 완 arm　wàn　완	腕力 [완력] 右腕 [우완]
腕 662 肉·8·12	月 肝 胪 胪 腕	

	굽을 왕 bend　wǎng　왕	枉法 [왕법] 枉臨 [왕림]
枉 663 木·4·8	十 木 杠 杆 枉	

	난쟁이 왜 dwarf　ǎi　아이	矮人 [왜인] 矮松 [왜송]
矮 664 矢·8·13	스 矢 矮 矮	

	외람할 외 presumptuous　wěi　웨이	猥多 [외다] 猥濫 [외람]
猥 665 犭·9·12	丿 犭 犯 猥 猥	

	높고클 외 lofty　wēi　웨이	巍然 [외연] 巍峨 [외아]
巍 666 山·18·21	屮 峚 巍 巍 巍	

	일찍죽을 요 die young　yāo　야오	夭折 [요절] 夭姬 [요희]
夭 667 大·1·4	二 夭	

	비뚤 요 crooked　ào　아오	拗怒 [요노] 執拗 [집요]
拗 668 扌·5·8	扌 扚 拗 拗	

	그윽할 요 profound　yǎo　야오	窈靄 [요애] 窈窕 [요조]
窈 669 穴·5·10	穴 窎 窈 窈	

	가마 요 kiln　yáo　야오	窯業 [요업] 窯戶 [요호]
窯 670 穴·10·15	穴 窀 窰 窯	

	요행 요 luck　yáo　야오	僥倖 [요행] 僥倖數 [요행수]
僥 671 亻·12·14	亻 佳 僥	

	휘어질 뇨 bend　náo　나오	撓屈 [요굴] 不撓 [불요]
撓 672 扌·12·15	扌 扌 捧 撓	

* 1급 가나다순 쓰기 *

饒	넉넉할 요 plenty ráo 라오	今 兑 食 饒 饒	饒貸 [요대] 饒舌 [요설]
673 食·12·21			

茸	무성할 용 luxuriant róng 룽	艹 苷 茸	茸茸 [용용] 鹿茸 [녹용]
680 艹·6·10			

凹	오목할 요 hollow āo 아오	丨 冂 凹 凹 凹	凹凸 [요철] 凹版 [요판]
674 凵·3·5			

聳	솟을 용 rise up sǒng 쑹	彳 彴 聳 聳	聳然 [용연] 聳出 [용출]
681 耳·11·17			

邀	맞을 요 meet yāo 야오	白 臭 臭 敫 邀	邀擊 [요격] 邀招 [요초]
675 辶·13·17			

迂	멀 우 distant yū 위	二 于 迂 迂	迂路 [우로] 迂廻 [우회]
682 辶·3·7			

擾	요란할 요 disturbed rǎo 라오	扌 扩 掳 擾 擾	擾亂 [요란] 騷擾 [소요]
676 扌·15·18			

寓	붙여살 우 dwell yù 위	宀 宮 寓 寓	寓居 [우거] 寄寓 [기우]
683 宀·9·12			

涌	물솟을 용 spring yǒng 용	氵 氵 浐 涌	湧의 本字
677 氵·7·10			

隅	모퉁이 우 corner yú 위	阝 阝 隅 隅 隅	隅曲 [우곡] 隅坐 [우좌]
684 阝·9·12			

踊	뛸 용 jump yǒng 용	𧾷 𧾷 踊 踊 踊	踊躍 [용약] 舞踊 [무용]
678 足·7·14			

嵎	산굽이 우 mountain recesses yú 위	丨 山 嵎 嵎 嵎	嵎嵎 [우우] 嵎夷 [우이]
685 山·9·12			

蓉	부용 용 lotus róng 룽	艹 艹 芕 蓉	芙蓉 [부용] 木芙蓉 [목부용]
679 艹·10·14			

虞	염려할 우 anxious yú 위	亠 虍 虞 虞 虞	虞犯 [우범] 虞祭 [우제]
686 虍·7·13			

1급 가나다순 쓰기

耘 687 耒·4·10	김맬 운 weed yún 윈	三 丰 耒 耘 耘	耘鋤 [운서] 耕耘 [경운]
隕 688 阝·10·13	떨어질 운 fall yǔn 윈	了 阝 隕 隕	隕石 [운석] 隕星 [운성]
殞 689 歹·10·14	죽을 운 die yǔn 윈	歹 殞 殞	殞命 [운명] 殞身 [운신]
鴛 690 鳥·5·16	원앙새 원 mandarin duck yuān 위안	ク 夕 鴛 鴛 鴛	鴛鴦 [원앙] 鴛鴦枕 [원앙침]
猿 691 犭·10·13	원숭이 원 monkey yuán 위안	ノ 犭 犭 猿 猿	猿猴 [원후] 類人猿 [유인원]
冤 692 冖·8·10	원통할 원 grievous yuān 위안	冖 宀 宆 冤 冤	寃와 同字
萎 693 艹·8·12	시들 위 wither wěi 웨이	艹 芊 荽 萎 萎	萎靡 [위미] 萎縮 [위축]
柚 694 木·5·9	유자 유 citron yòu 유	十 木 柚 柚 柚	柚子 [유자] 柚皮 [유피]
宥 695 宀·6·9	용서할 유 pardon yòu 유	宀 宀 宥 宥	宥罪 [유죄] 宥和 [유화]
蹂 696 足·9·16	밟을 유 tread róu 러우	卩 趴 趼 踩 蹂	蹂躪 [유린] 蹂踐 [유천]
愉 697 忄·9·12	즐거울 유 glad yú 위	忄 忄 忄 愉 愉	愉樂 [유락] 愉快 [유쾌]
揄 698 扌·9·12	희롱할 유 ridicule yú 위	十 扌 扌 揄 揄	揄揚 [유양] 揶揄 [야유]
喩 699 口·9·12	가르쳐줄 유 enlighten yù 위	口 吟 喩 喩	比喩 [비유] 訓喩 [훈유]
諭 700 言·9·16	깨우칠 유 instruct yù 위	言 訡 諭 諭	諭示 [유시] 教諭 [교유]

1급 가나다순 쓰기

701 鍮
- 놋쇠 유 / brass / tōu 터우
- 金·9·17
- 鍮器 [유기]
- 鍮尺 [유척]
- 획순: 釒 釒 鈴 鍮 鍮

702 癒
- 병나을 유 / heal / yù 위
- 疒·13·18
- 治癒 [치유]
- 快癒 [쾌유]
- 획순: 亠 广 疒 癒 癒

703 諛
- 아첨할 유 / flatter / yú 위
- 言·9·16
- 阿諛 [아유]
- 諛言 [유언]
- 획순: 訂 訂 訂 諛

704 游
- 헤엄칠 유 / swim / yóu 유
- 氵·9·12
- 游泳 [유영]
- 游日 [유일]
- 획순: 氵 氵 汸 游 游

705 戎
- 오랑캐 융 / barbarian / róng 룽
- 戈·2·6
- 戎馬 [융마]
- 戎狄 [융적]
- 획순: 一 ㄱ 式 戎 戎

706 絨
- 융단 융 / flannel / róng 룽
- 糸·6·12
- 絨緞 [융단]
- 絨毛 [융모]
- 획순: 糹 糸 紅 絨 絨

707 蔭
- 그늘 음 / shade / yīn 인
- 艹·11·15
- 蔭官 [음관]
- 蔭德 [음덕]
- 획순: 艹 艹 蔭 蔭 蔭

708 揖
- 읍할 읍 / bow / yī 이
- 扌·9·12
- 揖禮 [읍례]
- 揖讓 [읍양]
- 획순: 扌 扌 拶 揖 揖

709 膺
- 가슴 응 / breast / yīng 잉
- 肉·13·17
- 膺受 [응수]
- 膺懲 [응징]
- 획순: 亠 广 庐 雁 膺

710 誼
- 옳을 의 / right / yì 이
- 言·8·15
- 誼理 [의리]
- 友誼 [우의]
- 획순: 言 言 誼 誼

711 椅
- 의자 의 / chair / yǐ 이
- 木·8·12
- 椅子 [의자]
- 交椅 [교의]
- 획순: 十 木 杧 梧 椅

712 擬
- 비교할 의 / liken / nǐ 니
- 扌·14·17
- 擬人 [의인]
- 擬態 [의태]
- 획순: 扌 扌 扗 擬 擬

713 毅
- 굳셀 의 / strong / yì 이
- 殳·11·15
- 毅然 [의연]
- 毅武 [의무]
- 획순: 立 产 亥 豙 毅

714 餌
- 먹이 이 / feed / ěr 얼
- 食·6·15
- 食餌 [식이]
- 好餌 [호이]
- 획순: 今 食 飣 餌

1급 가나다순 쓰기

한자	훈음	필순	예시
弛 715 (弓·3·6)	늦출 이 / loosen / chí 츠	了 引 弘 弛	弛緩 [이완] / 解弛 [해이]
姨 716 (女·6·9)	이모 이 / mother's sister / yí 이	女 女 姆 姨	姨母 [이모] / 姨從 [이종]
痍 717 (疒·6·11)	상처 이 / wound / yí 이	亠 广 疒 疖 痍	傷痍 [상이] / 創痍 [창이]
爾 718 (爻·10·14)	너 이 / you / ěr 얼	行 尔 爾 爾	爾汝 [이여] / 爾時 [이시]
翌 719 (羽·5·11)	다음날 익 / next day / yì 이	刁 刁 羿 翌	翌年 [익년] / 翌日 [익일]
蚓 720 (虫·4·10)	지렁이 인 / earthworm / yǐn 인	中 虫 虾 蚓	蚯蚓 [구인]
咽 721 (口·6·9)	목구멍 인·열 / throat / yān 옌	口 叩 咽 咽	咽喉 [인후] / 嗚咽 [오열]
湮 722 (氵·9·12)	묻힐 인 / disappear / yān 옌	氵 洅 湮 湮	湮滅 [인멸] / 湮沒 [인몰]
靭 723 (革·3·12)	질길 인 / be tough / rèn 런	一 廾 节 靭 靭	靱과 同字
佚 724 (亻·5·7)	숨을 일 / hide / yì 이	亻 仁 佚	佚民 [일민] / 佚書 [일서]
溢 725 (氵·10·13)	넘칠 일 / overflow / yì 이	氵 污 溢 溢	充溢 [충일] / 海溢 [해일]
孕 726 (子·2·5)	아이밸 잉 / pregnant / yùn 윈	丿 乃 孕 孕	孕婦 [잉부] / 孕胎 [잉태]
剩 727 (刂·10·12)	남을 잉 / surplus / shèng 성	二 乒 乖 乖 剩	剩餘 [잉여] / 過剩 [과잉]
仔 728 (亻·3·5)	자세할 자 / minute / zǐ 쯔	亻 仔 仔	仔詳 [자상] / 仔細 [자세]

1급 가나다순 쓰기

한자	훈·음	필순	예
炙 729 火·4·8	고기구을 자·적 roast zhì 즈	ク 夕 多 炙	炙鐵 [적철] 膾炙 [회자]
煮 730 灬·9·13	삶을 자 boil zhǔ 주	十 土 者 者 煮	煮沸 [자비] 煮炊 [자취]
瓷 731 瓦·6·11	오지그릇 자 porcelain cí 츠	丶 冫 姿 瓷 瓷	瓷器 [자기] 青瓷 [청자]
疵 732 疒·5·10	흠 자 blemish cī 츠	丶 广 疒 疵 疵	疵癘 [자려] 瑕疵 [하자]
蔗 733 艹·11·15	사탕수수 자 sugar cane zhè 저	丶 芹 芦 蔗 蔗	蔗糖 [자당] 甘蔗 [감자]
藉 734 艹·14·18	빙자할 자 pretext jiè 제	丶 苷 葬 藉	藉托 [자탁] 憑藉 [빙자]
勺 735 勹·1·3	구기 작 ladle sháo 사오	ノ 勹 勺	勺藥 [작약]
芍 736 艹·3·7	작약 작 peony sháo 사오	丶 艹 芍 芍	芍藥 [작약] 芍藥花 [작약화]
灼 737 火·3·7	사를 작 burn zhuó 줘	丶 火 灼 灼	灼熱 [작열] 灼灼 [작작]
雀 738 隹·3·11	참새 작 sparrow què 줴	丿 小 尐 雀 雀	雀躍 [작약] 燕雀 [연작]
鵲 739 鳥·8·19	까치 작 magpie què 줴	一 卝 昔 鵲 鵲	鵲報 [작보] 鵲橋 [작교]
炸 740 火·5·9	터질 작 burst zhà 자	丶 火 炸 炸	炸裂 [작렬] 炸發 [작발]
綽 741 糸·8·14	너그러울 작 generous chuò 춰	幺 糸 紅 綽 綽	綽約 [작약] 綽綽 [작작]
嚼 742 口·18·21	씹을 작 chew jiáo 자오	口 啼 嚕 嚼 嚼	嚼口 [작구] 咀嚼 [저작]

229

* 1급 가나다순 쓰기 *

栈	잔도 scaffold	잔 zhàn	잔	栈橋 [잔교] 栈道 [잔도]
743	十 栈 栈 栈 栈			
木·8·12				

盞	잔 cup	잔 zhǎn	잔	盞臺 [잔대] 燈盞 [등잔]
744	一 𠂇 戈 戔 盞 盞			
皿·8·13				

箴	바늘 needle	잠 zhēn	잠	箴石 [잠석] 箴言 [잠언]
745	𠂉 𠂉 𥫗 箴 箴			
竹·9·15				

簪	비녀 hairpin	잠 zān	짠	簪笏 [잠홀] 玉簪 [옥잠]
746	𠂉 𠂉 𥫗 簪 簪			
竹·12·18				

仗	의장 weapon	장 zhàng	장	兵仗器 [병장기] 儀仗 [의장]
747	亻 亻 什 仗			
亻·3·5				

杖	지팡이 stick	장 zhàng	장	杖屨 [장구] 竹杖 [죽장]
748	十 木 杕 杖			
木·3·7				

漿	미음 water gruel	장 jiāng	장	漿果 [장과] 漿水 [장수]
749	丬 爿 㢈 漿 漿			
水·11·15				

醬	장 soybean	장 jiàng	장	醬油 [장유] 醬肉 [장육]
750	丬 爿 㢈 醬 醬			
酉·11·18				

匠	장인 artisan	장 jiàng	장	名匠 [명장] 宗匠 [종장]
751	一 厂 斤 匠			
匚·4·6				

檣	돛대 mast	장 qiáng	창	檣竿 [장간] 檣樓 [장루]
752	十 木 榗 檣 檣			
木·13·17				

薔	장미 rose	장 qiáng	창	薔薇 [장미]
753	丨 艹 𦫼 薔 薔			
艹·13·17				

滓	찌끼 dregs	재 zǐ	쯔	滓穢 [재예] 殘滓 [잔재]
754	氵 滓 滓			
氵·10·13				

齋	재계할 purify oneself	재 zhāi	자이	齋潔 [재결] 齋戒 [재계]
755	亠 齐 齊 齋 齋			
齊·3·17				

錚	쇳소리 metallic sound	쟁 zhēng	정	錚盤 [쟁반] 錚錚 [쟁쟁]
756	金 錚 錚 錚 錚			
金·8·16				

* 1급 가나다순 쓰기 *

邸	집 저 residence dǐ 디	邸宅 [저택]
757 ⻖·5·8	匚 匚 氏 氏 邸	官邸 [관저]

觝	찌를 저 gore dǐ 디	牴와 同字
758 角·5·12	角 角 舶 觝 觝	

狙	원숭이 저 monkey jū 쥐	狙擊 [저격]
759 犭·5·8	ノ 犭 狙 狙	狙公 [저공]

咀	씹을 저 chew jǔ 쥐	咀嚼 [저작]
760 口·5·8	口 咀 咀	咀噍 [저초]

詛	저주할 저·조 curse zǔ 쭈	詛呪 [저주]
761 言·5·12	言 詛 詛	詛盟 [조맹]

猪	돼지 저 boar zhū 주	猪突 [저돌]
762 犭·9·12	ノ 犭 狆 猪 猪	猪勇 [저용]

躊	머뭇거릴 저 hesitate chú 추	躊躇 [주저]
763 足·13·20	口 足 跻 躊 躊	

箸	젓가락 저 chopstick zhù 주	匙箸 [시저]
764 竹·9·15	ケ 竺 笋 箸 箸	火箸 [화저]

狄	오랑캐 적 barbarian dí 디	北狄 [북적]
765 犭·4·7	ノ 犭 犭 狄	狄人 [적인]

迹	자취 적 traces jì 지	足迹 [족적]
766 辶·6·10	亣 亦 迹 迹	蹤迹 [종적]

嫡	정실 적 legal wife dí 디	嫡子 [적자]
767 女·11·14	夂 女 婷 嫡 嫡	嫡出 [적출]

謫	꾸짖을 적 blame zhé 저	謫居 [적거]
768 言·11·18	言 謫 謫	謫所 [적소]

栓	나무못 전 peg shuān 솬	給水栓 [급수전]
769 木·6·10	十 木 栓 栓	消火栓 [소화전]

銓	전형할 전 select quán 취안	銓考 [전고]
770 金·6·14	乍 金 銓 銓 銓	銓衡 [전형]

231

* 1급 가나다순 쓰기 *

번호	한자	훈음	병음	부수·획수	예시
771	剪	가위 전 / scissors	jiǎn 젠	刀·9·11	剪刀 [전도] / 剪斷 [전단]
772	煎	달일 전 / decoct	jiān 젠	灬·9·13	煎茶 [전다] / 花煎 [화전]
773	箭	화살 전 / arrow	jiàn 젠	竹·9·15	箭筒 [전통] / 箭窓 [전창]
774	輾	돌아누울 전 / roll	zhǎn 잔	車·10·17	輾轉 [전전]
775	悛	고칠 전 / correct	quān 취안	忄·7·10	悛容 [전용] / 改悛 [개전]
776	奠	정할 전 / settle	diàn 뎬	大·9·12	奠居 [전거] / 奠鴈 [전안]
777	塡	메울 전 / fill	tián 톈	土·10·13	塡塞 [전색] / 充塡 [충전]
778	澱	앙금 전 / drags	diàn 뎬	氵·13·16	澱粉 [전분] / 沈澱 [침전]
779	箋	글 전 / letter	jiān 젠	竹·8·14	箋注 [전주] / 附箋 [부전]
780	餞	보낼 전 / send-off	jiàn 젠	食·8·17	餞別 [전별] / 餞送 [전송]
781	篆	전자 전 / a seal character	zhuàn 좐	竹·9·15	篆刻 [전각] / 篆字 [전자]
782	廛	가게 전 / shop	chán 찬	广·12·15	廛房 [전방] / 廛宅 [전택]
783	纏	얽을 전 / bind	chán 찬	糸·15·21	纏帶 [전대] / 纏綿 [전면]
784	氈	모전 전 / felt	zhān 잔	毛·13·17	毛氈 [모전] / 氈笠 [전립]

1급 가나다순 쓰기

顫	떨릴 전 shiver chàn 찬	顫動 [전동] 手顫症 [수전증]
785 頁·13·22	亠 向 亶 顫 顫	

顚	정수리 전 top diān 뎬	山顚 [산전] 顚末 [전말]
786 頁·10·19	亠 旨 直 顚 顚	

癲	미칠 전 mad diān 뎬	癲癇 [전간] 癲狂 [전광]
787 疒·19·24	广 疒 疒 癲 癲	

截	끊을 절 sever jié 제	截斷 [절단] 截取 [절취]
788 戈·10·14	十 圥 雀 截 截	

粘	끈끈할 점 sticky nián 녠	粘性 [점성] 粘液 [점액]
789 米·5·11	丷 半 米 粘 粘	

霑	젖을 점 wet zhān 잔	霑潤 [점윤] 均霑 [균점]
790 雨·8·16	亠 示 霑 霑 霑	

町	밭두둑 정 tīng 팅	町步 [정보] 町畦 [정휴]
791 田·2·7	田 田 町	

酊	술취할 정 drunk dǐng 딩	酩酊 [명정] 酒酊 [주정]
792 酉·2·9	冂 西 酉 酊	

釘	못 정 nail dīng 딩	釘頭 [정두] 竹釘 [죽정]
793 金·2·10	宀 余 釘	

穽	함정 정 pitfall jǐng 징	陷穽 [함정] 穽井 [정정]
794 穴·4·9	穴 穴 穽	

挺	뺄 정 extract tǐng 팅	挺立 [정립] 挺身 [정신]
795 扌·7·10	丁 扌 挺 挺	

碇	닻 정 anchor dìng 딩	碇泊 [정박]
796 石·8·13	厂 石 碇 碇 碇	

錠	신선로 정 dìng 딩	錠劑 [정제]
797 金·8·16	余 金 錠 錠 錠	

幀	그림족자 정 framing zhēn 전	幀畵 [정화] 影幀 [영정]
798 巾·9·12	口 忄 幀 幀	

1급 가나다순 쓰기

번호	한자	훈	음	병음	필순	용례
799 (目·8·13)	睛	눈동자	정	jīng 징	目 旫 睛 睛 睛	眼睛 [안정]
800 (青·5·13)	靖	편안할	정	jìng 징	立 立 靖 靖 靖	靖難 [정난] / 靖亂 [정란]
801 (忄·7·10)	悌	공경할	제	tì 티	忄 忄 忄 悌 悌	悌友 [제우] / 孝悌 [효제]
802 (木·7·11)	梯	사닥다리	제	tī 티	木 杪 梯 梯 梯	梯田 [제전] / 階梯 [계제]
803 (口·9·12)	啼	울	제	tí 티	口 啼 啼	啼哭 [제곡] / 啼血 [제혈]
804 (足·9·16)	蹄	굽	제	tí 티	足 跻 蹄 蹄	蹄齧 [제설] / 蹄鐵 [제철]
805 (爪·0·4)	爪	손톱	조	zhǎo 자오	厂 爪 爪	爪甲 [조갑] / 爪痕 [조흔]
806 (目·6·11)	眺	바라볼	조	tiào 탸오	目 眺 眺 眺 眺	遠眺 [원조] / 眺望 [조망]
807 (阝·5·8)	阻	험할	조	zǔ 쭈	了 阝 阻 阻	阻阨 [조애] / 積阻 [적조]
808 (米·5·11)	粗	거칠	조	cū 추	二 半 粗 粗	粗略 [조략] / 粗雜 [조잡]
809 (冫·8·10)	凋	시들	조	diāo 댜오	冫 冯 凋 凋 凋	凋落 [조락] / 凋殘 [조잔]
810 (禾·8·13)	稠	빽빽할	조	chóu 처우	二 千 利 稠 稠	稠密 [조밀] / 稠雜 [조잡]
811 (曰·7·11)	曹	무리	조	cáo 차오	一 曲 曹 曹	法曹 [법조] / 汝曹 [여조]
812 (氵·11·14)	漕	배로나를	조	cáo 차오	氵 沽 漕 漕 漕	漕船 [조선] / 漕運 [조운]

1급 가나다순 쓰기

遭	만날 조 meet / zāo 짜오	冂 曲 曲 曹 遭	遭難 [조난] 遭遇 [조우]
813 辶·11·15			

槽	구유 조 trough / cáo 차오	十 柞 槽 槽 槽	浴槽 [욕조] 油槽 [유조]
814 木·11·15			

糟	지게미 조 dregs / zāo 짜오	丷 半 粘 糟 糟	糟粕 [조박]
815 米·11·17			

嘲	비웃을 조 jeer / cháo 차오	口 呻 啅 嘲	嘲弄 [조롱] 嘲笑 [조소]
816 口·12·15			

棗	대추나무 조 jujube / zǎo 짜오	冂 市 束 棗	棗脩 [조수] 棗栗 [조율]
817 木·8·12			

詔	고할 조 proclaim / zhào 자오	言 訂 詔 詔	詔告 [조고] 詔書 [조서]
818 言·5·12			

肇	시작할 조 commence / zhào 자오	广 户 肇 肇 肇	肇國 [조국] 肇業 [조업]
819 聿·8·14			

躁	조급할 조 hasty / zào 짜오	口 足 踪 踪 躁	躁急 [조급] 躁鬱 [조울]
820 足·13·20			

繰	고치켤 소·조 spin / sāo 싸오	幺 糸 絹 繰 繰	繰繭 [소견] 繰綿 [소면]
821 糸·13·19			

藻	조류 조 watercaltrop / zǎo 짜오	丶 亠 萨 薄 藻	藻類 [조류] 海藻 [해조]
822 艹·16·20			

簇	모일 족 crowd / cù 추	亠 竺 笁 簇 簇	簇生 [족생] 簇子 [족자]
823 竹·11·17			

猝	갑자기 졸 suddenly / cù 추	丿 犭 犳 猝 猝	猝富 [졸부] 猝地 [졸지]
824 犭·8·11			

踪	자취 종 trace / zōng 쭝	口 足 踪 踪	失踪 [실종] 踪跡 [종적]
825 足·8·15			

慫	권할 종 persuade / sǒng 쑹	彳 從 從 慫 慫	慫慂 [종용]
826 心·11·15			

1급 가나다순 쓰기

腫 827 肉·9·13	부스럼 종 swelling zhǒng 중 / 月 腫 腫 腫 腫	腫瘍 [종양] / 根腫 [근종]
踵 828 足·9·16	발꿈치 종 heel zhǒng 중 / 足 踵 踵 踵 踵	踵至 [종지] / 踵接 [종접]
挫 829 扌·7·10	꺾을 좌 break cuò 춰 / 扌 扌 拌 挫 挫	挫折 [좌절] / 挫傷 [좌상]
註 830 言·5·12	주낼 주 explain zhù 주 / 言 計 註 註	註釋 [주석] / 脚註 [각주]
誅 831 言·6·13	벨 주 behead zhū 주 / 言 訐 誅 誅	誅求 [주구] / 誅責 [주책]
呪 832 口·5·8	빌 주 invoke zhòu 저우 / 口 叩 呪	呪文 [주문] / 詛呪 [저주]
胄 833 肉·5·9	자손 주 descendants zhòu 저우 / 冂 巾 甴 胄	胄孫 [주손] / 胄裔 [주예]
紬 834 糸·5·11	명주 주 pongee chōu 처우 / 糸 糸 紬 紬 紬	紬緞 [주단] / 明紬 [명주]
紂 835 糸·3·9	주임금 주 zhòu 저우 / 糸 糸 紂 紂	紂王 [주왕]
輳 836 車·9·16	모일 주 gather còu 처우 / 亘 車 軼 輳 輳	輻輳 [복주]
做 837 亻·9·11	지을 주 make zuò 쭤 / 亻 什 估 做 做	做錯 [주착] / 看做 [간주]
嗾 838 口·11·14	부추길 주 instigate sǒu 써우 / 口 吀 唢 嗾 嗾	嗾囑 [주촉] / 使嗾 [사주]
廚 839 广·12·15	부엌 주 kitchen chú 추 / 广 广 庐 廚 廚	廚房 [주방] / 廚人 [주인]
躊 840 足·14·21	머뭇거릴 주 hesitate chóu 처우 / 足 跻 蹄 躊 躊	躊躇 [주저]

1급 가나다순 쓰기

한자	훈/음	필순	단어
竣 841 (立·7·12)	마칠 준 / finish / jùn 쥔	立 竣 竣 竣	竣工 [준공] / 竣事 [준사]
樽 842 (木·12·16)	술통 준 / wine cask / zūn 쭌	十 栌 桮 樽 樽	樽酒 [준주] / 金樽 [금준]
蠢 843 (春·15·21)	꿈틀거릴 준 / wriggle / chǔn 춘	三 夫 春 蠢 蠢	蠢動 [준동] / 蠢愚 [준우]
櫛 844 (木·15·19)	빗 즐 / comb / zhì 즈	木 栌 栉 櫛 櫛	櫛比 [즐비] / 櫛沐 [즐목]
汁 845 (氵·2·5)	진액 즙 / extract / zhī 즈	氵 汁 汁	汁液 [즙액] / 果汁 [과즙]
葺 846 (艹·9·13)	기울 집 / repair / qì 치	艹 苦 苴 葺 葺	葺茅 [집모] / 葺繕 [집선]
祉 847 (示·4·9)	복 지 / blessing / zhǐ 즈	丆 示 礻 祉 祉	祉祿 [지록] / 福祉 [복지]
肢 848 (肉·4·8)	팔다리 지 / limbs / zhī 즈	月 肝 肢 肢	肢體 [지체] / 四肢 [사지]
枳 849 (木·5·9)	탱자나무 지·기 / trifoliate range / zhǐ 즈	十 朾 枳	枳殼 [지각] / 枳棘 [지극]
咫 850 (口·6·9)	길이 지 / short / zhǐ 즈	그 尸 尺 咫	咫尺 [지척]
摯 851 (手·11·15)	지극할 지 / sincere / zhì 즈	十 幸 執 摯 摯	摯拘 [지구] / 眞摯 [진지]
疹 852 (疒·5·10)	홍역 진 / rash / zhěn 전	亠 广 疒 疹 疹	發疹 [발진] / 濕疹 [습진]
嗔 853 (口·10·13)	성낼 진 / anger / chēn 천	口 叮 唷 嗔 嗔	嗔言 [진언] / 嗔責 [진책]
叱 854 (口·2·5)	꾸짖을 질 / scold / chì 츠	口 叱 叱	叱正 [질정] / 叱責 [질책]

* 1급 가나다순 쓰기 *

桎 855 木·6·10	차꼬 질 fetter zhì ㅈ 十 木 朽 枃 桎	桎梏 [질곡] 桎檻 [질함]
帙 856 巾·5·8	질 질 series zhì ㅈ 口 巾 竹 帙	帙册 [질책] 書帙 [서질]
迭 857 辶·5·9	갈마들 질 take turns dié 데 二 失 佚 迭	更迭 [경질] 迭起 [질기]
跌 858 足·5·12	넘어질 질 fall down diē 데 口 足 趴 跌	跌蕩 [질탕] 蹉跌 [차질]
嫉 859 女·10·13	시샘할 질 envy jí 지 女 妒 妒 嫉 嫉	嫉視 [질시] 嫉妬 [질투]
膣 860 肉·11·15	새살돋을 질 granulation zhì ㅈ 月 朎 胪 膣 膣	腟과 同字
朕 861 月·6·10	나 짐 I zhèn 전 月 肸 朕	兆朕 [조짐]

斟 862 斗·9·13	술따를 짐 pour zhēn 전 卄 甘 其 甚 斟	斟酌 [짐작] 斟酒 [짐주]
什 863 亻·2·4	열 십·집 ten shí ㅅ 丿 亻 什 什	什器 [집기] 什長 [십장]
澄 864 氵·12·15	맑을 징 clear chéng 청 氵 氵 浐 浴 澄	澄明 [징명] 澄水 [징수]
叉 865 又·1·3	깍지낄 차 crotched chā 치 フ 又 叉	交叉 [교차] 夜叉 [야차]
嗟 866 口·10·13	탄식할 차 sigh jiē 제 口 吖 咩 嗟 嗟	嗟歎 [차탄] 咄嗟 [돌차]
蹉 867 足·10·17	넘어질 차 fall down cuō 춰 口 足 趴 踀 蹉	蹉跌 [차질] 蹉跎 [차타]
窄 868 穴·5·10	좁을 착 narrow zhǎi 자이 空 空 窄	狹窄 [협착] 窄小 [착소]

1급 가나다순 쓰기

번호	漢字	훈	음(중국어)	단어
869	搾	짤 wring	착 zhà 자	搾取 [착취], 壓搾 [압착]
870	鑿	뚫을 bore	착 záo 짜오	鑿井 [착정], 掘鑿 [굴착]
871	撰	글지을 compose	찬 zhuàn 좐	撰述 [찬술], 撰進 [찬진]
872	饌	반찬 meal	찬 zhuàn 좐	饌盒 [찬합], 盛饌 [성찬]
873	簒	빼앗을 deprive	찬 cuàn 찬	簒逆 [찬역], 簒奪 [찬탈]
874	擦	비빌 rub	찰 cā 차	擦傷 [찰상], 摩擦 [마찰]
875	站	역마을 post town	참 zhàn 잔	兵站 [병참], 驛站 [역참]
876	塹	구덩이 pit	참 qiàn 첸	塹壕 [참호], 塹壕戰 [참호전]
877	僭	참람할 excessive	참 jiàn 젠	僭濫 [참람], 僭稱 [참칭]
878	懺	뉘우칠 repent	참 chàn 찬	懺悔 [참회], 懺洗 [참세]
879	讖	참서 prophecy	참 chèn 천	讖書 [참서], 讖言 [참언]
880	讒	참소할 slander	참 chán 찬	讒訴 [참소], 讒毁 [참훼]
881	倡	광대 comedian	창 chàng 창	倡優 [창우], 倡義 [창의]
882	娼	노는계집 prostitute	창 chāng 창	娼家 [창가], 娼妓 [창기]

* 1급 가나다순 쓰기 *

猖	미쳐날뛸 **창** / rage / chāng 창	猖獗 [**창**궐] 猖披 [**창**피]	脹	배부를 **창** / swell / cháng 창	膨脹 [팽**창**] 脹滿 [**창**만]
883 犭·8·11	ノ 犭 犭 猖		890 肉·8·12	肌 肌 脹 脹 脹	

菖	창포 **창** / calamus / chāng 창	菖蒲 [**창**포] 菖蒲酒 [**창**포주]	漲	물불을 **창** / inundate / zhǎng 장	漲水 [**창**수] 漲溢 [**창**일]
884 艹·8·12	丶 艹 艹 菖 菖		891 氵·11·14	氵 氵 洉 漲 漲	

愴	슬퍼할 **창** / grieve / chuàng 촹	悲愴 [비**창**] 愴然 [**창**연]	寨	울짱 **채** / palisade / zhài 자이	木寨 [목**채**] 寨主 [**채**주]
885 忄·10·13	丶 忄 忄 愴 愴		892 宀·11·14	宀 宀 実 寨 寨	

槍	창 **창** / spear / qiāng 창	槍劍 [**창**검] 竹槍 [죽**창**]	柵	목책 **책** / stockade / zhà 자	柵門 [**책**문] 木柵 [목**책**]
886 木·10·14	十 朴 松 松 槍		893 木·5·9	十 木 柵 柵	

瘡	부스럼 **창** / tumor / chuāng 촹	瘡病 [**창**병] 褥瘡 [욕**창**]	凄	쓸쓸할 **처** / dreary / qī 치	凄凉 [**처**량] 凄然 [**처**연]
887 疒·10·15	丶 广 疒 瘡 瘡		894 冫·8·10	冫 冫 凄 凄	

艙	선창 **창** / cabin / cāng 창	船艙 [선**창**] 艙底 [**창**저]	脊	등성마루 **척** / spine / jǐ 지	脊梁 [**척**량] 脊椎 [**척**추]
888 舟·10·16	舟 舟 舿 舲 艙		895 肉·6·10	人 𠆢 脊 脊	

廠	헛간 **창** / barn / chǎng 창	廠舍 [**창**사] 造兵廠 [조병**창**]	瘠	파리할 **척** / lean / jí 지	瘠馬 [**척**마] 瘦瘠 [수**척**]
889 广·12·15	丶 广 庐 廒 廠		896 疒·10·15	丶 广 广 疾 瘠	

1급 가나다순 쓰기

滌	씻을 척 wash dí 디	洗滌 [세척]
897 氵·11·14	氵 涤 滌	滌暑 [척서]

擲	던질 척 throw zhì 즈	擲去 [척거]
898 扌·15·18	扌 捡 摸 擲 擲	投擲 [투척]

穿	뚫을 천 bore chuān 촨	穿孔 [천공]
899 穴·4·9	宀 空 穿 穿	穿鑿 [천착]

喘	헐떡일 천 pant chuǎn 촨	喘息 [천식]
900 口·9·12	口 叫 喘 喘	喘喘 [천천]

擅	천단할 천 act without authority shàn 산	擅斷 [천단]
901 扌·13·16	扌 护 搞 擅	擅橫 [천횡]

闡	밝힐 천 explain chǎn 찬	闡明 [천명]
902 門·12·20	厂 門 門 闡 闡	闡揚 [천양]

凸	볼록할 철 protuberant tū 투	凸面 [철면]
903 凵·3·5	丨 丨 凸 凸 凸	凸板 [철판]

綴	이을 철 file zhuì 주이	補綴 [보철]
904 糸·8·14	糸 糸 紀 綴 綴	編綴 [편철]

轍	바퀴자국 철 track zhé 저	前轍 [전철]
905 車·12·19	車 車 轄 轍	轍迹 [철적]

僉	다 첨 all qiān 첸	僉位 [첨위]
906 人·11·13	人 侖 僉	僉意 [첨의]

諂	아첨할 첨 flatter chǎn 찬	阿諂 [아첨]
907 言·8·15	言 訁 訃 諂 諂	諂笑 [첨소]

籤	제비 첨 lot qiān 첸	當籤 [당첨]
908 竹·17·23	⺮ 笁 笁 籤 籤	抽籤 [추첨]

帖	문서 첩 note tiè 톄	手帖 [수첩]
909 巾·5·8	口 巾 帖 帖	畫帖 [화첩]

貼	붙을 첩 paste tiē 톄	貼付 [첩부]
910 貝·5·12	貝 貼 貼	貼藥 [첩약]

1급 가나다순 쓰기

捷	빠를 fast	첩 jié 제	敏捷 [민첩] 捷徑 [첩경]
911 扌·8·11	扌 扩 拌 捷 捷		

牒	편지 letter	첩 dié 데	請牒 [청첩] 通牒 [통첩]
912 片·9·13	丿 爿 牃 牒 牒		

疊	겹처질 repeatedly	첩 dié 데	疊疊 [첩첩] 重疊 [중첩]
913 田·17·22	田 甲 畾 疊		

涕	눈물 tears	체 tì 티	涕泣 [체읍] 流涕 [유체]
914 氵·7·10	氵 沪 泞 涕 涕		

諦	살필 examine	체 dì 디	諦觀 [체관] 要諦 [요체]
915 言·9·16	言 諦 諦 諦		

炒	볶을 parch	초 chǎo 차오	炒麵 [초면] 炒醬 [초장]
916 火·4·8	丶 灯 炒 炒		

梢	나무끝 treetop	초 shāo 사오	梢頭 [초두] 末梢 [말초]
917 木·7·11	十 木 朴 梢		

稍	점점 gradually	초 shāo 사오	稍食 [초식] 稍稍 [초초]
918 禾·7·12	千 利 秒 稍		

硝	초석 niter	초 xiāo 샤오	硝石 [초석] 硝煙 [초연]
919 石·7·12	丆 石 砂 硝		

貂	담비 sable	초 diāo 댜오	貂裘 [초구] 貂蟬 [초선]
920 豸·5·12	豸 豸 豹 豹 貂		

憔	파리할 haggard	초 qiáo 치오	憔悴 [초췌] 憔慮 [초려]
921 忄·12·15	丶 忄 忄 憔 憔		

樵	땔나무 firewood	초 qiáo 차오	樵夫 [초부] 樵童 [초동]
922 木·12·16	木 札 析 樵 樵		

蕉	파초 plantain	초 jiāo 쟈오	蕉葉 [초엽] 芭蕉 [파초]
923 艹·12·16	丶 艹 艹 萑 蕉		

礁	암초 reef	초 jiāo 쟈오	暗礁 [암초] 坐礁 [좌초]
924 石·12·17	丆 砂 砕 碓 礁		

* 1급 가나다순 쓰기 *

醋	식초 vinegar	초 cù 추	醋酸 [초산]
925 酉·8·15	厂 酉 酉一 酢 醋		食醋 [식초]

囑	부탁할 entreat	촉 zhǔ 주	囑託 [촉탁]
926 口·21·24	吗 吗 嘱 嘱 囑		委囑 [위촉]

忖	헤아릴 consider	촌 cǔn 춘	忖度 [촌탁]
927 忄·3·6	丶 忄 忖 忖		忖量 [촌량]

塚	무덤 tumulus	총 zhǒng 중	塚墓 [총묘]
928 土·10·13	十 圹 塚 塚 塚		貝塚 [패총]

叢	모을 cluster	총 cóng 충	叢書 [총서]
929 又·16·18	丵 丵 業 叢 叢		論叢 [논총]

寵	괼 favor	총 chǒng 충	寵愛 [총애]
930 宀·16·19	宵 宵 寵 寵 寵		恩寵 [은총]

撮	취할 take	촬 cuō 춰	撮影 [촬영]
931 扌·12·15	扌 担 捍 揖 撮		撮土 [촬토]

鰍	미꾸라지 loach	추 qiū 추	鰍魚 [추어]
932 魚·9·20	仚 龟 鮃 鮄 鰍		泥鰍 [니추]

酋	우두머리 boss	추 qiú 추	酋長 [추장]
933 酉·2·9	亣 酋 酋 酋		酋領 [추령]

鎚	쇠망치 hammer	추 chuí 추이	鎚殺 [추살]
934 金·10·18	余 釒 鉑 鎚 鎚		鐵鎚 [철추]

芻	꼴 fodder	추 chú 추	芻米 [추미]
935 艸·4·10	勹 匆 芻		反芻 [반추]

椎	몽치 mallet	추 zhuī 주이	鐵椎 [철추]
936 木·8·12	十 木 桁 椎		椎打 [추타]

錐	송곳 awl	추 zhuī 주이	試錐 [시추]
937 金·8·16	余 釒 銔 錐		錐指 [추지]

錘	저울추 weight	추 chuí 추이	紡錘 [방추]
938 金·8·16	釒 釾 銔 錘 錘		秤錘 [칭추]

1급 가나다순 쓰기

한자	훈음	중국어	획순	용례
樞 (939) 木·11·15	지도리 추 pivot	shū 수	十 朽 樞 樞	樞戶 [추호] / 中樞 [중추]
墜 (940) 土·12·15	떨어질 추 fall	zhuì 주이	阝 阾 陊 陊 墜	墜落 [추락] / 失墜 [실추]
黜 (941) 黑·5·17	물리칠 출 expel	chù 추	甲 里 黑 黜 黜	黜去 [출거] / 黜放 [출방]
悴 (942) 忄·8·11	파리할 췌 haggard	cuì 추이	丷 怊 悴	悴顔 [췌안] / 憔悴 [초췌]
萃 (943) 艹·8·12	모일 췌 collect	cuì 추이	丷 艹 芯 萃	拔萃 [발췌] / 萃聚 [췌취]
膵 (944) 肉·12·16	췌장 췌 pancreas	cuì 추이	月 肶 胺 膵	膵管 [췌관] / 膵臟 [췌장]
贅 (945) 貝·11·18	혹 췌 wen	zhuì 주이	士 敖 敖 贅 贅	贅疣 [췌우] / 贅語 [췌어]
娶 (946) 女·8·11	장가들 취 marry	qǔ 취	耳 耳 取 娶 娶	娶妻 [취처] / 嫁娶 [가취]
脆 (947) 肉·6·10	무를 취 fragile	cuì 추이	朊 朊 脃 脆	脆薄 [취박] / 脆弱 [취약]
翠 (948) 羽·8·14	푸를 취 green	cuì 추이	フ ヨ 羽 翠	翠峯 [취봉] / 翠色 [취색]
惻 (949) 忄·9·12	슬퍼할 측 grieve	cè 처	丷 忄 惧 惻	惻怛 [측달] / 惻隱 [측은]
侈 (950) 亻·6·8	사치할 치 luxurious	chī 츠	亻 伊 侈 侈	奢侈 [사치] / 侈件 [치건]
嗤 (951) 口·10·13	비웃을 치 laugh at	chī 츠	口 呲 嗤 嗤	嗤侮 [치모] / 嗤笑 [치소]
痔 (952) 疒·6·11	치질 치 piles	zhì 즈	亠 疒 疒 痔 痔	痔疾 [치질] / 痔血 [치혈]

* 1급 가나다순 쓰기 *

痴	어리석을 치 foolish chī 츠	癡의 俗字
953 广·8·13	亠 广 疒 疾 痴	

馳	달릴 치 run quickly chí 츠	背馳 [배치] 相馳 [상치]
954 馬·3·13	一 厂 FT 馿 馳	

緻	촘촘할 치 delicate zhì 즈	緻密 [치밀] 精緻 [정치]
955 糸·10·16	糹 紆 緅 緻	

幟	기 치 flag zhì 즈	旗幟 [기치] 幟竿 [치간]
956 巾·12·15	巾 幟 幟 幟 幟	

熾	성할 치 blaze chì 츠	熾盛 [치성] 熾烈 [치열]
957 火·12·16	丶 火 焙 熾 熾	

勅	조서 칙 imperial command chì 츠	勅書 [칙서] 詔勅 [조칙]
958 力·7·9	申 束 剌 勅	

砧	다듬잇돌 침 a fulling block zhēn 전	砧石 [침석] 砧杵 [침저]
959 石·5·10	厂 石 砂 砧	

鍼	바늘 침 needle zhēn 전	鍼灸 [침구] 鍼術 [침술]
960 金·9·17	金 鉽 鍼 鍼 鍼	

蟄	겨울잠잘 칩 hibernate zhé 저	蟄居 [칩거] 廢蟄 [폐칩]
961 虫·11·17	幸 剌 埶 蟄 蟄	

秤	저울 칭 balance chèng 청	秤量 [칭량] 秤錘 [칭추]
962 禾·5·10	千 禾 秆 秤	

陀	험할 타 steep tuó 퉈	陀羅尼 [타라니] 佛陀 [불타]
963 阝·5·8	阝 阝 陀 陀	

舵	키 타 rudder duó 둬	柁와 同字
964 舟·5·11	几 舟 舵 舵	

駝	낙타 타 camel tuó 퉈	駝背 [타배] 駱駝 [낙타]
965 馬·5·15	一 厂 FT 馿 駝	

唾	침 타 spit tuò 퉈	唾具 [타구] 唾液 [타액]
966 口·8·11	吁 咥 唾 唾 唾	

1급 가나다순 쓰기

惰 967 忄·9·12	게으를 타 lazy duò 둬	惰性 [타성] 怠惰 [태타]
椿 968 木·9·13	길쭉할 타 oval tuǒ 퉈	橢와 同字
擢 969 扌·14·17	뽑을 탁 select zhuó 줘	擢用 [탁용] 拔擢 [발탁]
鐸 970 金·13·21	방울 탁 bell duó 둬	木鐸 [목탁]
吞 971 口·4·7	삼킬 탄 swallow tūn 툰	併吞 [병탄] 吞吐 [탄토]
坦 972 土·5·8	평평할 탄 smooth tǎn 탄	坦道 [탄도] 平坦 [평탄]
綻 973 糸·8·14	옷터질 탄 rip zhàn 잔	綻裂 [탄열] 破綻 [파탄]
憚 974 忄·12·15	꺼릴 탄 avoid dàn 단	忌憚 [기탄] 憚畏 [탄외]
眈 975 目·4·9	노려볼 탐 glare at dān 단	眈眈 [탐탐]
搭 976 扌·10·13	탈 탑 ride dā 다	搭乘 [탑승] 搭載 [탑재]
宕 977 宀·5·8	방탕할 탕 indulge dàng 당	跌宕 [질탕] 豪宕 [호탕]
蕩 978 艹·12·16	방탕할 탕 prodigal dàng 당	蕩兒 [탕아] 放蕩 [방탕]
汰 979 氵·4·7	씻을 태 wash tài 타이	沙汰 [사태] 淘汰 [도태]
苔 980 艹·5·9	이끼 태 moss tái 타이	苔蘚 [태선] 青苔 [청태]

1급 가나다순 쓰기

981 笞 竹·5·11
볼기칠 태 / flog / chī 츠
ᄂ 竹 笁 笞
笞杖 [태장]
笞刑 [태형]

982 跆 足·5·12
밟을 태 / tread / tái 타이
ᄆ ᄆ 足 跆
跆拳 [태권]
跆拳道 [태권도]

983 撐 扌·12·15
버틸 탱 / sustain / chēng 청
扌 扩 挡 撑 撐
撐의 俗字

984 攄 扌·15·18
펼 터 / spread / shū 수
扩 扩 攄 攄 攄
攄得 [터득]
攄破 [터파]

985 桶 木·7·11
통 / tub / tǒng 퉁
十 木 桶 桶
鐵桶 [철통]
筆桶 [필통]

986 筒 竹·6·12
통·죽통 통 / pipe / tǒng 퉁
ᄂ 竹 筒 筒
煙筒 [연통]
竹筒 [죽통]

987 慟 忄·11·14
애통할 통 / wail / tòng 퉁
忄 忄 悎 慟 慟
慟哭 [통곡]
慟絶 [통절]

988 腿 肉·10·14
넓적다리 퇴 / thigh / tuǐ 투이
月 月ᄏ 胆 朋 腿
腿骨 [퇴골]
大腿 [대퇴]

989 褪 衤·10·15
바랠 퇴 / fade / tuì 투이
衤 衤 衻 褪 褪
褪色 [퇴색]

990 堆 土·8·11
쌓을 퇴 / heap / duī 두이
十 圹 圻 堆
堆肥 [퇴비]
堆積 [퇴적]

991 槌 木·10·14
몽치 추·퇴 / mallet / chuí 추이
十 木 柏 椙 槌
槌碎 [추쇄]
鐵槌 [철추·퇴]

992 頹 頁·7·16
무너질 퇴 / collapse / tuí 투이
千 禾 秃 頹 頹
頹落 [퇴락]
衰頹 [쇠퇴]

993 妬 女·5·8
강샘할 투 / envy / dù 두
女 女 奷 妬
妬忌 [투기]
嫉妬 [질투]

994 套 大·7·10
투식 투 / formal / tào 타오
大 木 夲 套
套式 [투식]
語套 [어투]

1급 가나다순 쓰기

匿	사특할 특 wicked tè 터	奸匿 [간특] 邪匿 [사특]	愎	괴팍할 퍅 perverse bì 비	愎戾 [퍅려] 乖愎 [괴팍]
995 心·11·15			1002 忄·9·12		
巴	땅이름 파 bā 바	巴蛇 [파사] 巴蜀 [파촉]	辦	힘쓸 판 effort bàn 반	辦備 [판비] 買辦 [매판]
996 己·1·4			1003 辛·9·16		
芭	파초 파 plantain tree bā 바	芭蕉 [파초] 芭蕉布 [파초포]	唄	염불소리 패 prayer bài 바이	梵唄 [범패] 唄讚 [패찬]
997 艹·4·8			1004 口·7·10		
爬	긁을 파 scratch pá 파	爬痒 [파양] 爬蟲類 [파충류]	沛	늪 패 swamp pèi 페이	沛然 [패연] 沛澤 [패택]
998 爪·4·8			1005 氵·4·7		
琶	비파 파 lute pá 파	琵琶 [비파]	佩	찰 패 wear pèi 페이	佩刀 [패도] 佩用 [패용]
999 王·8·12			1006 亻·6·8		
婆	할미 파 old woman pó 포	老婆 [노파] 産婆 [산파]	悖	어그러질 패 perverse bèi 베이	悖倫 [패륜] 悖逆 [패역]
1000 女·8·11			1007 忄·7·10		
跛	기대어설 파·피 lean bǒ 보	跛行 [파행] 跛立 [피립]	牌	패 패 plate pái 파이	門牌 [문패] 位牌 [위패]
1001 足·5·12			1008 片·8·12		

* 1급 가나다순 쓰기 *

稗	피 패 barnyard millet bài 바이 千 种 稗 稗	稗飯 [패반] 稗說 [패설]	陛	섬돌 폐 steps bì 비 了 阝 阝丶 阽 陛	陛下 [폐하]
1009 禾·8·13			1016 阝·7·10		
澎	물결부딪칠 팽 sound of waves péng 펑 氵 汁 浐 澎 澎	澎湃 [팽배] 澎潭 [팽담]	斃	죽을 폐 die bì 비 小 帅 敝 斃 斃	斃死 [폐사] 斃鼠 [폐서]
1010 氵·12·15			1017 攵·14·18		
膨	부풀 팽 swell péng 펑 月 朋 脂 膨	膨大 [팽대] 膨膨 [팽팽]	泡	물거품 포 foam pào 파오 氵 氵 沟 泡	泡沫 [포말] 水泡 [수포]
1011 肉·12·16			1018 氵·5·8		
騙	속일 편 cheat piàn 퍤 丿 厂 馬 騙 騙	騙馬 [편마] 騙取 [편취]	咆	으르렁거릴 포 roar páo 파오 口 叮 呴 咆	咆哮 [포효]
1012 馬·9·19			1019 口·5·8		
鞭	채찍 편 whip biān 벤 苎 革 靪 鞭 鞭	鞭撻 [편달] 敎鞭 [교편]	庖	부엌 포 kitchen páo 파오 亠 广 庁 房 庖	庖丁 [포정] 庖廚 [포주]
1013 革·9·18			1020 广·5·8		
貶	낮출 폄 degrade biǎn 벤 月 貝 貶 貶 貶	貶降 [폄강] 貶逐 [폄축]	疱	천연두 포 small pox pào 파오 亠 广 疒 疱 疱	疱瘡 [포창] 水疱 [수포]
1014 貝·5·12			1021 疒·5·10		
萍	개구리밥 평 duckweed píng 핑 丶 艹 艹 萍 萍	萍泊 [평박] 浮萍草 [부평초]	袍	솜옷 포 padded clothes páo 파오 礻 衤 衤 袍 袍	袍笏 [포홀] 道袍 [도포]
1015 艹·8·12			1022 衤·5·10		

1급 가나다순 쓰기

蒲	부들 포 cattail　pú 푸	艹 荊 蒲 蒲	蒲團 [포단] 蒲席 [포석]
1023 艹·10·14			

逋	도망갈 포 flee　bū 부	甫 甫 浦 逋	逋逃 [포도] 逋脫 [포탈]
1024 辶·7·11			

哺	먹일 포 feed　bǔ 부	口 唷 哺 哺	哺乳 [포유]
1025 口·7·10			

圃	채마밭 포 vegetable garden　pǔ 푸	冂 同 閜 圃 圃	圃田 [포전] 藥圃 [약포]
1026 囗·7·10			

匍	길 포 crawl　pú 푸	勹 旬 匍 匍	匍匐 [포복] 匍球 [포구]
1027 勹·7·9			

脯	포 포 dried meet　pú 푸	月 胪 脯 脯	脯肉 [포육] 魚脯 [어포]
1028 肉·7·11			

襃	기릴 포 praise　bāo 바오	宀 㕮 襃 襃 襃	襃賞 [포상] 襃章 [포장]
1029 衣·9·15			

瀑	폭포 폭 waterfall　pù 푸	氵 冯 浔 瀑 瀑	瀑潭 [폭담] 瀑布 [폭포]
1030 氵·15·18			

曝	쬘 폭 expose　pù 푸	日 昁 曝 曝 曝	曝書 [폭서] 曝陽 [폭양]
1031 日·15·19			

豹	표범 표 leopard　bào 바오	㇇ 豸 豸 豹 豹	豹變 [표변] 豹皮 [표피]
1032 豸·3·10			

剽	빼앗을 표 rob　piāo 파오	覀 西 覃 票 剽	剽掠 [표략] 剽悍 [표한]
1033 刂·11·13			

慓	날랠 표 swift　piāo 파오	忄 忄 慓 慓	慓毒 [표독] 慓悍 [표한]
1034 忄·11·14			

飄	회오리바람 표 whirlwind　piāo 파오	覀 覀 票 飄 飄	飄泊 [표박] 飄風 [표풍]
1035 風·11·20			

稟	여쭐 품 tell　bǐng 빙	亠 向 享 稟	稟達 [품달] 稟議 [품의]
1036 禾·8·13			

1급 가나다순 쓰기

諷	욀 풍 recite fěng 펑 言 訊 諷 諷	諷詠 [풍영] 諷刺 [풍자]
1037 言·9·16		

披	헤칠 피 open pī 피 扌 扌 扩 护 披	披瀝 [피력] 披髮 [피발]
1038 扌·5·8		

疋	필 필 a roll of cloth pǐ 피 マ 乛 下 疋	疋緞 [필단] 疋木 [필목]
1039 疋·0·5		

乏	다할 핍 exhaust fá 파 ノ ㄣ 彡 乏	缺乏 [결핍] 耐乏 [내핍]
1040 丿·4·5		

逼	닥칠 핍 urgent bī 비 畐 畐 畐 逼 逼	逼近 [핍근] 逼迫 [핍박]
1041 辶·9·13		

瑕	티 하 blemish xiá 샤 丨 𤣩 𤣩 瑕 瑕	瑕疵 [하자] 瑕玷 [하점]
1042 王·9·13		

遐	멀 하 distant xiá 샤 丨 ㄕ 叚 叚 遐	遐觀 [하관] 遐鄕 [하향]
1043 辶·9·13		

蝦	두꺼비 하 tree frog há 하 虫 虾 蚆 蝦 蝦	蝦蟆 [하마] 大蝦 [대하]
1044 虫·9·15		

霞	노을 하 glow xiá 샤 雨 霄 霞 霞 霞	煙霞 [연하] 霞光 [하광]
1045 雨·9·17		

瘧	학질 학 malaria nüè 눼 亠 疒 疒 疟 瘧	瘧氣 [학기] 瘧疾 [학질]
1046 疒·9·14		

謔	희롱할 학 joke xuè 쒜 言 言 謔 謔 謔	謔笑 [학소] 諧謔 [해학]
1047 言·9·16		

壑	골 학 valley hè 허 卢 叡 叡 叡 壑	溝壑 [구학] 壑谷 [학곡]
1048 土·14·17		

罕	드물 한 rare hǎn 한 罒 罕 罕	罕例 [한례] 稀罕 [희한]
1049 罓·3·7		

悍	사나울 한 fierce hàn 한 丶 忄 悍 悍	悍馬 [한마] 慓悍 [표한]
1050 忄·7·10		

1급 가나다순 쓰기

번호	한자	훈	음	병음	필순	예1	예2
1051	澣	빨 wash	한	huàn 환	氵渲澣澣	澣滌 [한척]	上澣 [상한]
		氵·13·16					
1052	轄	다스릴 control	할	xiá 샤	亘 軒 轄 轄	管轄 [관할]	統轄 [통할]
		車·10·17					
1053	函	함 box	함	hán 한	了 了 困 函 函	函籠 [함롱]	函人 [함인]
		凵·6·8					
1054	涵	젖을 wet	함	hán 한	氵 氵 汙 浐 涵 涵	涵養 [함양]	涵泳 [함영]
		氵·8·11					
1055	喊	소리칠 shout	함	hǎn 한	叭 咸 喊 喊 喊	喊聲 [함성]	高喊 [고함]
		口·9·12					
1056	緘	봉할 close	함	jiān 젠	糸 紆 絨 緘 緘	緘口 [함구]	封緘 [봉함]
		糸·9·15					
1057	鹹	짤 salty	함	xián 셴	卤 卤 鹵 鹹 鹹	鹹度 [함도]	鹹水 [함수]
		鹵·9·20					
1058	銜	재갈 bit	함	xián 셴	彳 徍 徍 銜	銜勒 [함륵]	銜字 [함자]
		金·6·14					
1059	檻	난간 railing	함	jiàn 젠	木 杊 柾 檻 檻	檻車 [함거]	欄檻 [난함]
		木·14·18					
1060	蛤	조개 clam	합	gé 거	虫 虸 蛤	大蛤 [대합]	紅蛤 [홍합]
		虫·6·12					
1061	盒	합 vessel	합	hé 허	合 盒 盒	饌盒 [찬합]	香盒 [향합]
		皿·6·11					
1062	肛	항문 anus	항	gāng 강	月 肛	肛門 [항문]	脫肛 [탈항]
		肉·3·7					
1063	缸	항아리 jar	항	gāng 강	午 岳 缸	缸硯 [항연]	缸胎 [항태]
		缶·3·9					
1064	懈	게으를 lazy	해	xiè 셰	忄 怓 怓 懈 懈	懈慢 [해만]	懈怠 [해태]
		忄·13·16					

1급 가나다순 쓰기

番号	漢字	訓・音	筆順	語例
1065	邂	만날 meet by chance / 해 xiè 셰 / 辶·13·17	角 觧 解 邂 邂	邂逅 [해후]
1066	偕	함께 together / 해 xié 셰 / 亻·9·11	亻 亻 佫 偕 偕	偕樂 [해락] / 偕行 [해행]
1067	楷	본보기 printed style / 해 kǎi 카이 / 木·9·13	十 木 朴 楷 楷	楷書 [해서] / 楷式 [해식]
1068	諧	화할 harmonize / 해 xié 셰 / 言·9·16	言 諧 諧 諧 諧	諧謔 [해학] / 諧和 [해화]
1069	咳	기침할 cough / 해 ké 커 / 口·6·9	口 吖 咳 咳	咳嗽 [해수] / 咳血 [해혈]
1070	骸	뼈 dry bones / 해 hái 하이 / 骨·6·16	冖 皿 骨 骸 骸	骸骨 [해골] / 殘骸 [잔해]
1071	駭	놀랄 startle / 해 hài 하이 / 馬·6·16	一 厂 厂 馬 駭	駭怪 [해괴] / 震駭 [진해]
1072	劾	캐물을 examine / 핵 hé 허 / 力·6·8	亠 亥 亥 刻 劾	劾論 [핵론] / 彈劾 [탄핵]
1073	嚮	향할 face / 향 xiàng 샹 / 口·16·19	纟 纥 鄉 嚮 嚮	嚮者 [향자] / 嚮晦 [향회]
1074	饗	잔치할 feast / 향 xiǎng 샹 / 食·13·22	纟 纩 饗 饗 饗	饗宴 [향연] / 饗應 [향응]
1075	噓	불 puff / 허 xū 쉬 / 口·12·15	口 吁 噓 噓 噓	吹噓 [취허] / 噓呵 [허가]
1076	墟	터 site / 허 xū 쉬 / 土·12·15	圹 圹 墟 墟 墟	廢墟 [폐허] / 墟落 [허락]
1077	歇	쉴 pause / 헐 xiē 셰 / 欠·9·13	号 号 曷 歇 歇	歇價 [헐가] / 間歇 [간헐]
1078	眩	어지러울 dizzy / 현 xuàn 쉬안 / 目·5·10	目 旷 眩	眩氣症 [현기증] / 眩惑 [현혹]

* 1급 가나다순 쓰기 *

衒	자랑할 현 pedantic xuàn 쉬안	彳 彳 衒 衒	衒學 [현학] 衒氣 [현기]
1079 行·5·11			

絢	무늬 현 pattern xuàn 쉬안	纟 糸 約 絢	絢爛 [현란] 絢飾 [현식]
1080 糸·6·12			

俠	호협할 협 chivalrous xiá 샤	亻 俠 俠	俠客 [협객] 豪俠 [호협]
1081 亻·7·9			

挾	낄 협 insert xié 세	扌 才 挾 挾	挾攻 [협공] 挾雜 [협잡]
1082 扌·7·10			

狹	좁을 협 narrow xiá 샤	丿 犭 狹 狹	狹小 [협소] 偏狹 [편협]
1083 犭·7·10			

頰	뺨 협 cheek jiá 쟈	乃 夾 頰 頰	頰骨 [협골] 頰筋 [협근]
1084 頁·7·16			

荊	가시나무 형 thorn jīng 징	丶 十 艹 荊 荊	荊棘 [형극] 荊妻 [형처]
1085 艹·6·10			

彗	비 혜 broom huì 후이	三 丰 彗 彗 彗	彗星 [혜성] 彗掃 [혜소]
1086 ㅋ·8·11			

醯	초 혜 vinegar xī 시	酉 酉 醯 醯 醯	醯醬 [혜장] 食醯 [식혜]
1087 酉·12·19			

琥	호박 호 amber hǔ 후	丁 王 珐 琥 琥	琥珀 [호박] 琥珀酒 [호박주]
1088 王·8·12			

狐	여우 호 fox hú 후	丿 犭 犷 狐 狐	狐狸 [호리] 狐鼠 [호서]
1089 犭·5·8			

弧	나무활 호 arc hú 후	一 コ 弧 弧 弧	弧矢 [호시] 括弧 [괄호]
1090 弓·5·8			

瑚	산호 호 coral hú 후	丁 玨 珀 瑚	瑚璉 [호련] 珊瑚 [산호]
1091 王·9·13			

糊	풀 호 paste hù 후	丷 半 米 粘 糊	糊口 [호구] 糊塗 [호도]
1092 米·9·15			

1급 가나다순 쓰기

渾	흐릴 혼 / turbid / hún 훈	渾濁 [혼탁] 雄渾 [웅혼]	
1093 氵·9·12			
惚	황홀할 홀 / raptured / hū 후	恍惚 [황홀]	
1094 忄·8·11			
笏	홀 홀 / mace / hù 후	投笏 [투홀] 笏室 [홀실]	
1095 竹·4·10			
哄	떠들 홍 / clamor / hōng 흥	哄動 [홍동] 哄笑 [홍소]	
1096 口·6·9			
虹	무지개 홍 / rainbow / hóng 홍	虹橋 [홍교] 虹蜺 [홍예]	
1097 虫·3·9			
訌	분란 홍 / discord / hòng 홍	內訌 [내홍]	
1098 言·3·10			
宦	벼슬 환 / official post / huàn 환	宦路 [환로] 宦族 [환족]	
1099 宀·6·9			
喚	부를 환 / call / huàn 환	喚起 [환기] 召喚 [소환]	
1100 口·9·12			
鰥	홀아비 환 / widower / guān 관	鰥居 [환거] 鰥婆 [환리]	
1101 魚·10·21			
驩	기뻐할 환 / pleased / huān 환	驩合 [환합] 驩然 [환연]	
1102 馬·18·28			
闊	트일 활 / broad / kuò 쿼	闊達 [활달] 廣闊 [광활]	
1103 門·9·17			
猾	교활할 활 / sly / huá 화	猾吏 [활리] 狡猾 [교활]	
1104 犭·10·13			
凰	봉황새 황 / phoenix / huáng 황	鳳凰 [봉황] 鳳凰樓 [봉황루]	
1105 几·9·11			
徨	거닐 황 / wander / huáng 황	彷徨 [방황] 徨徨 [황황]	
1106 彳·9·12			

1급 가나다순 쓰기

1107 惶
두려워할 황 / fear / huáng 황
忄·9·12
心 忄 忄 悍 惶
惶怯 [황겁]
惶恐 [황공]

1108 煌
빛날 황 / glitter / huáng 황
火·9·13
丷 火 炉 焯 煌
煌熠 [황습]
煌煌 [황황]

1109 遑
허둥거릴 황 / haste / huáng 황
辶·9·13
宀 皁 皇 徨 遑
遑急 [황급]
遑忙 [황망]

1110 恍
황홀할 황 / raptured / huǎng 황
忄·6·9
心 忄 忙 恍
恍然 [황연]
恍惚 [황홀]

1111 慌
다급할 황 / urgent / huāng 황
忄·10·13
心 忄 忙 忾 慌
慌忙 [황망]
唐慌 [당황]

1112 恢
넓을 회 / large / huī 후이
忄·6·9
心 忄 忄 恢 恢
恢宏 [회굉]
恢遠 [회원]

1113 晦
그믐 회 / huì 후이
日·7·11
旷 旷 晦 晦 晦
晦朔 [회삭]
晦日 [회일]

1114 誨
가르칠 회 / instruct / huì 후이
言·7·14
言 訁 誨 誨 誨
誨諭 [회유]
教誨 [교회]

1115 徊
노닐 회 / stroll / huái 화이
彳·6·9
彳 彳 徊 徊
徘徊 [배회]
徊徊 [회회]

1116 蚘
거위 회 / roundworm / huí 후이
虫·6·12
虫 虯 蚘 蚘
蚘蟲 [회충]
蚘積 [회적]

1117 賄
뇌물 회 / bribe / huì 후이
貝·6·13
月 貝 貯 賄
賄賂 [회뢰]
收賄 [수회]

1118 膾
회 회 / mince meat / kuài 콰이
肉·13·17
月 膾 膾 膾 膾
膾炙 [회자]
肉膾 [육회]

1119 繪
그림 회 / picture / huì 후이
糸·13·19
糸 給 繪 繪 繪
繪像 [회상]
繪畫 [회화]

1120 爻
효 효 / divination sign / yáo 야오
爻·0·4
丿 乂 爻 爻
六爻 [육효]
爻象 [효상]

* 1급 가나다순 쓰기 *

哮	으르렁거릴 효 / roar / xiāo 샤오	口 卟 吽 哮 哮	咆哮 [포효] / 哮哮 [효효]
1121 口·7·10			

酵	술괼 효 / ferment / jiào 쟈오	酉 酉 酵 酵 酵	酵母 [효모] / 酵素 [효소]
1122 酉·7·14			

嚆	울 효 / whiz / hāo 하오	口 口´ 吽 嚆 嚆	嚆矢 [효시]
1123 口·14·17			

朽	썩을 후 / rot / xiǔ 슈	十 才 木 朽 朽	老朽 [노후] / 不朽 [불후]
1124 木·2·6			

逅	만날 후 / meet / hòu 허우	厂 厂 后 逅 逅	邂逅 [해후]
1125 辶·6·10			

吼	울 후 / roar / hǒu 허우	口 口 叮 吼 吼	吼怒 [후노] / 吼號 [후호]
1126 口·4·7			

嗅	냄새 맡을 후 / smell / xiù 슈	口 口 咱 嗅 嗅	嗅覺 [후각] / 嗅神經 [후신경]
1127 口·10·13			

暈	무리 훈 / halo / yùn 윈	日 昌 昌 暈 暈	暈色 [훈색] / 暈圍 [훈위]
1128 日·9·13			

喧	시끄러울 훤 / boisterous / xuān 쉬안	口 吖 吩 喧 喧	喧譁 [훤화] / 喧噪 [훤조]
1129 口·9·12			

卉	풀 훼 / plants / huì 후이	一 十 土 卉 卉	卉木 [훼목] / 花卉 [화훼]
1130 十·3·5			

喙	부리 훼 / bill / huì 후이	口 口´ 哚 喙 喙	喙息 [훼식] / 容喙 [용훼]
1131 口·9·12			

彙	무리 휘 / group / huì 후이	亠 ⺯ 彙 彙 彙	彙報 [휘보] / 語彙 [어휘]
1132 彐·10·13			

麾	대장기 휘 / flag / huī 후이	亠 广 广 麾 麾	麾軍 [휘군] / 麾下 [휘하]
1133 麻·4·15			

諱	꺼릴 휘 / shun / huì 후이	言 訁 諱 諱 諱	諱隱 [휘은] / 忌諱 [기휘]
1134 言·9·16			

1급 가나다순 쓰기

1135 恤
- 구휼할 휼 / pity / xù 쉬
- 恤貧 [휼빈]
- 救恤 [구휼]
- 忄·6·9

1136 兇
- 흉악할 흉 / cruel / xiōng 슝
- 兇漢 [흉한]
- 元兇 [원흉]
- 儿·4·6

1137 洶
- 용솟음칠 흉 / gush / xiōng 슝
- 洶湧 [흉용]
- 洶洶 [흉흉]
- 氵·6·9

1138 欣
- 기뻐할 흔 / joy / xīn 신
- 欣然 [흔연]
- 欣快 [흔쾌]
- 欠·4·8

1139 痕
- 흔적 흔 / vestige / hén 헌
- 殘痕 [잔흔]
- 血痕 [혈흔]
- 疒·6·11

1140 欠
- 하품 흠 / yawn / qiàn 첸
- 欠伸 [흠신]
- 欠節 [흠절]
- 欠·0·4

1141 歆
- 흠향할 흠 / enjoy / xīn 신
- 歆嘗 [흠상]
- 歆羨 [흠선]
- 欠·9·13

1142 洽
- 젖을 흡 / wet / qià 챠
- 洽汗 [흡한]
- 未洽 [미흡]
- 氵·6·9

1143 恰
- 흡사할 흡 / similar / qià 챠
- 恰似 [흡사]
- 恰好 [흡호]
- 忄·6·9

1144 犧
- 희생 희 / sacrifice / xī 시
- 犧牲 [희생]
- 犧拴 [희전]
- 牛·16·20

1145 詰
- 꾸짖을 힐 / blame / jié 제
- 詰難 [힐난]
- 詰責 [힐책]
- 言·6·13

초원을 달리던 경마가

작은 수로앞에 멈추자,

한번 멈춰선 경마가 고개만을 쳐들고

화가 치민 기수가 큰소리로 한바탕 꾸짖고 (꾸짖을가 呵) 채찍을 휘두르는데도

긴하품(하품흠 欠)만 거듭하는구나.

258

부수 익히기 (I)

1획

一	한일	丿	삐침별
丨	뚫을곤	乙	새을
丶	점주	亅	갈고리궐

2획

二	두이	力	힘력
亠	돼지해머리	勹	쌀포몸
人(亻)	사람인(사람인변)	匕	비수비
儿	어진사람인발	匚	튼입구몸
入	들입	匸	감출혜몸
八	여덟팔	十	열십
冂	멀경몸	卜	점복
冖	민갓머리	卩·㔾	병부절
冫	이수변	厂	민엄호
几	안석궤	厶	마늘모
凵	위튼입구몸	又	또우
刀(刂)	칼도(선칼도방)		

3획

口	입구	子	아들자
囗	큰입구몸	宀	갓머리
土	흙토	寸	마디촌
士	선비사	小	작을소
夂	뒤져올치	尢·兀·尣	절름발이왕
夊	천천히걸을쇠발	尸	주검시엄
夕	저녁석	屮	왼쪽좌
大	큰대	山	메산
女	계집녀	巛(川)	개미허리

부수 익히기 (Ⅱ)

工	장인공	廾	스물입발
己	몸기	弋	주살익
巾	수건건	弓	활궁
干	방패간	ヨ·彑·彐	튼가로왈
幺	작을요	彡	터럭삼
广	엄호	彳	두인변
廴	민책받침		

4획			
心(忄)	마음심	歹	죽을사변
戈	창과	殳	갖은등글월문
戶	지게호	毋	말무
手	손수	比	견줄비
支	지탱할지	毛	털모
攴(攵)	칠복(등글월문)	氏	성씨
文	글월문	气	기운기엄
斗	말두	水(氵)	물수(삼수변)
斤	날근	火(灬)	불화(연화발)
方	모방	爪(爫)	손톱조
无	없을무	父	아비부
日	날일	爻	점괘효
曰	가로왈	爿	장수장변
月	달월	片	조각편
木	나무목	牙	어금니아
欠	하품흠	牛	소우
止	그칠지	犬	개견

부수 익히기 (Ⅲ)

5획

玄	검을현	皮	가죽피
玉(王)	구슬옥(임금왕)	皿	그릇명
瓜	오이과	目	눈목
瓦	기와와	矛	창모
甘	달감	矢	화살시
生	날생	石	돌석
用	쓸용	示	보일시
田	밭전	禸	짐승발자국유
疋	필필	禾	벼화
疒	병질엄	穴	구멍혈
癶	필발머리	立	설립
白	흰백		

6획

竹	대죽	至	이를지
米	쌀미	臼	절구구
糸	실사	舌	혀설
缶	장군부	舛	어그러질천
网·罒·冈	그물망	舟	배주
羊(⺶)	양양	艮	괘이름간
羽	깃우	色	빛색
老(耂)	늙을로(늙을로엄)	艸(艹)	풀초(초두머리)
而	말이을이	虍	범호엄
耒	가래뢰	虫	벌레충(벌레훼)
耳	귀이	血	피혈
聿	오직율	行	다닐행
肉(月)	고기육(달월)	衣(衤)	옷의(옷의변)
臣	신하신	襾	덮을아
自	스스로자		

부수 익히기 (IV)

7획

見	볼견		足	발족
角	뿔각		身	몸신
言	말씀언		車	수레거
谷	골곡		辛	매울신
豆	콩두		辰	별진
豕	돼지시		辵(辶)	쉬엄쉬엄갈착(책받침)
豸	갖은돼지시변		邑	고을읍
貝	조개패		酉	닭유
赤	붉을적		釆	분별할변
走	달릴주		里	마을리

8획

金	쇠금		隹	새추
長	길장		雨	비우
門	문문		青	푸를청
阜	언덕부		非	아닐비
隶	미칠이			

9획

面	낯면		風	바람풍
革	가죽혁		飛	날비
韋	다룸가죽위		食	밥식
韭	부추구		首	머리수
音	소리음		香	향기향
頁	머리혈			

부수 익히기 (V)

10획

馬	말 마		鬥	싸울 투
骨	뼈 골		鬯	울창주 창
高	높을 고		鬲	다리굽은솥 력
髟	터럭 발		鬼	귀신 귀

11획

魚	물고기 어		鹿	사슴 록
鳥	새 조		麥	보리 맥
鹵	짠땅 로		麻	삼 마

12획

黃	누를 황		黑	검을 흑
黍	기장 서		黹	바느질할 치

13획

黽	맹꽁이 맹		鼓	북 고
鼎	솥 정		鼠	쥐 서

14획

鼻	코 비		齊	가지런할 제

15획

齒	이 치

16획

龍	용 룡		龜	거북 귀

17획

龠	피리 약

지방(紙榜) 쓰는 법

지방은 길이 22cm 폭6cm의 깨끗한 한지에 먹으로 쓴다.
남자는 왼쪽(제상을 바라보고 좌측), 여자는 오른쪽에 쓰며 세워놓고 제사를 지낸다.

• 증조부모 (曾祖父母)	顯曾祖考學生府君 神位 / 顯曾祖妣孺人 全州金氏 神位
• 조부모 (祖父母)	顯祖考學生府君 神位 / 顯祖妣孺人 全州金氏 神位
• 부모 (父母)	顯考學生府君 神位 / 顯妣孺人 全州金氏 神位
• 아내 (妻)	亡室孺人 全州金氏 神位
• 남편 (男便)	顯辟學生府君 神位
• 형님 (兄)	顯兄學生府君 神位
• 형수 (兄嫂)	顯兄嫂孺人 全州金氏 神位
• 제수 (弟嫂)	故弟嫂孺人 全州金氏 神位
• 동생 (弟)	亡弟 (이름) 神位
• 자식 (子息)	亡子秀才 (이름) 之靈

<지방 쓰는 요령>

• '全州金氏'(전주김씨) 부분에서는 故人(고인)의 本貫(본관)과 姓氏(성씨)만 바꿔 쓴다 (편의상 성씨 통일).
• '이름' 부분에는 故人의 이름을 쓴다.
• 관직에 있었으면 '學生'대신 관직명을 쓰고 여자는 그 남편의 관직명을 따라 '孺人'대신(군수부인 경주 최씨) 등으로 쓴다.
• 妣(비) : 母(모)와 같은 뜻. 考(고) : 父와 같은 뜻.
• 顯妣(현비) : 돌아가신 어머니 · 顯考(현고) : 돌아가신 아버지 · 曾祖妣(증조비) : 증조할머니
 曾祖考(증조고) : 증조할아버지 · 學生(학생) : 죽은 사람의 존칭 · 孺人(유인) : 아내의 존칭
 府君(부군) : 남자 조상의 존칭 · 神位(신위) : 영혼이 의지할 자리
 祖妣(조비) : 할머니 · 祖考(조고) : 할아버지 · 亡室(망실) : 죽은 아내 · 顯辟(현벽) : 죽은 남편
 亡弟(망제) : 죽은 아우 · 故(고) : 죽은 사람이 된
 亡子(망자) : 죽은 자식 · 秀才(수재) : 미혼남자의 높임말

제수(祭需)의 진설

- 조율이시(棗栗梨柿) : 왼쪽(서쪽)에서부터 대추, 밤, 배, 감의 순으로 차림.
- 홍동백서(紅東白西) : 붉은 과일은 동쪽(제수가 제상을 바라볼 때 오른쪽), 흰과일은 서쪽에 차림.
- 생동숙서(生東熟西) : 김치는 동쪽, 나물류는 서쪽에 차림.
- 좌포우혜(左捕右醯) : 왼쪽에는 포, 오른쪽에는 식혜.
- 어동육서(魚東肉西) : 생선류는 동쪽, 육류는 서쪽에 차림.
- 두동미서(頭東尾西) : 생선의 머리는 동쪽, 꼬리는 서쪽으로 향함.
- 건좌습우(乾左濕右) : 마른 것은 왼쪽, 젖은 것은 오른쪽에 차림.
- 접동잔서(楪東盞西) : 접시는 동쪽, 잔은 서쪽에.
- 좌반우갱(左飯右羹) : 밥은 왼쪽, 국은 오른쪽에(살아있는 사람의 밥과 국의 위치와 서로 반대됨).
- 남좌여우(男左女右) : 제상의 왼쪽은 남자(考位), 오른쪽은 여자(妣位).

제사(祭祀)상 차림

		지방		
밥	수저	잔	국	떡
국수	육물	적	어물	초
탕	탕	탕	탕	탕
포	나물	숙채	간장	식혜
대추	밤	배	감	능금
	모사	향로	향합	

<西>   <東>

제사 순서

1	영신(迎神)	— 대문과 현관문을 열어놓는다.
2	강신(降神)	— 제주가 무릎을 꿇고 앉아 향을 피운 후 술잔을 받아 향불 위에 세 번 돌린 다음 모사 그릇에 세 번 나눠 붓고 빈 잔을 놓고 두 번 절함.
3	참신(參神)	— 참사자 모두가 일제히 두 번 절함.
4	초헌(初獻)	— 제주가 첫 번째 올리는 잔으로 고위(考位)앞에 올리고 난후 비위(妣位)앞에 올림.
5	독축(讀祝)	— 초헌이 끝나고 다같이 꿇어 앉으면 축문을 읽고 축문이 끝나면 모두가 일어나 두 번 절함.
6	아헌(亞獻)	— 두 번째 올리는 잔으로 주부 또는 제주 다음의 근친자가 초헌과 같이 올림.
7	종헌(終獻)	— 세 번째 올리는 잔으로 술은 7부쯤 올림.
8	첨작(添酌)	— 종헌이 끝나면 제주가 7부쯤 올린 술잔에 세 번 첨작하여 술잔을 채움.
9	삽시정저(揷匙正箸)	— 첨작이 끝나면 메그릇 뚜껑을 열고 숟가락 바닥이 동쪽(오른쪽)으로 향하게 메 중앙에 꽂고 젓가락 끝도 동쪽으로 향하게 놓음.
10	합문(闔門)	— 참사자 모두 밖으로 나가 문을 닫고 5분정도 엎드리고 단칸방일 경우는 그 자리에서 엎드림.
11	계문(啓門)	— 제주가 3번 정도 기침하고 문을 열고 들어서면 참사자들이 따라 들어감.
12	헌다(獻茶)	— 갱을 내리고 숭늉을 올린 뒤 메 세숫갈을 말아놓고 저를 고른다. 이때 참사자들은 고개를 숙임.
13	철시복반(撤匙覆飯)	— 숭늉에 놓인 숟가락을 거두어 제자리에 놓고 메 그릇의 뚜껑을 덮음.
14	사신(辭神)	— 참사자 모두가 신위 앞에 두 번 절한뒤 지방을 밖에서 불사르고 제사의식이 끝남.
15	철상(撤床)	— 제수를 뒤쪽부터 차례로 물림.
16	음복(飮福)	— 조상께서 주시는 복된 음식이란 뜻으로 참사자들이 함께 시식함.

도와주신 분

김홍림 전 성남외국어고등학교 교장
성우용 부산대학교 교수
송명호 서울대학교 국문과 졸업
  저서『공자의 시작에 서다』(2017)
오성수 전 MBC PD
  저서『한시漢詩를 알면 중국中國이 보인다』1,2권 (2002)
  『오PD의 논어論語오디세이 1084』(2004)
  『우리가 죽기 전에 꼭 읽어야 할 한시漢詩 99편』(2007)

단기완성 급수한자813
2018년 1월 15일 초판발행

편저자 · 정 윤
발행인 · 우제군
발행처 · 예성출판사

주 소 · 서울시 중구 을지로41길 24번지(을지로6가 18-55)
우편번호 · 04564
전 화 · 02) 2267-8739 ·2272-9646 ·2266-9153
팩 스 · 02) 2269-3393
등 록 · 제 2-213, 1979. 11. 22.

값 17,000원

ISBN 978-89-7388-304-2
*이 책의 무단 복사·전재 엄금